한국 현대시 연구

한국 현대시 연구

김은철

한국문화사

한국 현대시 연구

1판 1쇄 발행 2019년 12월 20일

지은이 | 김은철
펴낸이 | 김진수
펴낸곳 | 한국문화사
등 록 | 제1994-9호
주 소 | 서울특별시 성동구 광나루로 130 서울숲 IT캐슬 1310호
전 화 | 02-464-7708
팩 스 | 02-499-0846
이메일 | hkm7708@hanmail.net
웹사이트 | www.hankookmunhwasa.co.kr

ISBN 978-89-6817-823-8 93810

머리말

이 책은 필자가 지난 몇 년간 연구한 결과물들을 모은 것이다. 『한국 근대시 연구』를 낸 이후 많은 시간이 흘렀지만, 그 동안의 연구 결과는 당초의 기대에 크게 미치지 못한 것이 사실이다. 그 이유는 필자를 둘러싼 주변의 여러 가지 사정 때문이었다고 핑계를 댈 수는 있겠으나 그 가장 큰 원인은 필자의 게으름이었음을 숨길 수 없다.

지금까지 한국문학을 연구하면서 필자는 고시가에서 근대시에 이르기까지의 사적 흐름을 관념주의와 현실주의로 체계화하고 그 세부적인 사항들을 일관되게 논의하여 왔다. 『한국 근대시 연구』에서 그 원래 목적의 반 정도를 이루었다고 치더라도 결국 나머지 반은 만족스러운 결과에 도달하지 못한 셈이다. 그런 와중에도 시간은 속절없이 흐르고 국문학의 위상은 점점 위축되어 가는 것이 현실이므로 더 이상 미루는 것도 아무런 의미가 없다는 판단이 이렇게라도 책을 엮는 만용을 부리게 하였다.

필자가 살아온 6.25전쟁 후 50년대 말에서 60년대, 70년대, 80년대, 그리고 2019년에 이르는 약 60년의 세월은 내용적으로 보면 단군 이래로 유지되어 오던 전통 농경사회에서 산업화를 거쳐 첨단지식정보사회에 이르는 엄청난 변화의 시기였다. 말하자면 우리 세대는 나무와 흙에서 시작하여 시멘트와 철근 시대를 지나고, 무선 스마트폰으로 대표되는 최첨단산업사회에 이르는, 인간의 역사에 기록된 수 천 년을 불과 몇십 년 사이에 압축하여 살아온 셈이다. 그러므로 우리 세대는 매일매일을 새로운 세계관과 새로운 생활방식을 습득하지 않으면 안 되는 고난의 삶을 살아왔다고 해도 과언이 아니다. 이제는 하루가 다르게 변화해 나가는 환경에 더 이상 적응해 나가기가 벅찰 정도가 되었으니, 이것은 비단 필자만의 엄살이 아닐 것이다.

한국 근·현대문학사에서 다루는 개화기 이후 1930년대에 이르는 약 40년의 기간도 아마 이에 못지 않았을 것이다. 전통 유교윤리에 입각한 전제군주 시대와 서구 민주주의 세계관의 충돌, 외세의 무력 침략, 신문명의 수용, 일제강점기의 저항과 굴종... 등등에 대하여 당대를 살아가는 각 개인은 실로 감당하기 어려운 엄청난 가치관의 혼돈과 갈등을 겪어야 했을 것이기 때문이다. 근대문학을 공부해온 필자로서는, 그 와중에도 불과 10~20년 사이에 한국문학을 세계문학의 반열에 반듯하게 올려세운 선배 문인들의 노고와 위대한 역량에 대해 진심으로 감복해 마지않는다. 이후 전개되는 해방정국과 분단, 이데올로기의 대립, 동족간의 전쟁, 유신독재와 민주화... 등도 근대 초기와 못지않아서 그 역경을 뚫고 오늘날 우리가 사회·경제 분야에서 세계를 주도하고, 특히 한류문화가 세계문화를 선도하게 된 것 또한 선인들의 위대한 업적이라고 평가하고 싶다.

이 책에서는 열 한 편의 논문을 실었다. 이 논문들은 앞서 말한 바와 같이 『한국 근대시 연구』를 낸 이후 진행해온 연구물들이다. 이번 기회에 다시 검토하며 일정 부분 수정과 보완을 한다고 하였으나 각각 개별적으로 발표된 것들이어서 어쩔 수 없이 중복되는 곳들이 있고, 필자의 욕심에 미치지 못하는 것들도 많으나 다 손을 보지는 못 했다. 국문학뿐 아니라 인문학 전체가 위축되는 이 시대에 이렇게 책을 내는 것이 무슨 소용인가 하는 자괴감도 있으나 그렇다고 버리기는 아까운 것이 솔직한 심정이다. 다만 '앞으로 더욱 좋은 연구로 보답할 것을 스스로 다짐한다.'고 한 옛 빚을 조금이나마 갚으려고 노력하였다는 것으로 위안을 삼으려 한다.

유신 말기의 풋풋한 신입생 시절, 한겨울에 처음 버스를 내렸을 때, 압량의 허허벌판에는 매섭게 눈보라가 몰아치고 있었다. 온 몸에 사정없이 휘몰아치는 칼바람을 맞으며, 학문의 '학'자도 모르면서도 문득 학문의 세계가 이렇게 냉엄할 것이라는 그 서릿발 같은 기억은 아직도 머리에 생생하게 남아 있다. 언제나 든든한 버팀목으로, 그 허허벌판에서 쓰러지지 않도록 필자를 돌보아주신 부모님과, 준엄한 학문의 길을 몸소 실천하며 모범을 보여주시던 은사님도 세상을 떠나신지 오래이다. 그 분들께는 최소한 부끄럽지 않은 아들이고 제자이기를 희망해 왔으나 언제나 가슴 밑바닥에 짙게 자리잡고 있는 죄스러움과 부끄러움은 어찌할 수가 없다. 그 죄책감과 부끄러움을 조금이라도 더 씻고 싶지만 그럴 시간도 이제는 많이 남아있을 것 같지도 않다.

일생의 반려자로 지금까지 나를 믿고 지켜준 아내와, 맑은 눈망울로 새로운 삶의 기쁨을 준 10개월 된 손녀 예빈이에게 감사한다.

2019. 12.

동악마루를 건너다보며 김 은 철

차례

6. 박세영(朴世永) 시의 형성과 변모양상

7. 정치적 현실과 설정식(薛貞植) 시의 대응양식

8. 김조규(金朝奎) 시의 현실과 시적 대응

1. 포석(抱石) 조명희(趙明熙)의 시 연구

Ⅰ. 서론

조명희(1894~1938)는 1894년 충북 진천 출생으로서[1] 호를 '笛蘆, 蘆笛, 蘆月, 木星, 抱石, 包石, 명희' 등으로 사용한 작가로, 한국 근대문학 초창기의 이른바 문제적 작가로 인식되고 있다. 이는 시, 희곡, 소설을 넘나든 그의 다양한 문학활동과 더불어 일본 유학, KAPF, 소련 망명, 망명지 문학활동, 간첩으로 몰려 총살을 당한 그의 특이한 일생과 연관되어 있다. 물론 거기에는 각 장르에 걸친 그의 문학적 업적이 문학사에서 운위되지 않으면 안 될 만큼의 의미를 가지고 있다는 것이 전제되어 있다.

---

1 그의 생사에 관해서는 이론이 있다. 사망은 1938년 5월 11일로 확인되었지만 출생연도가 호적에는 1894년 6월 10일, 『조선문학개관』(박종원·류만, 사회과학원출판사, 1986)에는 1892년, 유족들은 1894년 8월 10일, 1894년 7월 19일, '직업동맹원증'에는 1899년 등으로 나타나 명확하지 않다. 『포석 조명희 전집』을 비롯, 대개는 1894년 8월 10일을 그의 출생일로 보고 있다. 한편 노상래는 제반 상황을 점검하며 1910년설을 제기하였다. 1920년대 문학과 작가의 연령층은 중요한 문제이므로 출생연도는 치밀한 검토가 필요하다. 노상래, 「조명희 연구Ⅰ」, <어문학> 제53집, 한국어문학회, 1992.

그의 문학적 삶과 관련된 중요한 내용으로는 집안이 몰락한 후 일생을 극한의 빈궁에서 벗어나지 못했다는 것, 동경 동양대학 동양철학과에 다니다가 중퇴한 것, 13세에 결혼 후 가정에는 애정이 없었다는 것, 유학 시절 희곡 「김영일의 사」(1921)로 호평을 받았고, 귀국 후 시집 『봄잔듸밧위에』(1924)를 출간하였으며, 소설 「낙동강」(1927)으로 카프 문학에 큰 반향을 일으켰으나 34세 되던 이듬해 돌연 소련으로 망명한 것 등이다. 망명 후 교사생활을 하며 황명희와 재혼, 작품활동을 하다가 일본 간첩 혐의로 1938년에 총살을 당하였고 1956년에 무혐의로 복권되었다. 그 후 1959년 소련에서 『포석 조명희 선집』[2]이, 1995년에는 『포석 조명희 전집』[3]이 동양일보사 출판국에서 발간되었다.

조명희가 본격적으로 문학을 접한 시기는 1914년(20세)부터 일본에 가기 전인 1919년(25세)까지로, 당대 시인들이 10대 후반이었음에 비하면 늦게 문학에 눈을 뜬 셈이다.[4] 1919년에 어렵게 동경의 동양대학에 유학을 가게 되었는데 이 유학 시기에 희곡 「김영일의 사」를 비롯, 시집에 실린 대부분의 시를 창작하였다. 시집 『봄잔듸밧위에』는 1923년 김억의 『해파리의 노래』가 나온 이후 1924년에 많이 발간된 시집들 중 하나로 근대 시집발간 순서로는 2~3위에 해당한다.[5] 1924년은 이학인의 『무궁화』, 노자영의 『처녀의 화환』, 박종화의 『흑방비곡』, 변영로의 『조선의 마음』, 주요한의 『아름다운 새벽』 등 많은 시집이 발간된 해로, 조명희의 시집 발간은 그 자체만으로도 문학사에 기록될 만한 것이다. 따라서 조명희를 운위하는 자리에서 1920년대의 시적 상황은

2 조명희 문학유산위원회, 『포석 조명희 선집』, 쏘련과학원 동방도서출판사, 1959. 이하 『선집』으로 부르기로 함.

3 『포석 조명희 전집』, 동양일보사 출판국, 1995. 이하 『전집』으로 부르기로 함.

4 근대 초기 시인들의 출생연도는 주요한과 홍사용이 1900년, 박영희·박종화·이상화가 1901년이다. 조명희가 1894년생이라면 이들보다 6~7세가 많은 것으로, 이는 20세 전후의 나이에서는 큰 차이이다.

5 이학인의 『무궁화』가 『봄잔듸밧위에』보다 5일 먼저 발간되었으나 바로 압수되어 그 다음 해에 발간되었으므로 사실상 『봄잔듸밧위에』가 김억의 『해파리의 노래』에 이어 두 번째로 나온 시집인 셈이다.

필수적으로 수반될 수밖에 없다.

1920년대 시인들은 서구문학의 수용, 외세의 침략, 식민지 현실, 새로 대두된 사회주의 사상 등에서 자유로울 수 없었고, 봉건질서와 서구문화와의 격차에서 오는 문화적 열등감과 갈등 속에서 불과 10여 년이라는 짧은 기간에 엄청난 문학적 변모를 경험하여야 했다. 따라서 그들이 줄곧 어느 한 방향으로만 일관성 있는 작품활동을 할 수 없었던 것은 어쩌면 당연한 귀결인지도 모른다. 그런 면에서 감상과 격정 우위의 소위 퇴폐적·병적 낭만주의 분위기에서 김소월과 이상화가 관념과 현실의 변증법적 과정을 거치며 나름대로 개성적 성과를 이룬 것은 큰 업적이라고 할 수 있다.[6] 이곳에서 조명희를 연구의 대상으로 삼은 이유는 바로 이 시기에 엄청난 진폭을 가진 그의 문학세계가 시인 개인적으로, 또 문학사적으로 단연 주목되기 때문이다.

이 글에서는 그의 초기[7]의 시작품들을 대상으로 하여 조명희 문학의 근간을 살피고자 한다. 여기에는 문학에 종사하는 작가는 일관되게 구축한 자신만의 세계관의 틀이 있고, 일생을 통하여 작품들이 변모를 보인다고 하더라도 그것들은 상호 인과관계망 속에 있다는 당연한 논리가 전제되어 있다. 특히 한국 근대문학에서 작가들의 세계관의 변모는 그 자체가 곧 식민지 현실의 역사적 반영이면서 거대한 문학사의 흐름으로서, 한국문학에 내재된 제반 지속적 요인이 극단적으로 표출된 것으로 보이는 것이다.[8]

지금까지 조명희에 대한 연구는 양적으로는 제법 이루어졌으나 내용면에

---

6 두 시인이 관념과 현실을 유사하게 경험하고 서로 다른 도달점에 이르면서도 높은 시적 경지를 이룬 것은 높이 평가할 만하다. 김은철, 「김소월과 이상화의 비교연구」, <비교한국학> 제3집, 국제비교한국학회, 1997, 참조.

7 본고에서는 망명 이전의 시작품들을 대상으로 하므로 그의 문학 시기를 세분화하지 않는다. 따라서 여기에서 말하는 '초기'란 습작기와 시를 발표하는 1923년, 시집을 낸 1924년을 거쳐 망명 이전인 1926년까지를 지칭한다.

8 이를 신라 향가의 4구체와 10구체, 평시조와 사설시조의 세계관과 연관시켜 한국 시가의 지속과 변모라는 통시적 관점에서 보고자 한 것은 필자의 일관된 주장이기도 하다. 김은철, 『한국 근대시 연구』, 국학자료원, 2000.

서는 그렇게 만족스럽지 않다. 이는 1988년 해금조치 이후 『선집』이 유입된 후에야 비로소 그에 대한 실질적인 연구가 가능하였다는 점, 그의 문학 장르가 희곡·시·소설 등으로 다양하여 논의의 초점이 분산된 점, 갑작스런 망명과 망명 이후의 작품활동 전모를 파악하기가 어려웠던 점 등에 연유하는 것으로 보인다. 『선집』과 『전집』으로 대체적인 문학적 평가는 가능하여졌으나 구 소련에서 쓴 작품들이 많이 멸실되고 전하지 않아 그의 문학세계 전모를 밝히는 것은 일정 부분 한계가 있는 것이 사실이다.

그의 문학적 평가는 대체로 대표작 「낙동강」을 중심으로 하여 카프문학의 성과 측면에 집중된 경향이 있고, 주로 소설에서의 현실 인식을 다룬 것이 많다.[9] 현대에 들어 조명희의 문학에 대한 본격적 논의는 이강옥에 의해 이루어졌다고 할 수 있다.[10] 이강옥은 조명희의 초기의 희곡과 시, 소설, 망명 후의 문학을 다루면서 그의 생애 궤적과 장르 선택이 상호 대응한다는 결론에 도달하였고, 이후 김재홍에 의해 대체적인 논의가 다시 이루어졌다.[11] 시에 대한 논의는 우찬제와 박혜경, 백운복에 의하여 이루어졌는데, 우찬제는 시에 나타나는 각 요소들을 분석하면서 그의 시의 변모양상이 1920년대 시단의 전체적인 변화와 맥락을 같이하는 것으로 보았고[12], 박혜경은 그의 시가 구체적 실체가 없이 감상적이고 추상적이라며 비판적 시각으로 바라보았다.[13] 한편 백운

---

9 「낙동강」 발표 후 김기진, 박영희, 조중곤, 윤기정 등에 의해 제기된 카프 관련 논의는 그 대표적인 것이라고 할 수 있다. 소설에 관한 논의로는 김시태, 「조명희 소설 연구」, 신춘호, 「조명희 소설론」, 변경화, 「포석 조명희의 '낙동강'」, 이화진, 「조명희의 '낙동강'과 그 사상적 기반」, 김성수, 「목적의식론과 낙동강」, 장양수, 「조명희 단편 '낙동강'의 프로문학적 성격」 등이 있다.

10 이강옥, 「조명희의 작품 세계와 그 변모 과정」, 김윤식·정호웅 편, 『한국 근대리얼리즘 작가 연구』, 문학과지성사, 1988.

11 김재홍, 「프로문학의 선구, 실종 문인 조명희」, 『한국현대시인연구(2)』, 일지사, 2007.

12 우찬제, 「낭만적 상실과 현실적 반항의 시학」, <민족과 문학> 창간호, 민족과 문학사, 1989, 겨울.

복은 그의 시세계가 이원적 시정신의 갈등과 괴리로 이루어져 있으며, 그것은 원형에의 동경과 환상적 자연체험, 현실에의 탄식과 떠도는 자아의 형상이라고 결론지었다.[14] 또 오성호는 그의 장르전환 과정을 중심으로 논하면서 그의 장르전환이 진지한 지적 역정을 보여주는 것으로 평가하였다.[15]

본고에서는 이상의 논의들을 참고로 하면서 그의 문학적 출발점이라고 할 수 있는 시를 대상으로 하여 현실에 대한 인식의 양상과 그 극복방안으로 구축된 이상향을 분석하고 그것이 그의 문학적 변모, 나아가서는 인생행로와 어떤 연관이 있는가를 살펴보고자 한다. 그 결과는 그의 문학적 배경과 궤적을 이해하는 근거가 될 것이며 나아가서는 1920년대 초기 시인들의 정신적 배경을 설명하는 데도 일정하게 기여할 것으로 기대된다. 논의의 대상이 되는 시 작품은 망명 이전의 것들로서, 『봄잔듸밧위에』에 수록된 43편과 거기에 수록되지 않은 『전집』의 11편이며, 필요에 따라 그의 수필 및 소설도 참고로 인용하기로 한다.

II. 이원적 세계관

II-1 부정적 현실과 새나라의 동경

시집 『봄잔듸밧위에』는 3부로 이루어져 있는데, 1923년 봄에 귀국 후 시집을 내기까지 약 1년간 쓴 13편이 '봄잔듸밧위에'에, 유학 시절인 1923년 이전에 쓴 것들로 '蘆水哀音'에 8편, '어둠의 춤'에 22편이 수록되어 있다. 먼저

---

13 박혜경, 「조명희론」, 홍기삼·김시태 편, 『해금문학론』, 미리내, 1991.

14 백운복, 「조명희의 시 연구」, 『시의 이론과 비평』, 태학사, 1997.

15 오성호, 「조명희 시에 관한 연구」, <순천대학교논문집> 제15집, 순천대학교, 1996.

그의 유학 시절의 작품들은 현실에 대한 강한 부정과 함께 방황하는 시적 자아의 모습이 두드러지게 나타나 있다.

그 辱되고도 쓰린 사랑의 微光을 차지랴고
너를 만나랴고
그 흠하고도 흠한 길을
훌훌히 달녀 지처(疲困) 왓다.

저녁 西風 슷읍시 부러오고
벳장이 우는 밤
나는 누구를 차저
어두운 벌판에 허매이노.

-「누구를 차저」 전 4연 중 2,4연 -

아아 지금 이곳은
쇠하여 가는 가을이
灰色 안개의 옷을 입고
薄暮의 빗을 바다
가만히 슲이 노래하는
江물이 흐르며
싸르르한 바람이
거치른 기슴을 슷처 지날 제

-「孤獨의 가을」 일부 -

이 시기의 시들은 대부분이 '가을, 슬픔, 사라지고, 쓰러지고, 험하고, 피곤하고, 헤매는' 하강 이미지로 나타나고 있다. 여기에 나타나는 감정의 과잉, 한자어의 남용, 근거 없는 울분과 좌절 등의 모습은 1920년대 초기 우리 시단의 보편적인 현상이었다. 당대 시인들의 현실 인식의 기반은 식민지 치하 정치적·사회적인 데 있는 것이 아니라 불합리한 인습과 문화적 후진성의 열등감에 근거하고 있었고,[16] 그것이 꿈·밀실·동굴·죽음과 같은 퇴행으로 나타났으며 이는 결과적으로 서구 낭만주의와 맥을 같이하고 있었던 것은 잘 알려진 사실이다. 조명희의 시들은 그러한 20년대 초기의 우리 문단의 보편적 현상에서 크게 벗어나지 않는다. 그런데 먼저 눈에 뜨이는 것은 그의 시 어디에도 이국정조*exoticism*가 전혀 나타나지 않는다는 것이다. 이 점은 중국 상해로 망명 간 주요한의 경우[17]와 크게 대비되고, 이상화가 느낀 식민지배국 일본에 대비되는 우리 민족의 비극적 현실[18]도 나타나지 않는다. 고향을 그리워하는 시가 있지만, 그것도 일반적 향수의 차원에서 크게 벗어나지 않는다.

나의 故鄕이 저긔 저 흰 구름 너머이면
새의 나래 비려 가련마는
누른 짱 위에 무거운 다리 움직이며
蒼空을 바라보아 휘파람 치다.

孤寂한 사람아 詩人아
하날 숫 灰色 구름의 나라
일흠도 모르는 새나라 차지려
멀고 먼 蒼空의 길 저문 바람에
외로운 形影 번득이여 나라가는 그 새와 갓치
슯흔 소리 바람결에 부처 보내며
압흔 거름 푸른 숢길 속에
永遠의 빛을 차자 가다.

-「나의 故鄕이」 전 4연 중 1,4연 -

---

16 김은철, 『한국 근대시 연구』, 국학자료원, 2000, pp.68~69.

17 '파란 션 두른 웃옷은 볼기에 다앗고/소매는 쌉아 희고 가느른 팔을 드러내며/연홍色 바지에 치마는 넙지 안엇다/씰크 스톡킹 사이로 희미한 발목의 曲線/눈을 魅하는 살빛!/가느른 손가락에 감긴 손수건은 무릅 우에!' (「上海이애기」중 「支那少女」 일부)

18 '아 옙부게 잘 사는 '동경'의 밝은 웃음속을 왼데로 헤메나/내 눈은 어둠 속에서 별과 함께 우는 흐린 호롱불을 넉업시 볼 뿐이다.' (「도-교-에서」 일부)

이 시에서 나타난 정서는 타향에서 느끼는 막연한 향수 이상의 것이 아니다. 거기에는 '새나라'라는 이상향이 제시되어 있을 뿐, 이국이라는 것도, 식민지배에 대한 구체적 현실도 나타나지 않는다. 즉 이 작품은 20년대 시인들이 퇴행심리의 기제로 향수에 젖어 고향을 그리워하던 것과 아무런 차이가 없는 것이다. 이러한 바탕 위에서 그가 추구하는 이상향은 추상적인 모습으로 나타난다.

그러나 거긔에
알 수 읍는 神祕의 金字塔이
흔 구름 위에 놉히 소사

-「孤獨의 가을」 일부 -

내 血脈을 통하야 내 全身을 통하야
그 마음의 奧宮으로부터
까닭 모르는 寂悅의 바람이 부러오다
그는 까닭 모르는 生命의 悅波
智慧와 感覺을 써난 靈魂의 微笑

-「不思議의 生命의 微笑」 일부 -

부정적 현실에 대하여 그가 지향하는 세계는 '새나라', '신비의 금자탑', '생명의 열파' 등으로 제시되어 있지만 그것은 '이름도 모르는', '알 수 없는', '까닭 모르는' 것들로 설정되어 있다. 현실의 모순을 극복하고자 하는 상대적 의미에서 설정되는 것이 이상향일 것인데, 그 이상향의 까닭도 모른다는 것은 곧 부정적 현실의 실체가 파악되지 않았다는 것을 뜻한다. 이후에 밝혀지겠지만 그의 시에 등장하는 현실은 현재적 시간과 공간이 아니라 인간의 도덕과 윤리가 기준으로 작용하는 보편적 세계관에서 설정된 것이므로 그가 지향하는 이상세계도 막연하고 추상적인 '영원의 빛'의 '새나라'로 나타나는 것이다. 말하자면 그가 구축한 새나라는 구체적 실체와 내용이 없이 현실과 동떨어진 추상적 공간에 존재하고 있다.

새나라에 대한 동경은 희곡 「김영일의 사」에서도 '계급적 투쟁을 통해 건설하려는 구체적인 사회를 가리키는 것이 아니라 새 세계에 대한 막연한 동경'[19]으로 나타난다. 이와 관련하여 그의 문학 초기에는 민족의식이 거의 나타나지 않거나 희박한 형태로 나타나는데, 가령 소설 「낙동강」에서 '우리가 우리 계급의 일을 하기 위하여는 중국에 가서 해도 좋고 인도에 가서 해도 좋고 세계의 어느 나라에 가서 해도 마찬가지이다. 하지마는 우리 경우에는 여기 있어서 일하는 편이 가장 편리하다.'[20]라는 박성운의 말에서 그 궁극적인 목적은 계급투쟁이며 민족의 독립투쟁은 그 과정일 뿐이라는 의식을 엿볼 수 있다. 그이 이러한 의식은 소설 「아들의 마음」에도 지속적으로 나타나고 있어서[21] 조명희에게 계급투쟁은 세계 무산계급 해방을 위한 상위의 개념이며 민족해방은 세계 각 지역에서 벌어지는 계급투쟁의 하위개념이었음을 알 수 있다.

따라서 그가 제시한 새나라는 구체성이 결여된, 관념 속에서 막연한 구호로 존재하는 것이었다. 부정되고 극복되어야 할 대상인 현실의 실체가 구체적으로 파악되지 못하였으므로 그것을 극복하기 위해 대안으로 제시된 이상향도 구체성을 확보하지 못한 것이다. 결국 조명희의 시에 나타난 현실은 당대 식민지배하에 있는 민족 또는 역사적 개인이 경험하는 구체적 실체와는 거리가 먼, 추상적이고 관념적이었다는 것을 알 수 있다.

II-2 선과 악의 이원적 대립항

현실에 대한 인식이 식민지배하의 구체적 현실이 아니라 막연한 상실감에

---

19 정덕준, 「포석 조명희의 생애와 문학」, 『조명희』, 새미, 1999, p.25.

20 「낙동강」, 『선집』, pp.311~312.

21 '나도 무장을 하고 쌈하자. 민족해방을 위하여 계급해방을 위하여...너는 중국에서 나는 조선에서...' 『선집』, p.383.

서 출발하는 현상은 20년대 초기의 시인들에게 공통적인 것인데, 특히 조명희는 이 세계를 선과 악이라는 두 대립항으로 보고 그것을 극단적으로 이원화시켜서 인식한다.

사람에게 만일 善惡의 눈이 읍섯던들
서로서로 절하고 祝賀하올 것을……
보라 저 짱 위에 웃둑히 슨 人間像을.

-「人間肖像讚」 일부 -

오오 이 더러운 몸을 엇지 하여야 조흐랴
이 더러운 피를 엇다가 흘녀야 조흐랴

-「無題」 일부 -

어둠의 검! 어둠의 검!
그대에게야 설마 이 말세 인간의 더러운 냄새 같은 흐풍선스러운 말이 있사오리까
말이 있사오리까?

-「'어둠의 검'에게 바치는 서곡(序曲)」 1연 -

세상에서 富를 求하느니
가을의 썩은 落葉을 줏지
그것이 狡猾의 報酬로 온다더라.

세상에서 名譽를 求하느니
沙漠 길 위에 모래塔을 쌋지
그것이 阿諂의 報酬로 온다더라.

-「별 밋흐로」 전 5연 중 1,2연 -

조명희는 세상을 선과 악으로 양분하고, 인간이 존재하는 세상을 악으로 판단한다. 인간의 세계는 교활과 아첨, 허풍의 세계이며, 더러운 피가 흐르는

인간들은 악으로 치장하고 우뚝 서 있다. 따라서 그에게 인간과 인간 세상에 존재하는 모든 것, 나아가서 세상 자체는 부정되어야 할 대상이 된다. 인간에 대한 환멸과 혐오, 세계에 대한 부정적 인식은 그의 시와 수필에 두드러지게 나타나는데 다음의 예에서 우리는 그 부정의 근거를 유추할 수 있다.

어느 술座席 숫헤
엽헤 안진 동무들이
엇지 그리 되지 안코 밉던지
주먹을 쥐고 이러스며
「필리스틴」의 세상 더러운 세상!
이 되지 않은 俗衆! 하고
싸호기까지 하엿다.

-「스핑스의 悲哀」 일부 -

손잡던 동무는 도라서 가고
세상은 찬 바람이 휘모라칠 째
그 째 내 靈은 얼마나 써러 울엇스랴
처음에는 驚訝 그 다음에는 恐怖

-「내 靈魂의 한쪽 紀行」 일부 -

그러나 내게는 幻滅이 닥첫다. 同志에 對한 幻滅이다. 人間에 對한 不信任案이다. 唯心論者들이 依例히 하는 말맛다나 社會改造보다도 人心改造가 더 急하다고 나도 불르지젓다...(중략)...그리하야 나는 反動의 길을 것게 되얏다. 사람이라면 辱하고 咀呪만 하랴 하얏다.[22]

젊은 시절 조명희는 자신의 사상적 진로를 두고 항상 고민하고 있었다. '유고'의 인도적 정신이 사상과 감정을 지배하였다고도 하고, '도스토에프스키'

22 조명희, 「生活記錄의 斷片」, <조선지광> 65호, 1927.3.

에게서는 가슴이 후끈하기도 하였으며[23], 노동과 문학, 데카단니슴과 종교적 신비주의, 타고르의 신낭만주의와 고리키의 신현실주의 등의 갈림길에서 갈등하였다.[24] 그는 당시 유행하던 사회사상에 잠시 심취하였지만 '根據잇는 思想的 背景을 가젓던 것도 안이오, 生活環境으로부터 그런 意識이 생긴 것도 안이오, 다만 淺薄하고 漫然한 人道主義的 傾向으로부터 나왓던 것임으로 그 情熱이 곳 살어지고 말앗섯다.'[25]고 진술하고 있다. 즉 명확하게 자신의 사상을 정립하지 못 하던 때에, 모임에 들어가 막연한 기분에만 놀게 되었다는 것이다.

별로 의식 없이 막연한 '기분'에만 나가던 모임에서 그는 인간에 대한 환멸과 불신, 저주, 허무와 절망을 경험한다. 거기에서 시인은 경아와 공포를 느끼고 사회개조보다 인심의 개조가 더욱 시급하다고 주장하게 된다. 그의 인간혐오와 세상에 대한 불신은 급기야 존재뿐만 아니라 우주 자체를 부정하는 곳으로 나아간다.

누가 너에게 人間이란 일흠을 붓첫나뇨
그런 侮辱의 말을……

-「어린 아기」 일부 -

兒아 아오야 울지 마러라 울지 마러라
두리건대 이것이 永遠일가 하노라
永遠의 矛盾일가 하노라
永遠의 矛盾!
永遠의 矛盾!

23 조명희, 「늦겨본 일 몃가지」, <개벽> 70호, 1926.6.

24 이 시기의 삶의 흔적은 「生活記錄의 斷片」에 자세히 기록되어 있다. 조명희, 「生活記錄의 斷片」, <조선지광> 65호, 1927.3.

25 조명희, 「늦겨본 일 몃가지」, <개벽> 70호, 1926.6.

오오 이것이 웬일이냐
이것이 무엇이냐
이 사람이 왜 생겨낫슬가
이 宇宙가 왜 생겨낫슬가

- 「永遠의 哀訴」 전 6연 중 4,5연 -

때묻지 않은 순수의 세계를 대신하는 어린이와 원숭이 새끼[26]는 태어나는 순간부터 모욕이며 사람과 우주가 생겨난 그 자체가 영원의 모순이라는 것이다. 이처럼 그의 시는 현실세계에 대한 철저한 부정을 근거로 하고 있는데, 문제는 그 부정의 근거가 구체적 시·공간에 있는 것이 아니라 인간의 혐오, 인간 세상의 부정이라는 보편적·인도주의적인 것으로 나타나고 있다는 점이다. 식민지하의 구체적 현실보다는 인간혐오, 세상에 대한 저주를 현실부정의 근거로 삼았다는 것은 그의 세계관이 역사의식이나 당대 현실의식과는 거리가 멀다는 것을 뜻한다.

이러한 조명희의 시세계는 20년대 시인들이 20세 전후의 젊은 혈기와 역사적 소임이 소거된 중산층 지식인들이었다는 것, 미성숙된 세계관에서 시세계가 구축되었다는 것, 투철하지 못한 현실 인식하에서 절망과 좌절을 느끼고는 '그들이 지향하는 긍정적인 세계를 노래하기보다는 그것을 불가능하게 하는 제약과 이로 인한 절망을 노래'[27]한 것과 다르지 않다.

구체적 현실이 배제된 상태에서 방황하는 시적 자아의 인간에 대한 실망은 인간혐오, 세상에 대한 절망, 나아가 인간과 우주의 부정으로까지 심화되었으며, 여기에서 인간의 도덕적·윤리적 문제에 기반한 선과 악의 이원적 대립항

---

26 '원숭이가 색기를 나앗슴니다/원숭이가 색기를 귀여합니다/그러나 나는/슯어합니다/"너는 왜, 그런 侮辱의 탈을 쓰고 또 나서......"하고' (「원숭이가 색기를 나앗슴니다」 전 3연 중 2연)

27 김흥규, 「1920년대 초기시의 낭만적 상상력과 그 역사적 성격」, 『문학과 역사적 인간』, 창작과 비평사, 1980, p.222.

이 설정되었다. 거기에는 인류의 보편적 도덕과 윤리라는 가치 기준이 작동할 뿐, 식민지 현실이라는 현재적 시간과 공간은 존재하지 않았던 것이다.

Ⅲ. 이상과 현실, 존재의 방식

Ⅲ-1 원초적 순수세계의 동경

부정적 현실에 대하여 상대적 개념으로 설정된 '새나라'라는 관념적 구호는 좀 더 구체화되면서 절대 순수의 세계로 모습을 나타낸다. 그의 현실부정이 인간혐오, 악의 근원인 인간 세상의 부정에 근거하고 있다면 그것을 극복할 상대적 개념은 자연적으로 인간 존재에서 연유하는 악이 존재하지 않는 세계일 것이다. 그러므로 그 세계는 악의 근원인 인간의 역사가 시작되지 않은 태초의 세계, 절대선의 세계가 되어야 함은 당연한 귀결이다. 여기에서 때묻지 않은 순수세계, 절대선의 세계는 악의 순실의 세계로 표상된다.

純實이 읍는 이 나라에
압픔과 눈물이 어대 잇스며
눈물이 읍는 이 백성에게
사랑과 義가 어대 잇스랴.

- 「불비를 주소서」 일부 -

그는 이 세상은 순실하지 않으므로 아픔과 눈물이 없고 사랑과 의도 없다고 말한다. 이 시의 '이 나라' '이 백성'은 현실적으로 존재하는 당대 식민지 조선과 조선의 백성일 것인데도, 그 실체적 현실은 전면 부정되고 있다. 왜냐하면 순실·순수가 없다면 국가와 민족, 백성도 아무런 존재의 가치가 없기 때문이다. 그러므로 이 시에서 표현된 인간의 부정적인 면모는 '어떤 구체적인 시대적 상황과의 구조적 역학관계에 의해 형성되는 것이라기보다는 선악과 같은 인간 자체의 내면적인 속성에 의한 것으로 인식된다.'[28] 여기에서 우리는 다시 그의 현실 인식의 기반이 보편적이고도 추상적인 것에 있다는 것, 민족이나 국가라는 실체보다는 관념 속의 이상이 절대 우위에 있다는 것을 확인할 수 있다.

이러한 배경에서 그가 지향하는 세계는 인간이 배제된 원초적 순수세계로 나타난다. 세계는 인간이 개입됨으로써 추악해진 것이므로 그것이 원상회복 되려면 세계는 태초의 가장 순수한 모습이 아니면 안 되는 것이다. 따라서 태초의 가장 순수한 모습은 아기, 아침, 봄, 눈 등의 이미지로 구현된다.

> 오오 어린 아기여 人間 以上의 아달이여!
> 너는 人間이 아니다
> 누가 너에게 人間이란 일흠을 붓첫나뇨
> 그런 侮辱의 말을......
>
> 너는 善惡을 超越한 宇宙 生命의 顯像이다
> 너는 모든 아름다운 것보다 아름다운 이다.
>
> -「어린 아기」 일부 -

> 철 모르는 어린 아기
> 人生의 첫 봄
> 아질아질 타오르는 아지랑이
> 넘을넘을 듯한 비개인 江邊
> 황금의 비쫀으로 짜낸 내 靈의 野原
>
> -「내 靈魂의 한쪽 紀行」 일부 -

아기는 아직 때묻지 않은 순수의 상태이므로 찬미의 대상이 된다. 아기는

---

28 박혜경, 「조명희론」, 홍기삼·김시태 편, 『해금문학론』, 미리내, 1991, p.359.

모욕적인 인간 이상의 존재로서, 선악이 구분되지 않은 상태의 우주의 현현이며, 비가 갠 강변과 같은 깨끗한 원시 상태의 처녀지이고 아름답고 감동스러운 존재로 묘사된다. 더 나아가 아기는 '해의 나라에서 보낸', '힘의 나라에서 보낸' 귀엽고 신통한 존재이며, '神의 子', 지구의 수호자로 인식되기도 한다.[29] 그것은 곧 조명희가 순수의 세계를 절대선으로 인식하고 인간세계의 치유도 곧 순수에서 가능함을 뜻한다.

아기가 찬미의 대상이 되는 것은 아직 거짓과 악으로 오염되지 않은 순수상태이기 때문이다. 그의 시에 인간과 대비되어 등장하는 바둑이(개), 살모사, 소와 말, 돼지, 여우 등의 짐승들도 그들이 거짓과 위선이 없다는 의미에서 인간보다 우월하다고 보기 때문이다. 그리하여 그는 '바둑이는 거짓이 없나니라/그러나 이 몸쓸 인간에게는 거짓이 있나니'(「바둑이는 거짓이 없나니」) '동무여/우리가 만일 개(犬)이어던/개인 체하자/속이지 말고 개인 체하자!/그리고 쌍에 업드려 쌍을 할자'(「동무여」)라고 차라리 거짓이 없는 개가 되자고 말한다.

> 아츰 개인 아츰
> 집웅 집웅
> 가벼운 羅依 맑은 香氣
> 笑顔 오오 그 笑顔!
> 그래서 나래 벌린 大地는
> 새 아츰을 맞는다. 聖하고 또 榮光스러운 아츰을.
>
> -「아츰」 전문 -

순수상태의 시간적 대상은 아침과 봄이다. 아침은 하루가 시작되는 시간이

---

29 '보라 영원히 그 아기는/터지려는 지구의 심장을/부드러운 손으로 꿰매어 주며/넘어지려는 생명의 바퀴를/작은 팔로 받치고 서서/머나먼 나라의 길을/어여쁜 손으로 가리켜 주나니.' (「어린 아기」 일부) 시 「어린 아기」는 두 편이 있다. 이 작품은 <개벽> 61호(1926.7)에 실린 것으로, 1924.9.29일에 쓴 것으로 되어있다.

며 봄은 사계절이 시작되는 생명의 시간이기 때문이다. 하루가 시작되는 갠 아침은 가볍고 맑고 웃음이 흐르며, 대지는 날개를 벌려 성스럽고 영광스러운 아침을 맞는다. 결국 조명희가 추구하는 세계는 거짓과 위선으로 얼룩진 인간 세계의 상대개념인 원초적인 순수세계이며, 그것이 아기, 비가 갠 강변, 첫봄, 아침 이미지 등으로 나타난 것이다.

Ⅲ-2 어머니와 대지의 이미지

순수세계를 표상하는 아기의 이미지와 더불어 나타나는 대표적인 이미지는 영원한 모성으로서의 어머니이다. 아기는 모성으로서의 어머니와 자연스럽게 연결되기 때문이다.

나는 宇宙의 어머니로부터 나온 자식
올토다 그 어머니 가슴에 兀起한 한낫의 水泡

-「分裂의 苦」 일부 -

어머니 좀 드러주서요
저 黃昏의 이약이를
숩 사이에 어둠이 엿보아 들고
개천 물소리는 더한층 가느러젓나이다
나무나무들도 다 祈禱를 드릴 때입니다.

어머니 좀 드러주서요
손잡고 귀 기우려 주서요
저 담 아래 밤나무에
아람 쩌러지는 소리가 들닙니다
'쑥'하고 쌍으로 쩌러집니다
宇宙가 새 아달 나앗다고 긔별합니다
燈불을 가주고 오서요

새 손님 마지러 공손히 거러가십시다.

-「驚異」 전문 -

여기에서 어머니는 순수세계의 상징인 아기와 조응하는 영원한 모성으로 형상된다. 아기는 '神의 子'(「어린 아기」)이며 나는 우주라는 어머니의 아들이다. 원초적 세계의 표상인 아기는 어머니의 가슴에 한낱 물방울로 존재하며 모성으로서의 어머니는 다시 신과 우주로 의미가 확대된다. 즉 어머니는 영원한 모성으로서 순수세계의 주재자가 되는 것이다. 그 순수세계에서는 아람한 톨도 우주가 낳은 경이로운 생명의 탄생으로서, 황혼과 개천과 나무를 비롯한 온 우주가 화답하는 경건한 기도의 세계이다. 여기에서 조명희가 꿈꾸는 원초적 순수세계는 우주만물이 조화되고 조응하는 일체적 공간, 성스러운 곳임을 알 수 있다. 이것은 '시적 자아의 내면에 잠재한 원형적 대상이며 모든 실체가 하나로 통합되는 신화적 시간 속에 있는 우주의 질서'[30]이다. 한편 모성으로서의 어머니는 대지와 동일시된다.

가을이 되엿다 마을의 동무여
저 너른 들로 향하야 나가자
논틀길을 발바가며 노래부르세
모-든 이삭들은
다북다북 고개를 숙이여
'짱의 어머니여!
우리는 다시 그대에게로 도라가노라' 한다
동무여! 고개 숙여라 긔도하자
저 모든 이삭들과 한 가지......

-「成熟의 祝福」 전문 -

30 백운복, 「조명희의 시 연구」, 『시의 이론과 비평』, 태학사, 1997, p.196.

영원한 모성으로서의 어머니는 생명의 근원인 땅과 동일시된다. 이삭들이 고개를 숙이고 어머니인 땅으로 돌아가듯이 우리도 고개 숙여 경건하게 기도하자는 것이다. 나아가 생명의 근원, 어머니로서의 대지에 대한 시인의 태도는 대지에 대한 찬사로 나타나기도 한다.[31]

아기, 아침, 봄, 비가 갠 강변 등은 결국 원초적 순수의 상태로서 때묻지 않은 태초 또는 처음이라는 의미에서 선택된 이미지들이다. 그런가 하면 영원한 모성으로서의 어머니는 이 세계를 주재하는 우주, 신의 위상을 가지고 만물의 생명의 바탕인 대지의 이미지와 결부된다. 즉 그가 말한 새나라는 인간이 개입되기 이전의 상태, 절대선의 세계로서 공간적으로는 무한한 포용력을 가진 대지, 시간적으로는 아침과 봄이라는 구체성을 가지며, 거기에 새 생명으로서의 아기가 존재하는 세계를 뜻하는 것이었다. 그러므로 인간세계에서 상처받은 자아는 순수가 확보된 시·공간, 원초적 순수세계에서 엄마와 공존하는 세계를 꿈꾼다.

> 내가 이 잔디밧 위에 뛰노닐 적에
> 우리 어머니가 이 모양을 보아주실 수 읍슬가
>
> 어린 아기가 어머니 젓가슴에 안겨 어리광함 갓치
> 내가 이 잔디밧 위에 짓둥그를 적에
> 우리 어머니가 이 모양을 참으로 보아주실 수 읍슬가
>
> 밋칠듯한 마음을 견데지 못하여
> '엄마! 엄마!' 소리를 내엿더니
> 쌍이 '우애!'하고 한울이 '우애!' 하옴에
> 어나것이 나의 어머니인지 알 수 읍서라.
>
> -「봄잔듸밧위에」 전문 -

31 '山과 山이며 들과 들이며/숩과 숩이며 내와 내며/바다와 쏘한 바다/아아 이 壯麗한 大地를/나는 무엇으로 讚辭를 밧치랴?'(「生命의 수래」 일부)

시집의 제목이기도 한 이 작품은 이 시기 조명희의 정신적 배경이 함축된 그의 대표작이다. '어머니'라 부르는 성장한 시적 자아는 위선으로 가득 찬 절대악의 세계에서 절대 순수세계를 꿈꾼다. 봄은 아직 때 묻지 않은 원초적 순수세계의 표상이며, 평온한 잔디밭은 무한한 포용력을 가진 생명으로서의 대지일 것이다. 거기에 동화된 순수세계의 표상인 아기, '엄마'라 부르는 먼 옛날의 자신이 있다. 그런데 그것은 단지 희망 사항일 뿐 어머니는 존재하지 않고 자신의 상처를 부드럽게 위무해 줄 어머니의 젖가슴도 존재하지 않으며, 자신도 더 이상 아기가 아니다. '미칠 듯한 마음'은 곧 현실과 이상의 괴리가 너무나 크다는 것을 인식함으로써 수반되는 좌절과 절망에 대한 격정적 반응이다. 엄마를 찾는 소리는 온 사방에서 메아리로만 들릴 뿐 더 이상 어머니는 존재하지 않는 것이다. 따라서 이 시는 다른 논자들이 본 것처럼[32] 상호 응답이나 교감의 차원이 아니라, 현실과 이상 사이의 거리를 확인하고 자기가 꿈꾸던 절대선의 세계가 불가능하다는 것을 느끼는 슬픔과 절망을 표현한 것이다.

그러므로 이 작품에는 조명희의 이원적 현실인식과, 두 대립항의 거리, 중간존재로서의 현실적 자아, 거기에서 귀결되는 좌절과 절망 등이 함축적으로 드러나 있는 것이다. 현실과 이상의 엄청난 간격을 인식하고 좌절을 경험하였을 때 시적 자아는 어떻게 대응하는가?

Ⅲ-3 존재의 방식, 방어기제

조명희의 시에서 인간세계인 절대악의 개념에 대립항으로 제시된 것은 절대선의 세계로 그것은 원초적 순수세계를 의미하였다. 그런데 문제는 이 절대

32 민병기는 이를 어머니의 응답으로 보았고, 김재홍은 생명적 교감과 환희로 보았다. 한편 백운복은 이를 어머니에 대한 상실의식으로 보았다. 민병기, 『조명희』, 새미, p.142. 김재홍, 『한국현대시인연구(2)』, 일지사, 2007, p.53. 백운복, 『시의 이론과 비평』, 태학사, 1997, p.196.

악, 절대선이라는 개념 자체가 비현실적이라는 데에 있다. 왜냐하면 현실적 삶은 절대선과 절대악 사이에서 길항하는 실체이므로 그렇게 단순하지 않고, 절대선이나 절대악은 단지 관념상에 설정된 것이기 때문이다. 따라서 절대선과 절대악의 대립항은 간격이 클 수밖에 없고, 더구나 그것이 구체적 삶의 현장에서 그 극복 대안으로서가 아니라 인류의 보편적인 도덕적·윤리적 배경에서 비롯되었으므로 현실적 삶과는 거리가 있는 것이다.

동무여 손 잡아다고
네 가슴과 내 가슴에 다리를 놋차.
이것은 내 靈魂의 搖籃의 쉼자리.

- 「내 靈魂의 한쪽 紀行」 일부 -

그가 세계를 향하여 손을 뻗어 화해의 태도를 취하였음에도 세계는 화답하지 않았고, 결국 그 결과는 경아(驚訝)와 공포(恐怖)로 인식된다.[33] 두 대립항은 양 극단에 존재하므로 원천적으로 화해가 불가능한 것이었다. 그러므로 그가 화해의 손길을 내민 것은 세계와의 진정한 화합을 위한 것이 아니라 세상이 경아와 공포라는 절대악을 강화하기 위한 수단으로 사용된 것이었다는 점을 눈여겨 볼 필요가 있다. 즉 절대악의 세계는 이미 화해하고 공존할 대상이 아니었기 때문에 여기에는 좌절과 패배 이후의 자신의 정신적 상황만이 강조되어 있는 것이다.

아아 나는 어대로 갈가 나는 어대로 가
現實이란 잿덤이(灰堆)를 되되고 서서
虛無한 奈落에 魂을 굴니여
(중략)

33 '손잡던 동무는 도라서 가고/세상은 찬 바람이 휘모라칠 쌔/그쌔 내 靈은 얼마나 써러 울엇스랴/처음에는 驚訝 그 다음에는 恐怖' (「내 靈魂의 한쪽 紀行」 일부)

아아 사람들아
여긔는 神도 업고 惡魔도 업슴

-「血面鳴音」 일부 -

두 대립항 사이에 화자가 서 있는 곳은 '신도 없고 악마도 없는' 곳이며, 그리하여 그는 절망 속에서 인간의 淨土는 영영 없는지, 중생의 지옥은 영원히 계속되는지 신에게 묻는다.[34] 이것은 즉 두 대립항 사이에서는 현실적이고 실재적인 인간의 삶은 존재하기 어렵다는 것을 뜻한다. 그러므로 「봄잔듸밧위에」에서 화자가 절대선의 세계, 원초적 순수의 세계로 돌아가는 것이 불가능하다는 것을 깨달았을 때, 어머니마저 화답하지 않으므로 '미칠 듯한 마음을 견디지 못 하'여 절망하는 것이다. 그것은 곧 자아의 최종적인 좌절과 패배를 의미한다.

이상과 현실 사이에서 길항하는 것이 현실적 인간의 삶이라고 한다면 조명희의 세계관 속에서 그것은 원천적으로 불가능하다. 왜냐하면 인간세계는 이미 최극단의 절대악으로 설정되어 기대치가 없으므로 수정하고 개선할 대상이 아니고, 절대선의 순수세계는 응답하지 않고 좌절과 패배를 안겨주므로 자아의 현재적 삶은 더 이상 존재할 수 없기 때문이다.

이 지점에서 우리는 조명희의 시에 등장하는 자폐적 공간과 '불비'로 상징되는 세계파멸의 근거를 이해하게 된다. 극단적인 두 대립항 사이에서 좌절과 패배를 인식할 때 중간매개체인 자아는 두 가지의 방식으로 반응한다. 그 중 하나는 자폐의 방식이며 다른 하나는 공격의 방식이다.[35]

---

34 '人間의 淨土가 영영 업스오릿가?/衆生의 地獄이 영영이오릿가?' (「賣肉店에서」 일부)

35 욕구불만의 비조정적 결과로서 생기는 현상에는 퇴행·억압·투사·동일시·승화·합리화·공격·퇴행·자폐성 등이 있다. 장병림, 『사회심리학』, 박영사, 1984, p.136.

온 세상 사람이 다 나를 사랑한다 하여도,
참으로 나는 원치를 아니 하오.
다만 침묵을 가지고 오는 님만이
어서 나를 찾아 오소서.

그리하여 우리의 세계는 침묵으로 잠급시다
다만 아픈 마음만이 침묵 가운데 귀 기울이며......
-「온 저자 사람이」 일부 -

어둠의 검! 어둠의 검!
그대는 이 철없는 세상의 말과 빛과 행복을 다 몰아가소서
그리하여, 이 세상을 아픈 침묵으로만 잠가 주소서
다만 거짓없는 령혼들의 소리 없는 통곡만이 땅 우에 사무치도록......
-「'어둠의 검'에게 바치는 序曲」 일부-

심리학에서 자폐*Autism*는 외부세계에서 떨어져 스스로를 고립시키는 것으로서, '욕구불만의 비조정적 결과에 대하여 외부세계와 단절하여 외면하고, 역사적·사회적 현실을 무시한 채 자신만의 욕구와 정서로 사고를 채우는 것'[36]이다. 그가 폐쇄적 공간에서 침묵의 세계를 희구하는 것은 위협적인 현실에 눈을 감음으로써 자신을 방어하려는 가장 원시적인 방어기제*Defense Mechanism*인 것이다. 시적 자아는 부정적 인식에 근거한 온 세상 사람과 단절되어 침묵으로 문을 잠가서 세계로부터 철저히 자신을 단절시킴으로써 자신을 보호하려고 한다. 그런가 하면 또 다른 적극적 방어기제로 공격*Aggression*[37]을 선택한다.

36 장병림, 『사회심리학』, 박영사, 1984, p.137, 참조.
37 이는 욕구충족을 저지하는 대상에 대하여 적의를 품고 직접 또는 간접적인 공격을 가하여 자기의 긴장완화를 도모하는 것을 의미한다. 장병림, 위의 책, p.137.

주여! 비노니 이 쌍에
비를 주소서 불비를 주소서!
타는 불속에서나
純實의 쌔를 차자볼가
썩은 잿덤이 위에서나
사랑의 씨를 차자볼가

-「불비를 주소서」 일부 -

오오 이 더러운 몸을 엇지 하여야 조흐랴
이 더러운 피를 엇다가 흘녀야 조흐랴

主여, 그대가 만일 영영 버릴 물건일진대
차라리 벼락의 榮光을 주겟나잇가
벼락의 榮光을!

-「無題」 일부 -

시적 자아는 절대악의 인간세계가 순수세계, 순실의 세계로 되는 것은 불가능하다는 것을 깨닫고 그 세계를 불비와 벼락으로 공격하여 파괴함으로써 새로운 세계를 꿈꾼다. 모든 것이 불탄 후, 잿더미 위에서 비로소 순실과 사랑이 있는 순수세계가 비로소 가능하기 때문이다. 그런가 하면 「무제」에서는 그 공격이 자신에게로 향하는 자학성[38]까지 보여준다. 그는 자신도 이미 '더러운 피'를 가진 속악한 세계의 일부이므로 '벼락의 영광'을 요구하는 것이다. 벼락 자체는 불운이고 고통이지만 그 위에서 새로운 순수의 탄생이 가능하므로 오히려 그것은 영광이라는 역설이 성립한다.

이처럼 조명희가 꿈꾸는 이상향, 원초적 순수세계는 현실을 보완하고 수정해서 도달할 수 있는 성질의 것이 아니라 완전히 해체되어야만 가능한 것이다. 양 극단에 설정된 대립항 사이에는 어느 한쪽의 일방적 승패만이 가능할 뿐,

---

38 자학성은 공격의 방어기제 중 그 대상을 자신에게로 향하는 내향적 공격현상이다.

어떤 타협도 가능하지 않으므로 실제적 삶은 존재할 수 없다. 그 근본적 원인은 절대선과 절대악이라는 두 대립항이 식민지배 하의 살아있는 시·공간의 구체적 현실에서 추출된 개념이 아니라 민족도 국가도 백성도 존재하지 않는 인류의 윤리와 도덕이라는 관념에 근거하고 있었기 때문이다. '그의 시에는 수사학만 있고 그것을 받쳐주는 실질적인 내용은 없다.'[39]는 진술은 바로 이를 지적한 것이다.

그의 시는 현실과 괴리된 절대악과 절대선이라는 양 극단의 세계를 축으로 삼은 것이었으므로 막상 그가 현실을 구체적으로 인식하였을 때 그것을 시로 담기는 어려웠을 것으로 보인다. 그의 문학이 시에서 소설로 옮아가고 망명 후에 소설과 함께 다시 시를 쓰기 시작한 것은 이와 같은 그의 세계관과 밀접한 관련을 가진 것으로 보이는 것이다. 왜냐하면 살아있는 구체적 현실은 양 극단 사이의 중간매체로 존재할 것인데, 어느 한쪽의 완전한 승패만이 전제된 두 대립항 사이에 중간적 존재로 길항하는 현재적 삶은 존재할 수도 없고 존재하지도 않았기 때문이다. 그러므로 그의 사회주의적 리얼리즘에 입각한 현재적 삶은 시세계에서는 불가능하였고 그것을 담아내기 위해서는 새로운 소설 장르가 필요하였던 것이다. 따라서 장르 선택의 조건에 있어서 사회의 방향성의 지평에 따라 시나 소설이 선택된다는 논리[40]는 적어도 조명희와는 거리가 멀다고 할 수 있다. 그의 장르선택의 조건은 사회적·역사적 전망에서라기보다는 개인이 추구한 세계관에서 연유한 것으로 보이기 때문이다.

그의 시작품이 '추상적이고 낭만적인 공간을 형상화하였을 때 비로소 품격을 갖추게 되'[41]어, 「봄잔듸밧위에」나 「夏夜曲」 등의 작품이 가능하였다는

---

39 박혜경, 「조명희론」, 홍기삼·김시태 편, 『해금문학론』, 미리내, 1991, p.352.

40 김윤식, 「1920년대 시 장르 선택의 조건」, 『한국현대시론비판』, 일지사, 1976, P.237.

41 오성호, 「조명희 시에 관한 연구」, <순천대학교논문집> 제15집, 순천대학교, 1996, p.157.

것은 그의 시세계의 근원이 어디에 있는가를 말하여 주는 것이다. 즉 절대선과 절대악의 사이에 실제적 삶이 불가능하므로 그의 시세계는 두 대립항 사이의 관념적 삶을 노래할 때 유용하였던 것이며 사실주의라는 실제적 삶을 반영할 수는 없었던 것이다. 실제로 망명 후에 현장성이 강한 「짓밟힌 고려」, 「10월의 노래」 등은 대개 산문투의 장시로서 서사적 요소를 담고 있고, 비교적 짧은 시들은 선전시에 해당하는 것으로서 서정의 본질과는 거리가 먼 것들이었던 것이다.

그의 시에 나타난 이러한 세계관에서 그가 문득, 가족도 모르게 소련으로 망명한 것이 이해될 수 있다. 민족보다 계급투쟁을 상위개념으로 두고 민족의 계급투쟁은 세계 계급투쟁의 한 과정으로 생각한 것, 식민지하의 민족현실이라는 구체적 삶과 현재적 진실보다는 보편적이고 관념적인, 범인류의 윤리와 도덕에 세계관의 기준을 두었던 것, 인간세계를 절대악으로 보고 절대선의 세계로서 원초적 순수세계를 꿈꾸었던 것 등은 결과적으로 그의 망명의 정신적 배경으로 짐작되는 것이다. 그가 꿈꾸는 세계는 기존 세계의 해체로서만 가능한 것이었고, 그것은 곧 현재적 삶의 전면부정을 의미하는 것이었으므로 그는 전혀 새로운 시간과 공간, 구질서를 완전히 부정하고 새로운 질서를 창조하는 혁명국 소련을 기꺼이 선택할 수 있었을 것이다. 그것은 그에게는 좌절과 절망 속의 시적 자아가 절대악을 해체하고 절대선이 일방적으로 승리하는 것이었고, 새로운 세계가 열리는 성스러운 대지, 아침이라는 새 역사가 시작되는 곳, 아기와 어머니가 응답하여 조응하는 곳으로서 그가 꿈꾸던 원초적 순수의 세계, 새나라일 수 있었던 것이다.

Ⅳ. 결론

조명희의 초기 시는 20년대 시인들에게 공통적인 것처럼, 식민지배하의 민족이 처한 구체적 현실이 아니라 막연한 상실감에서 출발하고 있었다. 구체적 현실이 결여되어 있었기 때문에 결과적으로 거기에 대응해 이상향으로 제시된 '새나라'도 관념적 구호로 나타났다. 이는 부정되고 극복되어야 할 대상인 현실의 실체를 구체적으로 파악하지 못한 결과였다.

조명희는 이 세계를 선과 악이라는 이원적으로 파악하고 위선적 인간이 존재하는 세상을 악의 세계로 부정적으로 인식한다. 그런데 그 부정의 근거는 식민지 피지배 민족의 구체적 시·공간에 있는 것이 아니라 인간혐오, 인간세상에 대한 부정이라는 보편적·인도주의적인 것으로 나타나고 있어서 그의 역사의식이나 현실의식이 투철하지 못했다는 것을 보여준다.

'새나라'라는 관념적 구호는 원초적인 절대 순수세계로 좀 더 구체화되어 나타난다. 인간혐오, 인간세계에 대한 현실부정을 극복할 상대적 개념은 절대선의 세계로서 인간의 역사가 시작되지 않은 태초의 세계를 의미하며 아기, 아침, 눈 등의 이미지로 구현된다. 아기와 함께 영원한 모성으로서의 어머니는 무한한 생명력을 포용하는 대지와 동일시된다. 즉 그가 추구하는 순수세계는 인간이 개입되기 이전의 절대선의 세계로서 공간적으로는 무한한 포용력을 가진 대지, 시간적으로는 아침과 봄이라는 구체성을 가지며, 거기에 새 생명으로서의 아기가 존재하는 세계였다.

그런데 절대선과 절대악이라는 두 대립항은 양 극단에 존재하므로 화해는 불가능하고, 이상과 현실 사이에서 길항하는 것이 본질인 현재적 삶은 거기에 존재할 수 없다. 절대악의 세계는 더 이상의 기대치가 없고, 절대선의 세계 또한 좌절과 패배를 안겨줄 때 두 대립항 사이의 자아는 방어기제로서 자폐와 공격을 택한다. 자아는 부정적 세계로부터 자신을 단절시킴으로써 자신을 보호하는 한편, 적극적 방어기제로 공격을 선택한다. 시적 자아는 절대악의 인간세계가 순수세계, 순실의 세계로 되는 것은 불가능하다는 것을 깨닫고 그 세계를 불비·벼락으로 직접적으로 공격하여 파괴함으로써 새로운 세계를 꿈꾼다.

그의 시세계는 절대악과 절대선이라는 양 극단을 중심으로 구축되어 있었으므로 구체적 식민지 현실을 담기는 어려웠다. 양 극단 사이에는 어느 한쪽의 완전한 승패만이 전제되어 있어서 그 사이에서 길항하는 것이 본질인 현실적 삶은 존재할 수 없기 때문이다. 따라서 리얼리즘에 입각해 현재적 삶을 담아내기 위해서는 새로운 소설 장르가 필요하였다.

이런 정신 배경 하에서 그의 돌연한 소련 망명도 가능하였다. 그가 꿈꾸는 세계는 기존 세계의 해체로서만 가능한 것이었고, 그것은 곧 현재적 삶의 전면부정을 의미하는 것이었으므로 그는 전혀 새로운 시간과 공간, 구질서를 부정하고 새로운 질서를 창조하는 혁명국 소련을 기꺼이 선택할 수 있었던 것이다. 그곳은 성스러운 대지, 아침, 아기와 어머니가 응답하여 조응하는 곳으로서 그가 꿈꾸던 원초적 순수의 세계, 새나라였기 때문이다.

망명 후의 그의 삶이 과연 그가 꿈꾸던 절대 순수의 세계였는지도 궁금하지만 자신이 꿈에도 갈망하던 그 세계에서 간첩 혐의로 총살된 것은 개인적으로나 역사적으로나 아이러니가 아닐 수 없다.

2. 석송(石松) 김형원(金炯元)의 시와 시론

Ⅰ. 서론

한국시문학사에서 1920년대는 매우 중요한 역사적 의미를 내포하고 있다. 그것은 곧 개화기 이래 1910년대에서 확인되던 시의 근대성이 보다 심화되어 구체화되어 나타나는 시기이면서 한편으로는 1930년대라는, 문학에 있어서의 현대를 준비하는 시기이기 때문이다. 공리주의 시관을 대변하는 개화기의 시가를 거쳐 1910년대에 등장한 김억과 황석우 등은 <학지광>이나 <태서문예신보>를 매체로 하여 이른바 리리시즘*lyricism*에 입각한 근대시를 선보였고 이후 1920년대의 화려한 시문학기가 전개되는 것이다.

시문학에 있어서 1920년대를 우리가 '화려하다'고 하는 것은 「백조, 화려한 시절」[1]에서 차용한 것이지만 실로 1920년대야말로 여러 매체를 통하여 많은 시인과 많은 작품들이 생산되어 가히 시문학의 융성기였다고 해도 과언이 아니다. 그러나 여기서 화려하다고 하는 것은 또 다른 의미를 내포하고 있다고 보이는데 하나는 많은 시인들이 다양한 작품을 생산했다고 하는 의미

---

1 박영희, 「백조, 화려한 시절」, <조선일보> 1933.9.13.

이고 다른 하나는 일종의 나약하고 병적인, 현실과 유리된 관념성을 뜻하는 부정적 의미라고 필자는 생각한다. 백철이 지적한 것과 같이, 모든 문학적 이념이 난무하여 마치 전시장 같다[2]는 관점은 물론 익히 비판받아 온 것이지만, 당시의 작품들이 현실과 유리되어 있다거나 관념적이라거나 역사의식이 부족했다는 사실은 이후의 문학적 전개로 볼 때 충분히 유추할 수 있는 사실이라 하겠다.

그러나 1920년대의 시를 논할 때 우리는 '화려한' 시기로만 평가할 수는 없다. 사실상 그 '화려한'에 해당하는 것은 20년대의 전반기에나 해당될 성질의 것이다. 왜냐하면 20년대의 후반까지 염두에 둘 때 그 사정은 사뭇 달라지기 때문이다.

1924~5년을 기점으로 해서 1920년대의 문학적 양상은 실로 엄청난 변화를 보이게 되고 그 '화려한' 문학은 실질적으로 그 의미를 상실하기 때문이다. 20년대의 시문학적 토대가 현실과 유리되어 있었다거나 관념적이었다거나 역사의식이 부족했다는 것은 20년대 전반기의 경우에는 타당한 일면을 지닌다. 왜냐하면 20년대 중반에 신경향파문학이 현실의 문제를 제기하고 나섰을 때 그 토대는 더 이상 지탱되기 힘들었으며 대다수의 시인들이 자신의 문학적 이념을 고수하지 못하고 그것을 수정하거나 방향을 전환하였기 때문이다. 따라서 우리는 자연스럽게 그 '화려한' 문학적 토대가 사실은 그렇게 굳건하지 못하였음을 단정할 수 있다. 20년대 전반기의 문학에 대해 우리가 가지고 있는 부정적 평가는 바로 여기에 그 근원을 두고 있는 것이다.

여기에서 논하고자 하는 것은 1920년대에 활약한 석송 김형원의 시와 시론에 관한 것이다. 20년대의 문학에서 석송이 주목을 받는 것은 현실주의 문학과 관련하여 그 자생성이 강조되기 때문이다. 주지하다시피 20년대 중반의 현실주의 문학은 팔봉 김기진에 의하여 주도적으로 도입되고 그것이 강력한

2 백철, 『신문학사조사』, 신구문화사, 1982.

영향력을 행사한 신경향파 문학을 이름인데 우리는 그러한 징후를 이미 그 이전 석송의 문학에서 확인할 수 있기 때문이다. 따라서 석송의 문학과 그 영향관계를 살피는 일은 현실주의 문학이 전적으로 일본의 영향 아래에서 형성된 것이 아니라 이미 내적인 필연성 위에 서 있었다는 것을 의미하기 때문에 그 중요성을 더한다고 평가되는 것이다.

어떤 하나의 문화적 현상은 외국의 영향에 의해 수평적으로 이동해서 나타나는 단순한 성질의 것이 아니라 자국의 문화전통과 작가의 개성에 의해 취사선택되고 변용되어 나타나기 때문에 그 문화 현상은 내적인 동인에 의한 필연성의 결과이지 결코 우연의 소산이 아니다. 따라서 1920년대 중반의 현실지향의 시, 신경향파의 시도 자국의 내적 동인에 의한 필연성의 결과로 보아야 할 당위성을 가진다.

이런 의미에서 신경향파의 대두에 관해 김윤식은 3.1운동 이후에 우리 민족의 증대된 응전력으로서의 프롤레타리아 사회주의 사상이 크게 신장되었다는 것을 그 전제조건으로 제시하고 있다. 그리고 아직도 꿈의 세계를 추구하던 <백조>파에 자극을 주어 각성시키고 나아가 <백조>파를 붕괴시킨 것은 일본에서의 사회주의 운동과 민중운동에 영향받은 팔봉 김기진의 역할에 의한 것이라고 논하고 있다.[3]

그러나 전술한 바와 같이 하나의 문화적 현상이 외국의 일방적인 영향에 의한 것이 아니라고 한다면 이 논의는 당연히 수정되어야 할 것이다. 왜냐하면 1920년대 전반기에 사회주의 사상이 널리 유포되어 있었다고 하더라도 20년대 문학에서 획기적이라고 할 수 있는 신경향파 문학이 외국의 영향에 의해서, 김기진 한 사람에 의해서 그렇게 주도적인 영향력을 행사할 수 있었다고 보기는 어렵기 때문이다. 여기에 대해서 한계전은 신경향파문학이 등장하기 이전, 3.1운동에 의해 각종 사회주의 단체들이 등장하였고 <개벽>, <현

3 김윤식, 「1920년대 시 장르 선택의 조건」, 『한국현대시론비판』, 일지사, 1976, pp.226~229.

대>, <신민공론> 등의 종합지가 발간되어 신경향파 문학이 고무되었으리라는 점을 지적하고 또한 문단내에서의 석송의 문학활동에 주목하고 있다.[4]

따라서 신경향파 문학의 등장과 관련하여 그 내적 동인, 또는 자국의 여건이 중시되어야 하며 그것을 필연성의 결과로 인식하여야 한다고 할 때 석송 김형원에 대한 연구는 그 중요성을 더한다고 할 수 있다. 왜냐하면 그는 1920년대 초에 동인지와의 관계를 가지지 않고 주로 <개벽>지를 통해 작품을 발표하면서도 당대의 퇴폐적이고 감상적인 시단에 비추어 강한 현실지향성을 가지고 등장하여 일정한 역할을 담당했기 때문이다. 따라서 석송 김형원에 대한 연구는 한국문학의 자생성을 확인시켜 주는 일환으로서의 의미를 가진다.

이런 배경 하에서 본고에서는 석송 김형원의 시와 시론을 통하여 그 현실지향성의 특성을 밝힘과 아울러 한국시사에서 가지는 위상을 검토하고자 한다.

II. 석송문학의 배경

II-1 1920년대 전반기의 시적 현실

한국시문학에 있어서 1920년대는 매우 중요한 의미를 지니고 있다. 그것은 개화기의 다양한 모색기를 지나 1910년대 후반에 비로소 근대시의 방향이 제시되고 또한 20년대에 와서는 한국에 있어서의 제반 문학적 현상들이 극단적으로 표출되었기 때문이다. 한국에서 근대시의 시기라고 하여 10여년 간을 설정하는 자체가 어색한 일이기는 하지만 흔히 우리는 <백조> 해체(1923)에 이르기까지의 기간을 근대전기라고 칭하고 있다.[5] 이후 20년대 중반에 이르면

4 한계전, 『한국현대시론연구』, 일지사, 1983, pp.80~81.

5 김흥규, 「1920년대 초기시의 낭만적 상상력과 그 역사적 성격」, 『문학과 역사적

'3.1운동 이후 상당한 동요를 보여온 국내 사정의 누적과 아울러 때마침 팽배하기 시작한 사회주의의 자극이 1920년대 초기의 우리문학이 지니고 있던 내부적 해체요인을 촉발하면서 새로운 변모의 국면을 열게'[6] 된다. 따라서 1920년대 중반기가 문학사에서나 시사에 있어서 하나의 분수령으로서의 의의를 지니며 <백조>가 해체된 1923년까지를 시전개의 성격상으로 보아 한국 근대시의 전기라고 보는 것은 큰 무리가 아니라고 할 수 있다. 한편 이 시기의 시에 대하여 논의된 주요 내용들은 각 문예잡지를 중심으로 하여 대체적으로 낭만주의가 주조를 이루는 것이며 또 그 성격에 있어서 퇴폐적 성향은 3.1운동의 실패라는 사회적인 원인에 의하여 기인하는 것으로 지적되어왔다. 물론 여기에 대한 비판도 이미 제기되었고[7] 그것이 많은 공감을 얻고 있는 것도 사실이다.

즉 1920년대의 시의 성격을 우리는 대체로 퇴폐적 낭만주의나 센티멘탈리즘이라고 규정하고 있고 또 사실상 당대의 시의 성격이 여기에서 크게 멀지 않다고 할 수 있다. 중요한 것은 그러한 시적 배경이 과연 어디에서 연유하는 것이고 그것이 어떤 의미를 지니는가 하는 점일 것이다. 그런데 전술한 바와 같이 그것이 전적으로 3.1운동의 실패라는 사회적 배경에서 기인한다는 데에 대해서 필자는 많은 의문을 가지고 있다. 왜냐하면 그것은 문학의 독자성을 무시하고 사회현상의 결과로만 평가하는, 피상적인 관찰에서 나온 결과일 뿐이기 때문이다. 그 증거로 우리는 3.1운동의 실패에 대한 직접적인 시적 형상화가 거의 이루어지지 않았다는 사실을 지적할 수 있고 그것을 극복하고자 제시된 신경향파라는 현실주의의 시들이 3.1운동에 대한 계승적 언급도 빈약

인간』, 창작과 비평사, 1980, pp.217~218.

6 김홍규, 앞의 책, p.218.

7 김홍규, 앞의 책. 김철, 「1920년대 동인문학의 전개와 그 역사적 성격」, <비평문학> 창간호, 한국비평문학회, 1987. 김은철, 『한국 근대시 연구』, 국학자료원, 2000.

함을 지적할 수 있다. 즉 적어도 우리는 3.1운동이 1920년대의 시문학에 있어서 직접적인 관계이기보다는 간접적인 관계에 있었음을 인정하지 않을 수 없다. 그 간접적 관계란 바로 사회적인 전체적 분위기와 관련된 것으로서 그것은 비단 시문학에만 연관되는 것은 아니다.

가령 우리는 다음에서 당대 지식인들의 고뇌가 어디에 연유하고 있는지를 그 일단을 살펴볼 수 있다.

> a) K兄! 이 宇宙間에 棲息하는 사람 以外에 엇쩌한 動物이 울고 십지 안이한 울음을 우고 웃고 십지 안은 우슴을 우스며 가고 십지 안이한 곳을 가고. 하고 십지 안이한 일을 하여야 한다는 不美한 因習을 가졋슴니가. 만일 우리가 이 모든 因習을 打破할 쑤가 잇섯드라면, 우리는 얼마나 자랑할만한 生命을 가진 우리여슬가요. 만일 우리가 그것을 打破할 수 없는 우리일 것 갓흐면 우리는 永遠히 不幸으로부터 버서날 수 업는 우릴 것임니다. 永遠히 罪惡을 거듭하는 우릴 것임니다.[8]

> b) 그러나 우리는 過去의 藝術, 思想, 宗敎, 制度 및 科學에 잇서서 世界最古文明國 支那, 印度, 巴比倫, 埃及과 갓치 世界文化에 무엇을 貢獻한 것이 잇는지 冷靜히 생각하여 보자....要컨대 우리의 先祖의 思想과 事業이 人類의 思想 或은 幸福에 影響을 及하여 준 것이 업다고 自白치 아니하면 아니 되겟다.[9]

> c) 남에게 빗이 잇스나 우리에는 아모러한 빗이 업스며 남에게 자랑이 잇스나 우리에겐 아모러한 자랑이 업도다. 임의 가졋든 빗은 낡어 褪色된지 오래엿고 새로운 이에 부르지짐은 아직도 뜨거웁지 못 하야 옛날의 번적어리든 榮華의 쑴이약이만 朦朧히 灰色 하늘에 스러져가는 별빗 갓흔데 애닯은 追憶의 동네에 헤매이는 젊은 사람의 마음은 그 얼마나 서늘한 가슴 뮈여지는 哀愁에 적시웟스랴 밤마다 밤마다 고요한 밤마다 어지러운 풀동산 위에 안져

8 김찬영, 「k형에게」, <폐허> 1호, pp.29~30.
9 이병도, 「朝鮮의 古藝術과 吾人의 文化的 革命」, <폐허> 1호, pp.3~11.

하욤업시 이슬에 저져써는 풀을 낙구며 가만가만이 노래부르고 도라가는 北斗七星을 안어 눈물석긴 압흐고 슯흔 기인 追憶의 냄새에 맥맥한 가슴만 쥐어쓰들 섄이엿다.[10]

위의 글에서 우리는 1920년대 초기의 시인들이 현실의 부정을 인식의 공통점으로 하고 있으면서도 그 부정되어야 할 현실의 원인을 식민지 치하의 정치적이거나 사회적인 데서 찾는 것이 아니라 불합리한 인습과 문화적 후진성에서 찾고 있음을 알 수 있다.

a)의 글은 인습 때문에 초래되는 자신의 불행을 말하고 있다. 그것은 타파되어야 할 불미스러운 것이며 그것이 타파되지 않는 한 영원히 불행과 죄악이 계속될 것이라는 것이다. 물론 전통적 인습에 반발하는 것은 그 이전부터 제기된 것이긴 하지만 그것을 사회 전반의 것으로 일반화하거나 또는 개체의 자유로운 생존을 억압하는 것으로 구체화 되지는 못했었다. 이것은 곧 현실에 대한 인식이 사회적이고 집단적인 것에서 개인적인 것으로 옮겨졌음을 말한다.

b)와 c)는 우리나라의 문화적 열등감을 표현한 글이다. '우리는 세계 문화에 공헌한 것이 없고' '빛과 자랑이 없다' 과거의 빛도 낡고 퇴색되었으며 그런 옛날을 뒤돌아보며 젊은 사람은 슬퍼한다는 것이다.

위의 예에서 찾아볼 수 있는 것은 현실은 부정되어야 할 대상인데 그 부정되어야 할 현실의 원인이 일제강점기 식민지 현실이나 역사 인식에서 연유하는 것이 아니라 지극히 피상적이고 감상적인데 있다는 것이다. 거기에는 식민지 지식인이 보여야 할 역사의식이나 적극적이고 미래지향적인 의지보다는 그나마 조금 나아보이는 과거에 대한 나약한 향수로 나타나고 있는 것이다.

이러한 현상은 결국 개화기에 나타난 사회의식, 즉 '자국:외국', '개화:반개화'라는 보다 큰 갈등관계에서 '개인:사회'라는 보다 축소된 갈등관계로 전이된 결과로 보여진다. 즉 개화기에 있어서의 갈등관계는 개화든 수구든 자국의

10 「육호잡기」, <백조> 1호, 1922.1, p.141.

보호라는, 국가와 민족과 관계된 큰 테두리 속에서 형성되어 있었다고 한다면 근대초기에 있어서의 갈등관계는 나와 관계된 축소지향적인 것이면서도 역사의식에서는 유리된, 감상적인 차원에 있었음을 알 수 있다.

앞에서 논의된 것처럼 1920년대의 시의 경향은 전적으로 3.1운동의 실패에 기인된 것은 아니다. 우리는 위의 예의 어느 곳에도 3.1운동의 좌절의 흔적을 찾아볼 수 없기 때문이다. 그것보다는 기존 인습에의 거부, 개인의 자유를 구속하는 사회와의 갈등, 문화적 후진성에서 느끼는 좌절감이 더 강하게 나타나는 것이다.

물론 그렇다고 해서 20년대의 시들이 3.1운동과 전혀 무관하다는 것은 아니다. 3.1운동 이후의 결과는 이 땅의 지식인들에게 큰 좌절감을 주었음에 틀림없으며 그러한 분위기가 사회를 지배했으리라는 것은 상상하기에 어렵지 않다. 그러나 적어도 3.1운동은 20년대 시들을 해명하는데 있어서 직접적이기보다는 간접적인 관계에 있었던 것이고, 20년대 시적 경향의 요인은 직접적으로는 당대 지식인들의 개인적 차원의 갈등과 좌절에 연유하고 있었던 것이다.

가령 다음과 같은 작품에서 우리는 근대초기의 관념지향적 성격이 3.1운동과는 무관하게 개인적 차원에서의 갈등과 고뇌에서 비롯되었음을 알 수 있다.

> 쓰어라! 훨신 〃 〃
> 물 우의로 空氣 우의로
> 고기의 부레로 새의 날애로
> 훨신〃 〃 쓰어라!
> O　　　O
> 쓰어라 훨신〃 〃,
> 자옥한 틔끌에
> 파뭇치지 말고,
> 다 썩어 惡臭나는데
> 네 코를 박지 말고,
> O　　　O

훨신〃 〃 쓰어서
淸淨, 新仙, 豊美,
自由, 快樂한
저기 저 우의로
고기의 부레로
새의 날애로.

- 開城吟孤生, 「쓰어라!」[11] 전문 -

이 작품은 개성 음고생이라는 일반독자가 투고한 것으로서 현실의 부정 위에서 관념세계를 추구하는 모습을 단적으로 보여준다. 비록 작품 안에서 그것이 구체적으로 형상화되어 있지는 못하다 하더라도 현실을 '자욱한 티끌'로, '다 썩어 악취나는' 곳으로 인식하고 '청정, 신선, 풍미, 자유, 쾌락'한 세계를 지향하고 있으며 그 세계는 바로 현실이 아니라 저기 저 위의 관념세계에 있음을 표상하고 있는 것이다. 현실과 유리된 저기 저 위의 세계는 '물 위'나 '공기 위'의 세계이며, '새의 날개'와 '고기의 부레'는 바로 현실과 유리된 관념세계의 대리표상이다. 문제는 이러한 부정적인 현실인식이 역사의식과는 유리된 채로 주관적이고 관념적인데 있다는 점이다.

현실의 부정 위에서 내면화되고 주관화된 관념세계의 추구는 <태서문예신보>의 작품들에서 공통적으로 추출할 수 있는데 이는 근대 초창기에 크게 활약했던 김억이나 황석우의 시에서도 명확히 나타난다.[12] 우리는 김억이나 황석우의 시에서 적어도 현실세계가 제외되어 있거나 철저히 배제되고 주관화된 세계만이 나타나고 있음을 쉽게 확인할 수 있기 때문이다. 이는 개화기 시가에서 결여되었던 리리시즘*lyricism*의 확보라는 최대의 성과이기도 하지만

---

11 <태서문예신보> 16호, 1919.2.17. p.7.

12 예를 들면 한국최초의 근대시로 일컬어지고 있는 김 억의 「봄」이나 「봄은간다」(<태서문예신보> 7호, 1918.11.30.)는 리리시즘*lyricism*의 확보라는 측면 이외에 주관적 관념세계의 추구라는 점에서 주목될 수 있다.

한편으로는 당대의 현실이 철저히 외면 당했다는 데에서 또 다른 손실일 수도 있다.

개화기 시가에서 지나치게 강조되었던 현실이 이렇게 주관화되고 내면화된 관념의 세계로 나아가는 과정은 <학지광>과 <태서문예신보>에서 중견시인으로 활약했던 해몽이나 백대진, 최영택 등의 소위 '신변시'에서 구체적으로 확인할 수 있다.[13]

따라서 20년대 초반으로 이어져 큰 영향력을 행사했던 관념지향적 성격은 3.1운동의 결과에 전적으로 기인된 것이 아니라 이미 그 이전부터 현실부정의 또 다른 근거 위에서 나타나고 있었던 것이며 그것도 전문적인 시인들에게서뿐만 아니라 일반 독자에게서도 확인되고 있는 것이다.

물론 20년대의 시인들이 현실을 부정하고 개인적 자유를 갈망하게 된 데에는 식민지의 현실과 3.1운동의 결과라는 민족적 좌절감의 큰 테두리 내에 있음을 부정할 수는 없지만 그들은 사회적 현실보다는 문화적 후진성과 구태의연한 인습에 좌절하고 있었던 것이다. 현실에 대한 이러한 인식과 반응이 집단적인 양식이 아니라 개인적 고뇌로 나타났던 점은 그 시대가 지향하는 목적의식의 부재에서 비롯된다. 개화기의 시가들이 '신문명을 배워서 보국하자'는 보편적 목적 아래 쓰여졌다고 한다면 20년대 초기의 시인들은 이러한 민족적 의지가 집약된 목적의식을 가지지 못 했던 것이다. 기정사실화 된 한일병합을 어쩔 수 없이 받아들이며 그 체제에 순응하는 과정에서, 거기에는 사회에서 분리된 개인의 영탄과 좌절밖에 있을 수 없었던 것이다. 따라서 이들은 집단에서 분리된 채 부정적인 현실에 대해 구체적 방안을 제시하지 못하고 역사의식의 부재 속에서 곧바로 관념적 도피에 빠졌던 것이다.

---

13 이들의 시는 현실에서 관념으로, 사회성에서 개인성으로, 객관성에서 주관성으로 시선이 이동되는 과정에 있다. 신변시에 관한 것은 김은철, 「태서문예신보의 시사적 위상 -무명시인의 작품을 중심으로」, <영남어문학> 제17집, 영남어문학회, 1990, 참조.

1920년대 전반기의 시들은 바로 이러한 배경 하에서 퇴폐적 낭만주의, 센티멘탈리즘으로 빠졌던 것이며 한편 그것은 한국시가에 지속적으로 작용해오던 관념지향시의 한 특수한 양상이었던 것이다.[14] 이러한 양상은 1924, 5년경이 되면 바로 그 존립 근거가 희박해지고 마는데 그것은 곧 보다 의식적인 신경향파문학이 대두되면서 현실주의 문학이 부각되기 때문이다.

II-2 석송의 출현

석송 김형원은 1900년에 충남 논산에서 태어나 보성고보를 중퇴한 것으로 알려져 있고 <중외일보> <동아일보> <중앙일보> <조선일보> <매일신보> 등의 기자, 편집국장을 거쳐 1949년에 공보처 차장을 지냈다. 또한 해방 후에는 초대 국회의원에 입후보했다가 낙선된 바도 있다고 한다. 한편 그는 가요협회도 만들어 활동했고 특히 월트 휘트먼Walt Whitman을 번역 소개한 것은 그의 큰 공적이라 할만하다.[15] 이처럼 석송 김형원은 언론, 정치, 행정, 음악, 번역 등 폭넓은 문화활동을 전개하였다. 그는 1950년 6.25전쟁 때 행방불명이 되어 지금까지 생사가 알려져 있지 않으며 그의 가족들이 일부의 시를 모아 『석송 김형원 시집』(1979, 삼희사)을 발간하였다.[16]

그가 문단에 등장한 것은 1920년 4월에 「民衆의 公僕」[17]을 발표하면서부터이고 곧이어 「文學과 實生活의 關係를 論하야 朝鮮文學建設의 急務를 提唱함」[18]이란 평문을 발표하게 된다. 이후 그는 <개벽>지에 주로 시를 발표

14 한국시가에 있어서의 관념주의와 현실주의의 대립적 전개양상은 김은철, 『한국근대시 연구』, 국학자료원, 2000, 참조.

15 월트 휘트먼Walt Whitman의 번역 소개에 관한 것은 김용직, 「Leaves of Grass의 영향」, 『한국현대시연구』, 일지사, 1979, 참조.

16 생애에 관한 것은 박재서, 「작고 향토문인-석송 김형원 연구」, <호서문학> 제15집, 호서문학회, 1989. 주근옥, 『석송 김형원 연구』, 월인, 2001, 참조.

17 <동아일보> 1920.4.2.

하고 자신이 주재한 <생장>지를 통해서 문학활동을 하였다. 그의 문단활동은 1930년까지 이어지고 있으나 그가 활발하게 작품활동을 한 기간은 1920년부터 1925년까지의 약 6년간이다. 이 기간에 그는 약 120여 편의 시와 7편의 평론, 수필 등을 남겼다.[19]

석송의 출현은 그가 문단활동을 시작하던 당대에도 이미 특색있는 존재로 알려진 것 같다. 가령 우리는 다음의 글에서 당시의 석송에 대한 평을 유추할 수 있다.

> 소리없이 잠잠한듯한......朝鮮文壇에도 또한 부르조아 藝術 對 프로레타리아 藝術의 對峙된 核子가 胚胎되었다.[20]

> 이 詩人의 民主主義的 詩風이 당시 섬세 軟軟하거나 그러치 아니하면 '센티멘탈'하거나 또 그러치 아니하면 '쩨카단'的이든 모든 詩風 중에 잇서서 한 힘잇고 굿세인 特色을 뫼하고 잇섯설 쌘 아니라 이 傾向이 진실로 後日 新興階級詩運動 발흥의 한 刺戟이 되어 있는 곳에 그 先驅的 意義를 發見할 수 있는 것이다.[21]

위 박종화의 글은 1922년의 문단활동을 평하는 자리로서 20년대 전반기의 시경향에 비추어 이미 부르조아 예술과 프로레타리아 예술의 대치된 핵자가 배태되었다는 것은 바로 석송의 출현을 말한 것이 아닌가 추측된다. 한편 박팔양은 20년대의 시문학에 있어서 우리가 논의하는 석송의 시경향을 이미 선구적 위치에 두고 있는 것이다.

석송은 1923년에 파스큘라에 참여했지만 그는 다른 구성원들과는 달리 반

---

18 <동아일보> 1920.4.20~4.24일까지 연재.

19 박재서, 앞의 글.

20 박종화, 「문단의 일년을 추억하야」, <개벽> 31호, 1923.1, p.5.

21 박팔양, 「조선신시운동개관」, <조선일보> 1929.1.10.

급진주의의 경향을 띠고 있었다. 그 근거는 1925년에 파스큘라가 개최한 문학 강연회에서 석송이 이상화, 박영희, 김기진, 연학년, 안석주 등과는 달리 '서적 이전과 이후'라는 극히 온건한 내용의 강연을 한 사실과, <개벽>지가 기획한 '계급문학시비론'에 쓴 글의 내용이 프로문학에 대한 자신의 갈등과 회의를 담은 사실에서 추정할 수 있다.

> 階級이 없는 사람에게 階級이 생기고 時間, 空間을 超越하여 萬人의 胸襟에 共感을 주어야 할 文藝에까지 계급은 생기고 말았다. 이미 생긴 階級이라 싸우는 것도 마땅할 일이요 싸우지 아니하여도 아니 될 일이지만 나는 이제 한가지 이제 重大한 疑心을 가지지 아니할 수 없다. 계급을 위하여 싸우느냐 文藝를 위하여 싸우느냐 다시 말하면, 階級 利益만을 위하여 싸우느냐 全人類의 生存을 爲하여 싸우느냐? 나는 나 스스로 이 疑問에 對한 明確한 解答을 얻기 爲하여 方今 홀로 애를 쓰는 中이요 階級戰보다도 疑問戰에 머리를 앓는 中이다.[22]

이러한 회의는 곧 그가 더 이상의 작품활동을 못 하게 되는 계기가 되는 것으로 보인다. 즉 그의 문학활동이 1925년 이후에 거의 유명무실하게 된 동기는 바로 신흥세력으로 등장한 프로문학에 대하여 '의문'을 가지고 있었기 때문이고 '계급'보다는 '문예'를, '계급이익'보다는 '전인류의 생존'을 우위에 두어야 한다는 신념이 가로막고 있었기 때문이다. 왜냐하면 이미 그는 출발기부터 전 항에서 논술한 바와 같이 20년대 전반기의 시적 지향점인 관념주의를 거부하고 현실지향에 서 있었지만 그 현실이 사회주의 이데올로기와 결부되어 또 다른 극단으로 가는 것은 용납하기 어려웠을 것이기 때문이다.

이처럼 문학적 활동기간이 짧고 작품상으로는 많은 문제점이 지적됨에도 불구하고 한국문학사에 있어서 그의 위상이 높게 거론되는 것은 곧 그의 시의 지향점이 당대의 퇴폐적 낭만주의나 센티멘탈리즘, 또는 유미주의에 편승한

22 김석송, 「계급을 위함이냐 문예를 위함이냐」, <개벽> 56호, 1925.2.

것이 아니라 민중의 현실이라고 하는 보다 구체적인데 있었기 때문이다. 한편 그것이 팔봉 김기진이나 월탄 박종화가 주장한 '力의 藝術'보다 앞서 있었으며, 따라서 20년대 후반기 현실주의시의 대두가 단순한 영향의 일변도가 아니라 자생성의 근거를 그의 작품들이 제공하고 있기 때문이다.

Ⅲ. 석송문학의 특징

Ⅲ-1 민중적 현실지향

석송의 문학에서 우리가 가장 특징적으로 언급할 수 있는 것은 바로 그의 문학적 토대가 당대의 문단상황에 비추어 강한 현실지향성을 가지고 있다는 점이다. 그것은 곧 20년대 전반기의 문단에 반성을 요구하는 것이면서 20년대 후반기의 서장을 여는 문학적 세계인식의 일대 전환기로서의 의미를 가지고 있다.

문학은 그 속성상 관념과 현실이라는 두 측면을 동시에 수용하면서 상호 영향을 주어 왔다고 할 수 있다. 즉 인간은 항상 현실 속에 살면서 관념적 이상향을 꿈꾸는 이원적 존재이며, 그 상상적 소산인 문학도 거기에서 벗어날 수 없다. 이러한 양상은 제 문예사조가 헬레니즘*Hellenism*과 히브리즘*Hebraism*, 고전주의와 낭만주의의 교체 반복으로 설명될 수 있다는 점에서 쉽게 확인할 수 있다. 제 사조는 시대와 이념에 따라 이 중 어느 한쪽이 우세하거나 열등하게 나타난 결과이며, 그것은 현실적으로 당대의 세계관과 밀접한 관련을 가지고 있는 것이다.

20년대 전반기의 시적 인식이 식민지 현실과는 거리가 먼, 지식인의 개인적 차원에서 이루어진 갈등과 고뇌의 소산임은 앞에서 언급하였거니와, 그것은 서정성의 확보라는 긍정적인 측면 이외에 지나친 감상에 치우친 나머지 현실성의 결여라는 심각한 부정적 측면을 동시에 내포하고 있었다. 그 부정적 측면은 어떤 방식으로든 극복되어야 할 대상이었음은 두말할 나위가 없다.

이러한 현실에 있어서 김석송이 민중의 개념을 앞세우고 등장한 것은 의미 있는 일로 받아들여진다. 석송은 1920년 4월에 「民衆의 公僕」[23]을 발표하면서 문단에 등장하게 되는데 이 작품은 동아일보의 창간을 축하하는 축시의 형식으로서 '민중의 앞에 희생이올시다/아! 나는 스스로 나를 죽이고/민중으로 살으려는 나이외다' 에서 보는 것처럼 이미 문단활동 초기에 민중에게로 가까이 가고자 하는 의도를 엿볼 수 있다. 그에게 있어서 민중의 개념은 이후로도 그의 문학에 있어서 중요한 개념으로 나타나는데 이러한 모습은 그가 처음 발표한 평론인 「文學과 實生活의 關係를 論하야 朝鮮文學建設의 急務를 提唱함」[24]에서도 드러나고 있다. 오세영이 지적한 것처럼 여기에서 그는 감정의 옹호, 낭만적 세계인식과 아울러 민중문학론과의 연관성을 내보이고 있는 것이다.[25]

즉 그는 종래의 귀족 문학에선 문학이 한 특정한 계급에만 몰두하였다고 보고 문학을 감정의 태양으로 비유시켜 문학의 본질이 태양의 조명처럼 차등 없이 모든 인류에게 그 지닌 바 생명의 감정을 골고루 배분하는 데 있는 것이라고 역설하고 있는데 이 '평등의 문학'이 바로 그의 민중문학의 핵심이었던 것이다.[26]

그의 이러한 민중의 개념이 시로 형상화되어 나타나는 것은 바로 식민지 현실의 민중의 삶을 직시했기 때문에 가능한 것이었다.

---

23 <동아일보> 1920.4.2.

24 <동아일보> 1920.4.20~4.24일까지 연재.

25 오세영, 「민중시와 파토스의 논리」, <관악어문연구> 제3집, 서울대학교 국어국문학과, 1978.

26 오세영, 위의 글, p.282.

市街의 한 구석
문허진 城 밋헤
허리썩긴 묵은 나무
듬성듬성 섯는 곳에
겻房살이 두어 間이
나의 자는 處所이다.

해만 지면 地獄가치
캄캄한 골목에
주린 귀신 발자최가
소리 업시 行軍하는
한우님의 庶子——
貧民만 사는 마을

아! 이 마을에
발을 들여놋는 나는
아츰에나 저녁에나
썌만 앙상 남은
餓鬼의 한 무리를
언제든지 본다.

-「우리마을」 전문 -

北風이 드세게 분다
옷을 벗은 나무들의
썌만 남은 솨라지가
그지 업시 처량하다

치위에 써는 나는
써는 가지를 볼 째마다
치위와 주림에 우는
兄弟의 얼골을 본다

-「첫치위」 전문 -

處女가튼 大地는 우리의 압헤 노혀 잇다
광이만 잡으면 金銀寶石이 솟아날 것이다
그러나 우리는 팔다리가 성하면서도
化石과 가치 꼼작도 못하고 안저 잇다
大地는 남의 것이오 우리는 벌서 송장이ㅊ다

모든 權利는 우리의 손에 써나고
사는 權利까지도 남의 손에 들엇다
임의 活動이 쉬이고 脈搏이 弱한 나에게
죽음의 神은 큰 입을 버리고 덤빈다
그러나 아즉도 죽는 權利는 내것이다.

-「죽으러가는 사람」 1,3연 -

이 작품들에서 드러나 있는 세계는 구체적으로 식민지 현실의 민중의 삶이라고 할 수 있다. 도시의 한 구석 무너진 성밑, 곁방살이 두어 칸으로 대변되는 처소와 하느님의 서자인 빈민, 뼈만 앙상 남은 아귀의 무리는 궁핍으로 피폐한 현실의 모습이며 그 모습은 비단 나만의 것이 아니라 도시 빈민으로 확산되고 추위에 떠는 나, 추위에 떠는 나무, 추위에 떠는 형제의 모습으로 인식되는 '건강한 공동체 의식'[27]이 확인된다. 한편 대지는 남의 것이오, 모든 권리-사는 권리까지도-를 빼앗겼지만 아직도 죽는 권리는 내것이라는 인식의 저변에는 이상화의 '빼앗긴 들'을 연상시킬 만큼 절박하고 비참한 현실이 내포되어 있다.

그러나 여기의 궁핍의 양상이 좀 더 구체화되지 못 했다는 아쉬운 점이 있다. 추위나 배고픔, 빼앗긴 대지와 권리는 그것이 개체화되어 있지 않고 일반적 현상으로 다루어지고 있어서 대자적(對自的)인 민중이 아니라 즉자적(卽

27 장부일, 「1920년대 전반기 시의 현실지향성」, <울산어문논집> 제1집, 울산대학교 국어국문학과, 1984, p.5.

自的)인 민중[28]의 형상으로 나타나고 있는 것이다. 그것은 달리 말하면 궁핍의 현상을 삶의 한 보편적 양상[29]으로 보는 것에서 벗어나고 있지 못함을 의미한다. 즉 석송의 경우에 나타나는 빈곤이나 궁핍의 현상은 이상화의 「구루마꾼」, 「엿장사」, 「거러지」, 「가장 비통한 기욕」, 「도-교에서」처럼 구체적이고 개별적이지 않고, 그만큼 일반적인 것에 머물고 있다. 그러나 이는 20년대 전반기의 시적 사실을 감안한다면 그것은 충분히 납득할 수 있는 일이라고 생각된다. 왜냐하면 한 시대의 문학적 세계관을 일거에 전환시키기는 그만큼 어렵다는 것을 우리는 잘 알고 있기 때문이다.

석송은 그의 문학활동 초기부터 현실의 문제에 관심을 가지고 그것을 시적으로 형상화하고자 추구했고 그것이 당대에 있어서 일정한 기여를 하였음은 틀림없다 할 것이다. 다만 그의 민중의 개념이 민주문예론과 밀접한 관련을 가지면서 그것이 세계주의나 휴머니즘과 연관된다든지, 막상 신경향파 문학에는 주도적으로 참여하지 못하고 사실상의 문학적 종말을 고하는 것으로 보아 그의 한계점을 지적할 수 있다. 그것은 곧 그의 민중의 개념이 투철한 식민지 현실에 근거하지 않은 것임을 의미한다.

Ⅲ-2 민주와 평등의 개념

석송의 민중의 개념은 민주주의 이념과 밀접한 관련을 가지고 있다. 그는 첫 작품인 「민중의 공복」에서 이미 민중이란 용어를 사용하고 있어서 그가

28 즉자적 민중(卽自的 民衆)은 자신이 민중임을 알지 못하고 있는 민중이며 대자적 민중(對自的 民衆)은 자신의 위상을 사회구조 안에서 파악할 줄 아는 각성된 민중을 뜻한다.

29 이재선은 20년대 소설에서 가난의 문제가 등장하는 양상을 <1>가난을 삶의 한 보편적 양상으로 보는 입장, <2>식민지 상황과 결부된 병리적 조건으로 보는 입장, <3>계급이념의 측면에서 보는 입장으로 나누고 있다. 이재선, 「현대소설과 가난의 리얼리즘」, <한국학보> 제10집, 일지사, 1978, p.46.

민중에 많은 관심을 가지고 있었다고 할 수 있는데 그 개념은 전적으로 미국의 월트 휘트먼Walt Whitman을 수용하면서 이루어진 것으로 알려져 있다[30]. 그에게 있어서 민중의 개념은 단순히 백성만을 의미하는 것이 아니라 被治者, 治者, 强者, 弱者, 男女老幼, 色別에 제한받지 않는, 균등한 기회에 생장할 수 있는 모든 사람들을 지칭한다.

> 쩨모크래시는 被治者, 治者, 强者, 弱者, 男女老幼 色別을 勿論하고, 사람이란 사람은 모다 均等한 機會에서 生長할 수 잇다는 것을 부르짓는 主義이다. 짜라서 階級과 階級의 對峙가 아니오, 機會均等, 生存平等에 대한 絶叫요 理想이다. 다시 말하면, 假令 貴族主義 내지 資本主義와 對戰하는 事實에 잇서서는 階級戰의 鬪爭과 共通點이 만흐나 그 싸움의 目標라든가 理想은 그와 다른 점이 만타......쩨모크래시는 어느 意味로 보아 共生主義이오 抱擁主義이며, 쩨모크래시의 理想은 現在보다도 未來에 잇고 쩨모크래시의 詩人은 說明보다도 豫言을 만히 하게 된다.[31]

즉 석송에게 있어서 민주주의 이념은 귀족주의, 자본주의와 투쟁하는 점에 있어서는 계급투쟁과 공통점이 많지만 그 궁극적인 목표는 서로 다르다는 것이다. 석송이 귀족문예에 대해 비난하는 것은 물론 이곳 뿐만이 아니다. 그는 같은 글의 앞 절에서 '귀족적 문예' 항목을 설정하고 귀족문예를 구체적으로 비판하고 있는 것이다. 거기에서 석송은 귀족문예를 형식적으로는 인습적이고 내용은 배타적이며 발달상으로는 보수적인 대신에 민주주의는 형식에 있어서 비인습적이고 거의 정형이 없으며 내용은 포괄적이고 발달상으로는 진보적이라고 주장하고 있다.[32] 따라서 그는 '귀족주의에 대한 반동으로 민주주의가 일어나게 된 것은 사상사에 있어서 자연적인 귀결이며 조금도 이상할

30 김용직, 「Leaves of Grass의 영향」, 『한국현대시연구』, 일지사, 1979.

31 김석송, 「민주문예소론」, <생장> 5호, 1925.5.

32 김석송, 위의 글.

것이 없다'고 말하는 것이다.

그러면 석송에게 있어서 민주주의 문예는 구체적으로 무엇을 뜻하는가? 같은 글에서 그는 자유와 평등, 포용과 반항을 강조하고 있다.

> 民主主義의 特色은 第一「自由」에 잇다. 이 自由라 함은 모든 形式과 束縛을 써나서, 사람의 天稟을 제벌로 發揮식히는 것을 意味함이다. 文藝上으로 옴겨 말하면, 形式과 題材를 拘束업시 選擇하고, 個性의 率直한 表現을 爲主하며, 싸라서 各 個人의 生活을 그대로 承認하야, 詩人의 입을 빌어 萬人으로 하야금 發言할 自由를 許容하는 點에 民主的 文藝의 참된 使命을 發見할 수 있는 것이다.[33]

따라서 민주적 문예는 자유분방한 내용을 가지고 있고 고정된 형식을 탈출, 유동적 형식을 가지게 되며 형식상으로는 불규칙하다는 것이다. 그는 민주주의의 제1특색을 자유라고 하고 그 다음으로는 평등을 주장한다.

> 또 民主主義의 特色 中 하나로 가장 重要한 것은「平等」이다. 平等은 字意와 가티 高下貴賤이 업다. 民主的 哲學은 가장 平凡한 事物, 가장 卑近한 事件일지라도 그 本質을 나타내어서 그 實體를 說明하는 것이다. 太陽이 森羅萬象을 고루 빗최이드시 博大한 心境과 洞察力을 가진 詩人일진대 사람이던지 自然이던지 무엇이던지 詩 아닐 것이 어디 잇슬리오... 사람이란 사람은 모다 生이란 生은 모다 이 眞實性에 의하야 包括될 것이오 蘇生될 것이다.[34]
>
> 떼모크라시는 太陽이다. 宇宙의 구석구석에 그 光明을 고루고루 빗최어 줄 쑨이오, 아모 差別的 意味는 가지지 못 한다. 떼모크래시는 絶對의 抱擁이다. 美醜도 不計하고 善惡도 不關하고 모다 한결가치 抱擁한다, 마치 어

33 김석송,「민주문예소론」, <생장> 5호, 1925.5.

34 김석송, 위의 글.

버이의 사랑가티... 쩨모크라시는 絶對의 抱擁인 동시에 또한 絶對의 反抗이다. 쩨모크라시의 理想을 爲하야 害로운 分子는 언제든지 어느 곳에서든지 反抗을 바들 것이오, 이와가튼 反抗은 마츰내 抱擁의 理想을 實現하는 階級이 될 것이다.[35]

이와같이 석송은 민주주의 또는 민주문예의 구체적 방법으로서 자유와 평등, 포옹과 반항을 들고 있으며 그것을 시의 원리나 방법론적으로 제시하고 있다. 즉 그것은 형식과 내용에 있어서 자유로울 뿐만 아니라 그 소재나 주제에 있어서도 삼라만상을 모두 포괄하는 것이며 그 이상을 위하여는 어떤 반항도 가능하다는 것이다.

이러한 생각은 그의 작품에서도 구체적으로 드러나고 있다.

그대들의 次序대로 記錄하면
官吏, 富者, 有識階級
商人 小作人 勞動者――
나의 마음대로 기록하면
깨인놈 자는놈 일하는놈 노는놈 ――

-「해빗못보는 사람」 일부 -

위의 예에서 보는 것처럼 그는 모든 계급의 사람들을 포옹하고 있다. 이외에도 그의 시의 소재가 되는 것은 가족, 혁명가, 관 짜는 목수, 무산자, 나뭇군, 창녀, 장사꾼, 젖먹이, 수인, 노인, 병자, 굴뚝 소제부, 농민, 의사 등 인물의 계층이 없을 뿐만 아니라 돌, 꽃, 새 등의 자연물, 구더기까지도 등장하고 있다. 여기에서 그는 민주주의를 태양이 삼라만상을 비추는 것에 비유한 것처럼, 모든 것을 포옹하고 있음을 알 수 있고 그 이면에는 우주 만물에 대한 그의 자유와 평등사상이 자리하고 있음을 알 수 있다.

---

35 김석송, 「민주문예소론」, <생장> 5호, 1925.5.

한편 그가 주장한 반항의 논리는 '민주주의의 이상을 위하여 해로운 분자는 언제든지 어느 곳에서든지 반항을 받을 것이오, 이와 같은 반항은 마침내 포옹의 이상을 실현하는 계급이 될 것이다.'에서와 같이 민주주의 이상의 실현을 위한 것이다. 여기에서 우리는 먼저 그가 귀족문예에 대하여 깊은 반감을 가지고 있었음을 지적하지 않을 수 없다. 앞에서도 잠시 언급하였지만 석송은 귀족문예를 형식적으로는 인습적이고 내용은 배타적이며 발달상으로는 보수적인 대신에 민주주의는 형식에 있어서 비인습적이고 거의 정형이 없으며 내용은 포괄적이고 발달상으로는 진보적이라고 주장하였다. 귀족문예를 자신의 신념인 민주문예와 대치적으로 설명하고 있는 것만 보더라도 그가 귀족문예에 대해 얼마나 반감을 가지고 있었던가를 짐작할 수 있다.

> 藝術의 主人公은 王候將相에 局限되고 貴公子와 貴婦人 사이의 情熱만이 抒情詩로 읊어지든 從來의 貴族的 文藝는 그 題材부터도 極端의 排他的인 同時에 人生의 一局部만을 詠嘆敍述함에 不過하엿다. 그리하야 萬人에게 共感을 주어야 할 文藝로 하야금 一部 所謂 特種 階級 人物의 消日거리를 만들고 말엇고 永劫에 生動하여야 할 文藝로 하야금 夕陽의 무지개와 가티 쓸쓸히 슬어지게 하엿다.... 아비의 意思로 子息의 履歷까지 支配하고 老人의 經驗으로 靑年의 創造的 本能을 束縛하는 貴族主義는 新思想의 侵入을 拒絶하며 現在 - 아니 過去外에 何等의 慾望도 업시 오즉 公私의 相續으로 因하야 推定된 勢力과 特權을 保支하기에 汲汲할 샏이다.[36]

즉 그는 민주문예가 싸워야 할 대상으로서 귀족문예를 상정하고 있으며 따라서 자연히 귀족문예가 가지고 있다고 주장하는 '인습적, 배타적, 보수적'인 것에 반항하게 된다. 그러면 그가 말하는 '인습적, 배타적, 보수적'인 것은 과연 무엇인가? 문맥상으로는 '古今의 有名하다 하는 沙翁劇을 볼지라도 帝

36 김석송, 앞의 글.

王이나 貴族 외에는 劇的 運命을 가진 이가 누구인가'라고 하여 서사문학을 염두에 두고 있는 것 같지만 이것은 당대의 문단실정에 비추어 20년대 전반기의 시적 상황을 염두에 두고 있었다고도 생각할 수 있다. 왜냐하면 이미 20년대 전반기의 문학은 일부 지식인의 전유물로서 '특종 계급 인물의 소일거리'가 되어있었던 셈이고 만인에게 공감을 주지 못 할 만큼 관념세계에 치중해 있었기 때문이다. 이것은 현실의 문제, 민주문예를 성취하는데 관심을 가졌던 석송에게 있어서 그것은 당연히 배척되어야 할 대상이었을 것이라고 짐작할 수 있다.

자유와 평등, 포용과 반항을 구체적 대안으로 가지고 있었던 그는 당연히 구시대의 인습과 제도를 문제삼게 된다.

오! 나는 본다!
숨쉬이는 木乃伊를

「現代」라는 옷을 입히고
「制度」라는 약을 발라
「生活」이라는 관에 너흔
木乃伊를 나는 본다

그리고 나는
나 자신이 이미
숨쉬이는 木乃伊임을
아! 나는 弔喪한다!

- 「숨쉬이는 木乃伊」 전문 -

우리들이 이때까지,
-賢人, 達士, 聖人-
이라고 불러온
純人造의 偶像이

道德, 倫理, 哲學...
모든 올개미로
우리의 목을 얽은
眞理의 冒瀆犯이

-「미래를 위하야」 일부 -

기존의 가치로 통하던 도덕, 윤리, 철학, 제도, 인습은 모두 부정되고 있으며 우리들이 지금까지 현인이나 성인군자로 칭송해 마지않던 이들이 사실은 도덕, 윤리, 철학으로 우리의 목을 죄고 있다는 것이다. 「숨쉬이는 木乃伊」는 석송의 대표작으로 일컬어지고 있는 것인데 그것은 곧 우리가 현대라는 시점에 살면서도 제도라는 약을 발라 생활이라는 관에 살고있는, 살아있는 미이라에 다름 아니라는 것이다. 이러한 기존 인습에의 배격이 전제 될 때 그는

나는 벌거숭이다,
옷가튼 것은 나에게 쓸데 없다.

나는 벌거숭이다,
制度 因習은 古人의 옷이다.

나는 벌거숭이다,
是非도 모르고, 善惡도 모르는.

-「벌거숭이의 노래」 일부 -

라고 노래하게 된다. 제도와 인습에서 탈피한, 시비도 모르고 선악도 모르는 벌거숭이는 곧 온갖 제도와 인습에서 해방된, 그야말로 원초적인 순진무구한 지향점으로 제시되고 있다. 이러한 반항의식은 간혹 혁명이란 말로 나타나기도 한다.

무엇보다 더 큰 「사랑」조차
우리의 마음대로 못하는
잠과 밤도 어더볼 수 업는
性格破產者의 宣告를 바든 人生은
일어날 것이다 革命의 홰불을 들고

-「離鄕」 일부 -

물아 흘러가거라 솟아 누어잇거라
언덕아 쉬지말고 문허지라
사람아 두려워할 것은 아니다
革命은 生長의 代名詞이다

-「큰 물 뒤에」 일부 -

그러나 이러한 반항의식은 식민지 현실이라는 시대적 상황에 비추어 볼 때 많은 허점을 노출하게 된다. 왜냐하면 앞에서 지적한 바와 같이 석송이 추구하는 민중의 개념은 그것이 식민지 현실에서 우러나온 대자적인 것이 아니라 일반적인 의미로서의 궁핍한 현실에서 유추된 것이기 때문이다. 또한 인습이나 구제도를 타파하고자 하는 바는 초창기에 식민지 지식인들이 가지고 있었던 개인적 고뇌의 차원과 별로 다를 바가 없기 때문이다.

한국근대문학에서 우리가 요구하는 것은 식민지 현실의 정체를 간파하는 것이다. 식민정치라고 하는 것이 한 집단에 대한 다른 집단의 지배논리라고 한다면 그것을 타개하기 위해서 필요한 것은 피지배집단의 유대와 공동체 의식이라고 할 수 있다. 따라서 당대에 있어서의 근대화는 곧 반식민, 자주독립과 등식관계에 있을 때 비로소 역사적 당위성을 획득하는 것이다.

이런 차원에서 본다면 석송이 민주문예가 싸워야 할 대상으로 귀족문예와 구도덕, 인습 등으로 설정한 것은 새로운 질서체계를 염원하는 의미는 가질지 몰라도 추상적이고 관념적이라는 혐의에서 벗어나기 어렵다. 그가 주장한 바 '민주문예는 세계주의 내지 인류주의'의 문예'[37]라는 주장은 결국 그의 지향점이 반식민이나 자주독립과는 상당히 먼 거리에 있음을 보여주는 것이다. 결국 그의 민중개념이나 민주개념은 적어도 당대에 있어서는 현실성이 결여되었던 셈이다.

Ⅲ-3 추한 세계와 미래에의 동경

석송의 시를 일별할 때 나타나는 것은 그의 시가 아름다움의 세계보다는 추한 세계를 형상화하고 있다는 점으로서, 특히 이는 20년대 전반기의 시경향과는 확고하게 대비된다. 그의 시론의 근간에 자리하고 있는 민주, 민중, 평등, 포옹, 반항 등의 개념은 사실상 일맥상통하는 것임은 위에서 살펴본 바와 같다.

그의 시에 자주 등장하는 囚人, 묘지, 악마, 저주, 傷者, 신음, 가난뱅이, 허수아비, 棺, 묘비, 木乃伊, 썩어가는 얼굴, 창녀, 간음, 狂人 등은 '리얼리즘 최후의 연장으로서의 자연주의'[38] 경향을 방불케 하는 것이다.

썩어가는 얼굴에
분을 케케히 바르고
動物園 살창 속 가튼
娼樓에 나안즌
웃음파는 계집아이

-「웃음파는 계집」 일부 -

竊盜, 强盜, 詐欺, 賭博...
모든 在來의 犯罪와
姦淫, 蓄妾, 離婚
富裕, 浪費...

---

37 김석송, 「민주문예소론」, <생장> 5호, 1925.5.
38 Harry Levin, 박철희 편, 『문예사조』, 이우출판사, 1988, p.81, 재인용.

모든 未來의 罪惡이
쌘쌘하게 춤을 추는
이 무서운 밤의 幕이
아! 얼마나 길냐는가

- 「무서운 밤」 일부 -

그가 이러한 추악한 세계를 형상화하고 있는 점은 몇 가지로 해석이 가능하다. 그것은 그가 시론에서 주장한 바와 같이 민주주의 개념에서는 모든 것이 평등하다는 것, 포옹의 정신에 입각한 것으로서 인간 지위의 높고 낮음이나 인간 이외의 모든 사물까지도 구별하지 않고 있음을 뜻하는 것이다.

한편 그의 반항의 정신과 관련하여 그 반항의 대상이 구제도나 인습이었으며, 문예에 있어서는 귀족문예가 반항의 대상이었음을 상기해 본다면 근대 초기의 시단 현상에 비추어 그가 의도적으로 추한 세계를 형상화하였다고 추정할 수 있다. 이미 '꿈'과 '영탄', '아름다움'만을 추구하고 현실을 외면한 일부 지식인의 전유물로서 타성에 젖은 당대의 시적 현실을 그는 거부하고 거기에 반항한 것으로 생각되는 것이다. 왜냐하면 그는 '만인에게 공감을 줄' 문예를 갈구하고 있었고 기존의 관습화된 시세계는 타파되어야 할 대상이었기 때문이다.

그러나 석송이 이런 추한 세계에만 머물러 있었던 것은 아니다. 이 세계를 인습과 제도에 얽매인 추한 것으로 인식했을 때 거기에는 당연히 미래에의 동경이 수반된다. 그것은 먼저 아직 인위적인 제도나 인습에 물들지 않은 인간 본연의 모습으로 등장한다.

그저 凡人으로 살기외다
저 된대로 제 마음대로 제 벌로
저대로 살다가 가겠나이다.

- 「나의 所願」 일부 -

내가 만약 造物主이면
萬物의 압헤 屈伏하고
모든 허물을 謝過한 後
宇宙를 부시어 버리고
내 몸까지 自殺할 것이다.

-「내가 조물주이면」 일부 -

「벌거숭이의 노래」와 더불어 위 작품들은 인습이나 제도에 물들지 않은 인간 본연의 모습을 그리고 있다. 한편 그는 이 모습을 어린이에게서 찾고 있는데, 그의 시에서 어린이를 시적 대상으로 삼은 작품이 많은 것은 바로 때 묻지 않은 인간의 모습을 어린이에게서 찾기 때문이다.

아! 젓먹이 아기야!
나의 사랑하는 샛기야!
인류의 連鎖요
未來의 先祖이 될
지금은 아모것도 모르는
젓먹이의 자는 얼골아!

-「젓먹이의 자는 얼골」 일부 -

나의 얼은 空然히 휑하야
박휘의 굴으는 소리와 함씌
어대론지 멀니멀니 가고 만다
生命 成長의 幻想을 실코
다시 못 오는 어린이의 나라로

-「어린이의 나라로」 일부 -

과거와 현재를 부정했을 때 새로운 질서에의 동경이 시간적으로 미래로 나타나는 것은 당연한 귀결이다. 그는 '인생은 진화한다. 사상은 유동한다.'[39] 고 믿고 있고 따라서 새로운 가치는 미래에 가능하기에 그 새로움은 미래에 존재하는 것으로 나타난다.

아, 지금은 새벽 네시!

장태의 닭은 새날을 선언하고
어대선지 갓난이의 우름소리가 들린다
아, 새날! 새사람!
새 生命의 춤터가 열니랴 하는
아, 거륵한 새벽 네시!

-「지금은 새벽네시」 일부 -

그가 '새벽 네시'에 이처럼 감격하고 있는 것은 그것이 새로움으로 가는 길목이기 때문이다. 그곳은 갓난 아이의 새로운 생명이 준비되어 있는 무한한, 그러면서도 아직은 미지의 가능성으로 충만한 공간인 것이다.[40]

그러나 이러한 긍정적인 의미를 가지는 석송의 '동경'도 사실상 바람직한 시적 형상화를 거치지는 못하고 있다. 석송의 시가 가지는 가장 큰 단점의 하나로 지적되는 긴장성의 부족은 그의 시 전편에 걸쳐 나타나지만 무절제한 감탄과 여과되지 않은 감정분출은 그의 시가 가지는 한계로 지적된다. 한편으로 그 긴장성의 부족은 그가 염원해 마지않는 동경의 구체성이 결여되었다는 데서 연유한다. 구시대를 타파하고 새로운 것을 추구했을 때 거기에는 당연히 그 새로움의 내용이 구체적으로 적시되어야 하고 그것이 시적 형상화라는 과정을 거쳐야 함에도 불구하고 석송의 시에서 우리는 그것을 발견할 수 없기 때문이다. 즉 그가 제시하고 있는 것은 구시대의 인습에 물들지 않은 순수성의 세계나 막연한 미래에의 동경에 지나지 않았으며, 그것이 세계주의나 인류

---

39 김석송, 「민주문예소론」, <생장> 5호, 1925.5.

40 장부일, 「1920년대 전반기 시의 현실지향성」, <울산어문논집> 제1집, 울산대학교 국어국문학과, 1984, p.12.

주의로 표방될 때 그 구체성은 당대 현실에 비추어 더욱 추상적일 수밖에 없었던 것이다.

Ⅲ-4 힘의 예술과 남성미

1920년대의 한국문학이 그 중반기를 기점으로 하여 일대 분수령을 맞이한다고 했을 때 그것은 다름 아닌 신경향파 문학의 대두를 두고 말하는 것이다. 팔봉 김기진에 의해서 주도적으로 도입된 프롤레타리아 문예운동은 그간 관념주의로 일관하던 20년대 문단에 큰 반향을 주었고 무자각적, 무비판적으로 자신들의 감정토로에만 머물렀던 작가들에게 반성의 기운을 싹트게 하였다.

1925년에 카프가 결성되면서 문단은 격심한 양분화 현상을 초래하게 되는데, 카프가 의식적으로 결성된 목적문학파라면 거기에 찬동하지 않는 문인들은 의식적이건 무의식적이건 국민문학파의 일원이 된다.

석송 김형원이 등단 초기부터 기존의 시들과는 달리 현실문제를 중점적으로 다루었고, 그리고 석송이 활발한 작품활동을 한 1922년의 문단에 대한 평가가 '부르조아 대 프로레타리아 예술의 대치된 핵자가 배태'[41]되었다는 것은 석송을 염두에 둔 것으로서, 이는 석송이 등단초기부터 궁핍한 현실의 문제와 민중의 문제, 저항적 기질을 가진 작품을 발표하였기에 나온 결과일 것이다.

석송의 민주문예나 자유, 평등, 포옹의 정신은 미국의 월트 휘트먼Walt Whitman의 영향 때문이라고 할 수 있는데 왜냐하면 당시에 휘트먼을 소개한 시인들[42] 중 가장 거기에 경도된 사람이 바로 석송이었기 때문이다. 그는 휘트먼의 시를 번역 소개할 뿐만 아니라 그의 일생에 대해서도 소개를 하고 있다. 특히 1922년 7월 <개벽> 25호에 휘트먼의 시 6편을 번역하면서 쓴 휘트먼에

---

41 박종화, 「문단의 일년을 추억하야」, <개벽> 31호, 1923.1.

42 이 당시 휘트먼을 소개한 사람은 오천석, 김석송, 이광수, 주요한, 이병호, 정지용 등이다.

대한 소개가 주목된다.

> 월트 휘트맨! 나는 이렇게 感嘆的으로 그의 이름을 부르지 아니할 수 없이 그를 敬仰한다 함은 그의 詩가 美의 詩인 것보다도 力의 詩인 까닭이다. 그는 果然 '自然과 같이 寬大하고 强壯'한 詩人이다. 그는 透徹한 豫言者요, 先知者요, 引導者요, 未來를 위한 詩人이오, 人類의 向上前進과 共存共榮의 眞理를 確信한 벌거벗은 使徒이다...平民으로 나서 平民을 노래하다가 平民으로 죽은 점에 그 詩의 生命도 있는 것이다...나는 다만 '民主詩의 先驅者'-從來의 規約을 함부로 無視한 '대담한 自由詩人'이라고 그를 부르고 싶다.[43]

월트 휘트먼Walt Whitman에 대한 감탄적인 이 글은 그 당시 석송이 얼마나 휘트먼에 경도되어 있었는가를 말해주고 있다. '美의 詩'보다 '力의 詩'이기 때문에 휘트먼을 경앙한다는 것은 곧 석송의 시세계가 당시에 유행하던 꿈과 영탄의 세계가 아니라 다른 무엇임을 짐작케 한다. 그리고 그 다른 무엇은 석송의 시에서 일관되게 나타나는 현실의 문제일 것이라고 추측할 수 있다.

석송이 시에서 '힘'을 강조한 것은 20년대에 중요한 의미를 가지게 되는데 그것은 곧 신경향파의 논지의 주된 용어가 바로 '힘의 문학'이기 때문이다. 석송의 이 글에 이어 곧바로 월탄은 '힘의 예술'을 강조하게 된다.

> 앞으로 우리가 가져야 할 藝術은 '力의 藝術'이다. 가장 强하고 뜨겁고 매운 힘있는 藝術이라야 할 것이다. 歇價의 戀愛文學 微溫的인 寫實文學 그것만으로는 우리의 苦惱를 건질 수 없으며 時代的 不安을 慰勞할 수 없다. 萬사람의 뜨거운 心臟 속에는 어떠한 欲求의 피가 끓으며 萬사람의 얽혀진 腦 속에는 어떠한 錯亂의 苦惱가 헐떡거리느냐 이 不安이 苦惱를 주고 이 狂亂의 피물을 녹여 줄 靈泉의 把持者는 그 누구뇨 「力의 藝術」을 가진

43 <개벽> 25호, 1922.7.

> 者이며 「力의 詩」를 읊는 者이다. 가장 敬虔한 態度로 强하고 뜨거운 그곳에 觀照하야 瞑想의 境域을 넘어선 꿈틀꿈틀한 굵다란 線이 뛰는듯한 하얀 종이에 시컴한 墨을 찍어 椽大의 筆을 두른듯한 그러한 藝術의 把持者라야 될 것이다.[44]

이로 미루어 본다면 월탄의 '力의 詩'가 석송에게서 발단이 되었을 가능성은 농후하다.[45] 그것은 그때까지 문단에서 한 번도 운위된 적이 없던 '力의 詩' '力의 藝術'이란 용어가 불과 몇 개월의 차이를 두고 나타난 점, 또한 석송이 말한 '美의 詩'가 '歇價의 戀愛文學 微溫的인 寫實文學'으로 나타나는 점에서도 그러하다. 따라서 우리는 석송의 '力의 詩' 이론이 월탄과 팔봉에게 하나의 계기를 마련해 준 것으로 추단할 수 있는 것이다.

석송의 '力의 詩'는 월탄을 거쳐 팔봉에게로 이어지면서 신경향파 시론에 더욱 접근하게 된다. 팔봉은 1923년 3월 일본에서 귀국하기 직전 월탄에게 보낸 편지에서 '力의 詩' 이론을 펼치고 있으며 그것이 월탄에게서 옮겨졌음을 나타내고 있다.

> 兄의 逃避的 詠嘆調의 詩가 一轉期를 劃하여 現實의 强硬한 熱歌되기를...兄이 開闢에서 '力의 藝術'이라고 부르짖은 것이 兄의 詩歌 위에 나타나기를...兄과 懷月의 逃避的 푸루구름한 象牙塔 속의 詠嘆이 熱을 띄워오기를 비는 것이올시다. 지금 우리의 責任이 얼마나 무거운지를 알 수 없읍니다. 민중의 인도자, 虛僞에 대한 전쟁 제1선에 선 戰卒의 두 어깨가 무거운 것이외다.[46]

위의 글에서 우리는 팔봉이 당시의 문단을 '푸루구름한 상아탑 속의 영탄'

44 박종화, 「문단의 일년을 추억하야」, <개벽> 31호, 1923.1.
45 한계전, 『한국현대시론 연구』, 일지사, 1983, p.85.
46 박종화, 「백조시대의 그들」, 『청태집』, 영창서관, 1942, p.135.

으로 파악하고 있고 월탄이 <개벽>지에서 피력한 '力의 詩論'을 읽었으며 그것을 자신이 수용하여 적극적으로 개진하고 있다는 것을 알 수 있다. 즉 석송에게서 유래된 '힘의 시'가 월탄에게 영향을 주고 팔봉은 그것을 적극적으로 수용하면서 의미를 부여하였던 것이다.

이와같이 석송은 1920년대의 '푸루구름한 상아탑' 속에서 현실을 기반으로 한 '힘의 시'를 강조하였고 그것이 신경향파 시론에 유입되어 주도적인 시론으로 형성되었던 것이다. 이러한 점에서 석송은 많은 시적 결함이 지적됨에도 불구하고 20년대 중반이라는 일대 전환기를 마련한 중요한 시인으로 평가된다. 또한 그것은 신경향파 문학이 외래사조의 유입으로써만이 아니라 자체내의 자생성 위에서 구축되었다는 소중한 의미를 가진다고 할 수 있다.

그러면 석송이 주장한 '힘의 예술', '힘의 시'는 과연 그에게는 어떤 양상으로 나타났던가? 위에서 '力의 詩論'이 월탄과 팔봉을 거치면서 의미가 부여되었다고 하였는데 이것은 다시 말하면 석송의 '力의 詩論'이 보다 구체성을 띠지 못 하였고 그 구체성과 방향성은 팔봉에 와서야 가능했음을 뜻하는 것이다. 그는 '美의 詩'에 대한 대치개념으로서 '力의 詩'를 주장하고 있고 그것은 곧 근대 초기의 꿈과 영탄, 비현실적인 관념지향의 시를 염두에 둔 것이었다고 보인다. 따라서 석송이 주장한 '力의 詩'는 근대 초기에 유행했던 '美의 詩'와 대치되는 개념으로 존재한다고 볼 수 있다.

석송의 시에서는 바로 이 '미의 시'와 대치되는 개념으로서 궁핍한 현실과 영탄이 아닌 굵은 소리, 특종계급을 위한 것이 아닌 만인에게 공감 줄 문학이 자리하게 되는 것이다. '궁핍한 현실'과 '만인'의 개념은 전항에서 언급한 바와 같은데 석송의 시에서 볼 수 있는 또 다른 특성 중의 하나는 바로 생경한 시어의 빈번한 노출이다. 대체로 그는 시어에서 나타나는 언어미를 경시하고 있는데 그것은 '미의 시'가 가지고 있었던 나약하고 병든 요소를 극복하기 위한 한 방편이었다고 생각된다.

너는 宇宙를 創造하얏고
모든 觀念의 對象을
너 - 자신이 出産하얏다.

光, 力, 時間, 공간, 生物, 無生物
草木, 禽獸, 人間, 男女
生, 老, 病, 死, 智, 情, 意......
이따위는 모다 너의 製作이다.

-「元旦」 일부 -

오! 친구여! 해빗 못보는
世上에 詛呪바든 친구들이어!
우리는 장차 어찌할거나!
해와 달을 깨치어 버릴가!
해와 달을 새로 만들가!

-「해빗 못보는 사람들」 일부 -

江에 얼음이 흐른다
집채가튼 치운 結晶體가
바위갓고 칼날가튼
성에ㅅ장이 흘러간다
江ㅅ둑이 터질드시 갓득.

-「氷流」 일부 -

이처럼 석송의 거의 모든 작품은 섬세한 언어의 조탁은 아예 나타나지 않고 대신 굵은 남성화자의 절제되지 않은 목소리만이 나오고 있다. 이것은 당대의 '미의 시'가 지니고 있던 나약하고 병든 목소리를 극복하기 위한 방편이며, 그것이 한국시의 새로운 일국면을 타개한 것이라는 긍정적 평가가 가능하지만 여전히 시가 지녀야 할 언어미에 대한 아쉬움은 남는다고 할 것이다. 그야말로 그는 힘있고 건강한 예술을 추구한 나머지 정작 시가 지녀야 할 '아름다움' 자체에 대해서는 관심조차 기울이지 않았던 것이다.

즉 석송의 '힘의 시'는 궁핍하고 추한 현실을 절제하지 않은 남성의 목소리로 나타내는데 그 본질이 있었으며 그것은 언어미를 경시한 시적 형상화라는 측면에서 문제점을 가지는 반면 당대의 시적 현실에 비추어 그것이 그의 장점이자 생명이기도 하다. 그만큼 그는 시에서의 반항을 실천한 셈이고 한국시가에 지속되어 오던 현실주의의 측면을 계승적으로 확인시켜 주고 있다.

Ⅳ. 결론

한국근대시사에서 1920년대는 매우 중요한 의미를 내포하는데 그것은 곧 20년대 중반기를 기점으로 하여 신경향파 문학이 대두되면서 일대 전환기를 맞기 때문이다. 팔봉 김기진에 의해서 도입된 신경향파문학은 그러나 단순한 외적 영향에 의해서만이 아니라 자생성의 토대 위에서 가능했던 것이고 그것을 확인시켜 주는 사람이 바로 김석송인 것이다. 따라서 김석송에 대한 연구는 한국 근대 현실주의시의 성립과 전개에 있어서 중요한 위치를 점하는 것이다.

석송은 등단할 때부터 현실문제에 관심을 가지고 그것을 문학의 본질로 삼았으며 소위 민주문예론으로서 그 이론적 근거를 삼았다. 그는 여기에서 월트 휘트먼의 영향을 받아 민중, 자유, 평등, 포옹, 반항의 이론을 개진하는데 이것은 그의 작품에서도 구체적으로 확인되고 있다.

그는 종래의 문학을 특종계급을 위한 귀족문학이라고 규정하고 만인에게 감동을 주는 문학을 추구하기 위하여 소재나 표현에 있어서 기존의 것을 거부하고 있다. 현실주의에 기초하여 그는 현실 그 자체를 중시하여 시적으로 표현하고 있으며 또한 평등과 포옹의 관점에서 민중들의 궁핍한 삶과 추악한 세계까지도 시의 소재로 삼고 있다. 그러나 그의 민중의 개념은 식민지 현실을 간파함으로써 얻어진 것이 아니라 삶의 한 보편적 양상으로만 파악하여 추상적이고 관념적인 한계를 보이고 있고 그것은 곧바로 세계주의나 인류주의로 확산되고 만다. 즉 그가 반항의 대상으로 삼은 것은 구시대의 인습이나 제도로서, 이는 초창기의 지식인들이 가지고 있었던 개인적 차원의 갈등 이상이 아니었던 셈이다.

오히려 석송에게 있어서 반항의 양상은 당대의 시문학이 가지고 있었던 여러가지 병적 징후를 대상으로 했을 때 가치가 있었다. 예를들면 현실과 유리된, 나약하고 병적인, 또는 관념지향의 시들에 대한 반항으로서 그는 현실의 문제, 굵고 건강한 남성미로 이를 극복하려고 하였으며 그것은 곧 그의 시가 시적 형상화의 측면에서의 한계이면서 다른 한편으로는 당대의 시에 있어서 새로운 국면을 타개한 공로로 평가될 수도 있다.

무엇보다도 석송의 문학적 위상이 높게 평가되는 것은 월트 휘트먼의 영향하에서 나타난 '力의 詩論'인데 왜냐하면 그 '力의 詩論'이 월탄을 거쳐 팔봉에게로 이어지면서 신경향파 시론의 중추적인 개념이 되기 때문이다.

석송이 1925년을 지나면서 실질적으로 문학과 결별하게 되는 것은 그의 이러한 시적 태도에도 불구하고 신경향파에는 소속될 수 없었기 때문이다. 그것은 그가 가지고 있었던 민중에 대한 소박한 이해, 식민지 현실을 직시하지 못한 한계, 궁극적으로는 자신의 반항이 개인적 차원의 갈등 차원을 넘어서지 못했기 때문으로 짐작된다.

3. 여수(麗水) 박팔양(朴八陽)의 시 연구

Ⅰ. 서론

한국시사에 있어서 1920년대는 여러모로 중요한 시점이라고 할 수 있다. 그것은 곧 1910년대 후반부터 모색된 근대시의 확립이라는 명제와 함께 1930년대 현대시로 이어지는 과도기이면서도 그 나름대로의 시적 가치관을 확립하는 시기이기 때문이다. 즉 한국문학에 있어서 1920년대는 전통적 문학관과 서구 문학관이 갈등을 일으키고 충돌하면서 새로운 내적 질서를 확립해 가는 시기라고 할 수 있다. 그런 한편, 외적으로는 식민지 치하라는 질곡의 상황까지 경험하고 있었던 것이다. 물론 3.1운동이 실패로 끝났다거나 그 직접적인 영향 하에서 한국문학이 소위 퇴폐적 낭만주의, 병적 낭만주의로 일관했다고 보는 데에는 필자는 동의하지 않는다.[1] 그러나 문학이 사회적 소산이라는 점을 염두에 둔다면 우리는 한 작품을 둘러싸고 있는 제반 현상들을 보다 면밀히 검토하여 이를 작품해석의 수단으로 삼고, 그렇게 함으로써 그 작품 및

---

1 3.1운동의 목적과 결과, 성공과 실패 여부, 당대 문인들의 현실에 대한 인식 등은 앞으로도 지속적으로 검토되고 논의되어야 할 것이라고 필자는 생각한다.

작가의 문학사적 위상을 객관적으로 규명하는 데 역점을 두어야 할 것이다. 1920년대 한국문학을 보는 시각은 그러므로 복잡하고 어려울 수밖에 없다.

1920년대를 평가하는 관점에는 사실상 많은 부분 정치적, 이데올로기적 왜곡된 상황이 자리하고 있다. 가령 카프계열이 과소 평가되거나 무시된 것, 납북·월북 문인들에 대한 평가가 그 단적인 예가 될 것이다. 따라서 장차의 한국문학사를 염두에 둘 때 분단 이후 지속적으로 제기된 바와 같이 그간 문학외적인 상황에 의하여 외면받고 폄하되어 온 많은 부분들에 대한 면밀한 검토가 우선적으로 이루어져야 함은 두말할 여지가 없을 것이다.

다행히 1988년 납·월북 문인들에 대한 해금조치 이후 그들에 대한 연구도 일정 부분 이루어져 왔으므로 현대문학을 연구하는 자들에게 다소의 위안을 주고 있는 것이 사실이지만 각 작가와 작품에 대한 엄밀한 고증이나 객관적 평가가 완전히 이루어졌다고 보기는 어렵다. 평가는 한꺼번에 단시간에 이루어질 수 없고 많은 시간과 과정을 거치는 것이 필요하다면 앞으로도 각 작가와 작품에 대한 수많은 가치평가가 더욱 다양하게 이루어져야 할 것이며 그 바탕 위에서 객관적 평가가 가능할 것이라고 생각한다. 이러한 인식에서 팔양은 여러모로 이 시기 중요한 연구대상이 되고 있다. 왜냐하면 그의 인생역정이나 문학적 특성으로 볼 때 그는 근대 우리 문인들이 경험한 다양한 가치관을 공유하고 있으며, 따라서 그의 궤적을 밝히는 것은 곧 우리 근대 문학의 제 양상을 압축해서 살펴보는 것이 되기 때문이다.

지금까지의 연구결과를 토대로 할 때 박팔양의 시경향은 (1)카프계열의 시, (2)자연질서에 순응하는 생명의식 또는 이상주의적 시, (3)모더니즘 경향의 시 등으로 크게 분류된다. 그런데 이들 작품의 경향은 너무 이질적이어서 독자로 하여금 혼란을 느끼게 한다. 그러므로 우리는 그 다양한 문학적 변모를 가능하게 한 정신구조를 밝혀내야만 한다. 왜냐하면 한 작가의 다양한 문학적 변용은 어쨌든 그 작가의 세계관의 결과이므로, 내적으로는 하나의 일관된 틀을 가지고 있을 것이기 때문이다.

II. 박팔양 문학의 배경

박팔양의 문학적 양상은 '구인회' 가담, '카프' 가담, 북한에서의 활동 등과 같이 당대 우리 사회의 극과 극을 경유하고 있어서 그의 삶 자체가 관심을 불러일으킬 뿐만 아니라 문학적 결과물 또한 우리의 관심을 집중시킨다. 여수(麗水), 여수(如水), 김여수(金如水), 여수산인(麗水山人), 김준일(金俊一), 金니콜라이 등의 필명을 사용한 박팔양은 1923년 <동아일보>에 「神의 酒」라는 작품을 발표하면서 등단,[2] 1940년에 이르는 시기에 주로 시작활동을 했고 해방 후 북한에서 생활하면서도 꾸준히 작품활동을 한 것으로 알려져 있다.[3]

박팔양(1905~1988)은 1905년 8월 2일 경기도 수원군 안룡면 곡반정리에서 박제헌의 3남 5녀 중 막내아들로 태어났다.[4] 그가 네 살 때 가족이 서울로 이사를 하였는데 이때 가정 사정은 매우 어려웠던 것으로 보인다.[5] 그는 1916년 제동공립보통학교를 졸업하고 배재고보에 입학하게 되는데 이 시기에 박영희, 나도향, 김기진, 최승일, 김복진 등을 사귀게 되고 이때 사회주의 사상에 기초한 세계관에 눈뜨게 된다. 박팔양이 '서울청년회의파'의 일원으로 카프에 가담하게 되는 것도 선배들인 김복진, 김기진, 박영희 등의 영향 때문이라고 할 수 있다. 박팔양은 이들과 함께 카프의 초기 맹원이 되었으나 후일 자진 탈퇴하게 된다.

배재고보를 졸업한 박팔양은 다시 경성법전에 진학하고 여기에서 정지용,

---

2 박팔양의 데뷔작은 1923.5.25일자 <동아일보>의 「神의 酒」(현상당선시)로 알려져 있다. 이때 당선자 이름은 박승만(朴勝萬)으로 되어있는데, 최순옥은 이를 동일인으로 파악하고 있다. 최순옥, 「박팔양시 연구」, 영남대학교 대학원 석사학위논문, 1996.12, p.9.

3 북한에서의 활동과 연보는 최병기, 「박팔양론」, <기전어문학> 제5집, 수원대학교 국어국문학과, 1991, 참조.

4 박팔양, 「자화상」, <조선문학> 1934.1, p.146.

5 리정구, 「박팔양의 시문학」, 『현대작가론 2』, 조선작가동맹출판사, 1960.

박제찬, 김화산 등과 어울려 등사판 동인지 <搖籃>[6]을 발간하였는데, 이 시기에 그는 서정적 감수성을 체험한 것으로 보인다. 즉 경향파 문학의 경도에 앞선 이 시기에 그는 습작활동을 하고 있고 그 습작활동은 감수성 짙은 서정성이 주를 이루고 있었다.[7] 이것은 이후 그의 문학 전시기를 통하여 일관된 것으로 나타난다.

이 시기에 이들 동인의 작품을 비평하여 준 사람으로는 노작 홍사용이 있었다.[8] 박팔양과 홍사용은 고향이 같았으므로 그들의 관계가 남달랐을 것이고 따라서 박팔양은 홍사용의 영향을 많이 받았을 것이라고 추단할 수도 있다. 이 경우 홍사용에게서 빈번히 나타나는 눈물과 슬픔, 감정의 유로 등이 박팔양에게서 엿보이는 것은 자연스럽다. 한편 이 <요람>지는 후일 아나키스트로 전신한 김화산의 「신흥문예론」으로 원고 압수까지 당하기도 한다.[9] 이 <요람>지에서의 활동을 근거로 할 때 우리는 박팔양의 이후 작품 활동의 근거를 확인할 수 있다. 즉 그의 문학 밑바탕에 자리하고 있는 서정성과 프로문학적 색채가 그것이다.

1923년에 등단한 박팔양은 1924년에 경성법전을 졸업한 후 <조선일보>에 사회부 기자로 입사하였고 이후 <중외일보>를 거쳐 <조선중앙일보> 사회부장을 역임했다. 그리고 이 신문이 폐간됨에 따라 1937년 만주 신경의 <만선일보>에서 기자 생활을 하게 된다. 후술되겠지만 그의 이 기자생활이 그의 문학적 변모에 있어서도 중요한 동인이 된다고 할 수 있다. 즉 그가 당대 문단경향

---

6 이 동인지는 십여호까지 발간되었는데, 1923년 <요람> 7호에 박팔양은 「프로레타리아 문예시평」이라는 제목으로 근로계급의 생활을 노래한 작품을 실었다가 검열에 걸려 경무국에 끌려가 고생을 했다고 한다. 리정구, 앞의 글, 참조.

7 박팔양은 이 당시를 회상하면서 정지용의 「향수」, 「카페·푸란스」, 「슬픈 기차」 등과 동시나 민요풍시의 반 이상이 실렸다고 말하고 있다. 박팔양, 「요람시대의 추억」, <중앙> 33호, 1936.7, 참조.

8 홍신선, 『한국시의 논리』, 동학사, 1994, p.121.

9 박팔양, 「요람시대의 추억」, <중앙> 33호, 1936.7, pp.147~148, 참조.

의 극과 극을 오가고 있었던 것, 동요, 수필, 소설, 비평 등 다양한 장르에 관심을 가진 것 등은 물론 그의 다양한 문학적 관심 때문이겠지만 다른 한편으로는 사회부 기자라는 직업에서 나오는 특수한 현실인식 때문이라고도 보여지는 것이다.

특히 그는 <조선중앙일보> 재직 시 구인회의 일원으로 참가하여 강연 등을 맡기도 했다. 박팔양의 구인회 참가는 그의 시세계를 이해하는데 있어서 여러모로 시사하는 바가 크다. 왜냐하면 그가 프로문학에 가담하고 북한에서도 문학활동과 사회활동을 하는 등 사회주의 리얼리즘적 경향을 짙게 보이고 있고, 이것이 지금까지 우리가 그를 기피한 원인이긴 하지만, 사실상 그의 시세계는 짙은 서정성이 주조를 이루고 있기 때문이다. 이런 점에서 볼 때 그가 구인회에 참가한 것은 자신에게는 일종의 '회귀'가 되는 셈이다. 주지하다시피 구인회는 1933년 8월에 이효석, 유치진, 김기림, 정지용 등의 9인에 의해 결성된 문학 친목단체로서 회원의 출·입을 거쳐 박팔양도 여기 회원이 되었고 그 주된 경향은 경향주의 문학에 반하여 '순수예술'을 추구하고 있었던 것이다. 그 의의는 물론 한국 모더니즘 운동의 본격적인 등장을 의미하면서 1930년대 이후의 민족문학의 주류를 형성하는 데 이바지, 한국문학의 현대성을 확인시켜 준 점이라 하겠다.

구인회의 가담이 그의 '회귀'라는 사실은 몇 가지 점에서 확인할 수 있다. 그는 프로문학을 신흥문예로 인식하고 표현파, 미래파, 입체파, 다다이즘 등도 그 신흥문예에 속하는 것이라고 하였으며[10] 1940년 만주 신경에서 만선일보 기자로 있으면서 낸 그의 첫 시집 『여수시초』의 작품수록 양상에도 그러한 점이 나타나고 있다. 즉 그는 1940년에 최초의 시집 『여수시초』를 박문서관에서 100부 한정판으로 내면서 1923년 등단 이후의 자신의 작품을 정리하고 있는데 여기에서 그는 소위 경향성이 짙은 작품들은 모두 제외하고 서정성이

---

10 박팔양, 「문예시평」, <조선문단> 19호, 1927.2, p.58.

짙은 작품 47편만 수록하였던 것이다.

시인이 발표한 작품을 엮어 시집을 내는 것은 시인 자신에게는 큰 사건이며 그만큼 의미있는 일이므로 원전비평의 경우 우리는 시인의 발표 당시와 시집으로 간행할 때까지의 개작과정을 살핌으로써 그의 시의식의 변화를 추적하기도 한다. 그러므로 김억이나 김소월의 경우는 개작 그 자체가 중요한 연구 대상이 되는 것이다. 박팔양은 시집의 작품을 그렇게 선정한 이유로서 당시의 심각한 검열제도를 문제 삼고 있다.

> 다음엔 檢閱問題.
>
> 이 問題에 對해서는 길게 말하고 십지 안타. 檢閱에 通過되고 아니 되는 것이 作家와 作品에 잇서서 卽 藝術運動에 잇서서 얼마나 重大한 것인가, 그런데 朝鮮은 檢閱難이다. 이에 對한 對策이 업시 朝鮮藝術運動의 振興을 바라는 것은 어리석은 일이다. 檢閱의 水準을 낫추는 運動이 必要할 것이다.[11]

박팔양이 시집을 낸 1940년은 일본 제국주의의 신체제가 완비되면서 사상통제가 더욱 심화되던 시기였다. 이 검열문제는 당시에 매우 심각했던 것으로서 원작의 왜곡, 좌익문학의 조장, 민족문학의 상대적 위축 등으로 나타났던 것은 주지의 사실이다. 따라서 당시의 사회, 정치, 민족, 계급 등을 논한 것이라면 모두 이 검열문제에 간섭을 받았던 것이다.[12]

특히 경향파에 가담했던 그로서는 당연히 검열제도가 강화된 것이 첫 시집에서 다수의 작품을 개작하거나 누락시킨 원인이 되겠지만 그의 전체 시작품을 염두에 둘 때 검열제도만이 문제가 된 것이 아니라 그것이 그의 정신구조와 긴밀히 연결되어 있는 것으로 보인다. 즉 이 시집에서 이념성이 강한 초기의 「데모」류가 빠지고 도시적 감수성을 바탕으로 한 서정시가 주류를 이루는

11 박팔양, 「작가의 의식문제와 작품의 검열문제」, <조선지광> 82호, 1929.1.

12 박팔양, 「진달래를 쓰던 이야기」, <청년문학> 103호, 1964.11, p.32.

것은 구인회 가담과 맥이 통하기 때문이다.

일반적으로 박팔양은 해방 이후에 월북한 것으로 알려져 있으나 구체적인 월북시기는 알 려져 있지 않다. 여기에 대해 홍신선은 그가 다른 해금 문인들과는 달리 월북이나 납북이 아니라고 추정하고 있다. 즉 박팔양은 만주에서 귀국하는 길에 곧바로 평양에 머무른 것으로 보인다는 것이다.[13] 그 이유로 그는 첫째, 1946년 2월 8~9일에 열렸던 조선문학가동맹의 전국문학자대회 명단 중 박팔양은 이름만 있고 주소가 미상으로 되어 있으며 둘째, 이미 1945년 말경 노동신문의 전신인 <正路>지의 편집부장으로 있었던 점을 들고 있다. 어쨌든 그는 신경향파로 출발하여 카프의 일원으로 활동했으며 오랜 신문기자의 경력을 바탕으로 <정로>지의 편집부장을 맡게 되었을 것이다.

북한에서의 그의 행적을 보면 그는 이미 1945년 해방 직후부터 신의주의 <평북신보>와 공산당 평북 도당기관지인 <바른말> 등에서 편집국장을 맡고 있었고 1946년 북조선 문학예술총동맹 중앙위원, 1946~1949년까지 <정로>지와 <로동신문>의 편집국장 및 부주필로 있었다. 또 1949년에는 김일성종합대학 조선어문학부 교원, 1950년 종군기자로 활약하면서 공로메달 및 국기훈장 3급을 받았고 1951~1954년까지 김일성종합대학 복직, 1955년부터 조선작가동맹 중앙위원회 상무위원, 1956년 동위원회 부위원장을 역임하면서 국기훈장 2급을 받았다. 이후 1957년 중앙선거위원회 위원, 최고인민회의 대의원, 1958년 조·소친선협회 중앙위원을 맡았던 것으로 되어 있다.[14]

이 기간에 그는 많은 작품을 발표했는데 『박팔양시선집』(문화전선사, 1947), 『박팔양선집』(조선작가동맹출판사, 1956), 『황해의 노래』(조선작가동맹출판사, 1958), 『박팔양시선집』(조선작가동맹출판사, 1959), 장편서사시 『눈보라 만리』(조선작가동맹출판사, 1961) 등이 그것이다. 그런데 북한에서의 그의 문학활

13 홍신선, 『한국시의 논리』, 동학사, 1994, p.120.

14 박팔양, 『눈보라 만리』, 조선작가동맹출판사, 1961, p.150, 참조.

동은 대체로 그들의 문화정책인 당성, 인민성, 계급성에 충실한 것이었고 대부분은 문학의 자율성을 훼손시킨 것들이다.[15] 이미 알려져 있는 바와 같이 1960년대 중반까지 북한의 문학은 사회주의 리얼리즘을 근간으로 하고 있었고 그 이후에는 주체 문예이론이라는 김일성 우상화의 수단으로 전락하게 된다. 박팔양은 1966년 반동종파분자로 숙청되었고 그 이후 1988년 10월 4일 사망한 것으로 알려져 있다.

지금까지 살펴본 바와 같이 박팔양은 그의 인생역정이나 문학적 행적으로 볼 때 단순히 월북·납북 작가로만 취급하기는 어려운 점을 가지고 있다. 즉 카프에 가담한 것과 구인회에 몸담았던 사실이 그의 인생과 문학에 있어서 양축을 설정하고 있어 이채롭지만, 그럼에도 불구하고 사실상 그는 어느 한 곳에서도 주류로 있지 못하고 항상 주변에만 머물고 있었던 것이다. 물론 그가 해방 직후 북한에 머물게 된 것은 자신의 선택이었겠으나 그 이후에도 줄곧 자신의 선택으로 일관했다고 보기는 어렵다. 그는 항상 어느 유파의 중심부에 자리하지 못하고 주변에만 머무는 특징을 가지고 있고 사실상 우리 현대사의 분단상황에서 그뿐 아니라 우리도 이데올로기의 선택권을 가지고 있지 못했기 때문이다.

Ⅲ. 박팔양시의 특징

박팔양시의 특징을 한마디로 말하면 그 다양성에 있다고 할 수 있다. 이는

15 6.25전쟁 당시 종군하면서 지은 작품 중 문학성이 뛰어나다고 인정되는 「진격의 밤」도 그 범주를 크게 벗어나지 못한다.

행군대오 엄숙히 나아간다./밤하늘에는 별빛도 찬란한데/총대를 든든히 잡은 동무들과 함께/나도 대지를 구르며 나아간다.//아-얼마나 령롱한 별빛이냐/아-얼마나 미더운 우리 밤하늘이냐//조국에 한 목숨 바칠 결의로 굳은/아 이 밤이 어찌 이처럼 아름다우냐//

지금까지의 그에 대한 평가를 일별하더라도 쉽게 나타난다. 먼저 1930년대에 나타난 그에 대한 평가를 보면 먼저 권환은 '도저히 프로시라고는 할 수 없는 근대주의(모더니즘)'로,[16] 임화는 '초기에는 회고적 냄새가 짙은 낭만주의에서 나중에는 정열적 반항가가 되었다'고 평하고 있다.[17] 또 팔봉 김기진은 '소시민적 자유주의 가운데서 이상주의'로,[18] 이해문은 현역 중견시인의 계보를 선구파, 카프계급 동반자파, 선구아류 및 잡작파, 현역 중견파, 기타 역량있는 중견 및 신진파로 분류하고 '선구파' 15명 가운데 박팔양을 포함시켜 평가하고 있다.[19]

그 외 대다수의 현대문학사에서는 박팔양을 경향시인으로만 소개하고 있거나[20] '서정성을 가미한 모더니즘 시인'[21]으로 평가하고 있다. 다행히 해금조치 이후 다수의 논자들이 그에 대한 재평가를 하고 있어서 새로운 면모를 부각시키고 있다.[22] 위 연구논자들의 평가를 보면 대체로 해금 이전에는 추상적으로 경향파 시인으로만 파악했던 데 비해서 해금 이후에는 구체적으로 작품을 분석하고 그의 작품의 다양성을 확인하면서 새로운 자리매김을 시도하고 있다고 할 수 있다.

---

16 권환, 「시평과 시론」, <대조> 4호, 1930.6, p.33.

17 임화, 「예술운동전후」, <조선일보> 1933.10.6.

18 김팔봉, 「조선문단의 현재와 수준」, <신동아> 27호, 1934.1.

19 이해문, 「중견시인론」, <시인춘추> 2호, 1938.1.

20 이는 조연현, 김동욱, 김용직 등의 공통된 평가이다.

21 서준섭, 『한국 모더니즘 문학 연구』, 일지사, 1988, p.35.

22 김재홍, 『카프시인비평』, 서울대학교출판부, 1990. 이청원, 「휴머니즘의 역사적 전개」, 권영민 편, 『월북문인연구』, 문학사상사, 1989. 강은교, 「박팔양론」, 이선영 편, 『1930년대 민족문학의 인식』, 한길사, 1990. 홍기삼·김시태 편저, 『해금문학론』, 미리내, 1991. 홍신선, 최병기, 최순옥의 앞의 글 등.

Ⅲ-1 관념적 현실인식과 새로운 프로시

박팔양이 문학활동을 시작한 1920년대는 시사적으로는 1910년대의 모색과 실험을 거쳐 근대시의 확립을 본 시기이며 또 소위 <백조>파로 대변되는 눈물과 감정과잉, 퇴행의식으로 요약된다. 이러한 현상은 1920년대 중반에 등장하는 보다 의식적인 신경향파 문학에 의해서 갈등양상을 띠게 된다. 물론 신경향파 문학은 팔봉 김기진의 영향이 절대적이었지만 이미 그 이전에도 김석송 등에 의해서 내적 동인이 마련되어 있었다고 보아야 할 것이다.[23]

즉 1920년대 초기의 시들에서 이미 현실의 부정적 측면이 인식의 공통점으로 되어 있었지만 문제는 그 부정적 인식의 근거가 식민지 치하의 정치적이거나 사회적인데 있는 것이 아니라 불합리한 인습과 문화적 후진성에 있었던데 있다. 다시 말하면 당대 지식인들은 식민지 현실에 대한 올바른 인식이 미흡했던 것이고 그 인식자체가 지극히 피상적이고 감상적이었다는 혐의를 벗기 어렵다.

비록 의식적이지는 않았지만 이러한 지식인의 현실인식의 바탕 위에서 김기진이나 박영희의 '力의 藝術'(1923)이 등장하게 되고 이는 당대에 이론적 토대를 마련해 주었던 것이다. 1923년에 문단에 등장한 박팔양의 초기시는 이러한 저간의 사정을 배경으로 하여 신경향파시의 면모를 보여주고 있다. 이미 그는 <요람> 동인의 김화산으로부터 사회주의 영향을 일정 부분 받았을 것이고 염군사 계열의 영향하에 있었기 때문에 현실에 대한 분노와 계급적 저항의식도 수반하고 있었던 것이다. 박팔양의 초기시에 등장하는 신경향파의 색채는 다음과 같이 두 가지의 사회적 조건에 근거하고 있다.

> ...첫재는 現代資本主義 經濟組織의 ××으로부터 생기는 勞動大衆의 生

23 이 책, 「석송 김형원의 시와 시론」 참조.

活上 困窮과 社會的 不安의 事實, 둘재는 이 困窮과 이 不安에 항상 當面하고 處하여 있는 勞動大衆의...에서부터 出發한 '階級思想'의 世界的 傳播 이 두 가지를 意味하는 것이다. 이것은 朝鮮文學上 新傾向派의 擡頭의 原因을 이룬 條件이다.[24]

이러한 근거하에서 그의 시에는 식민지 현실에 대한 분노와 저항의식 및 선구자 의식이 싹트게 된다.

三千里라, 넓은 無窮花 들판에 픠라는 꼿
無窮花는 아니 픠고
가열핀 野花가 점으는 黃昏바람에
한들...힘업시 흔들닙니다.

- 「放浪者」[25] 일부 -

나는 不幸한 사람이로다
靑春을 볼 때에
사람들이 자랑하는 靑春을 볼 때에
나는 그들의 붉은 얼골 뒤에
앙상한 骸骨을 보앗노라

사랑하는 男女의
타는듯한 붉은 입솔과 입솔이
서로 마조치여 불길이 일 때
앙상한 骸骨의 입쌀과 입쌀이
달각어리며 서로 마조침을 나는 보앗노라

아! 나는 작난꾼의게 놀림밧는

24 박팔양, 「조선 신시운동 개관」, <조선일보> 1929.1.1~2.7, 참조.
25 <동아일보> 1923.9.30.

不幸한 사람이로다
祝婚 行進曲을 들을 때
追悼曲도 들리는 것 갓흐며
어린 아희의 搖籃을 볼 때
풀 욱어진 墳墓가 눈에 보이도다.

- 「나는 不幸한 사람이로다」[26] 1,2,4연 -

위 작품들은 일제 식민치하라는 민족적 현실과 절망적 세계관을 잘 보여주고 있다. 무궁화는 피지 않고 대신 가열핀 야화가 저무는 황혼 바람에 흔들리는 것은 곧 민족, 국가의 상실과 황폐화된 조국의 현실을 보여주는 것이다. 이러한 현실은 「나는 불행한 사람이로다」에 오면 더욱 심화되어 역사적 현실에 대한 절망감으로 나타난다. 요람에서 묘지를 보고 청춘 남녀에게서 해골을 보는 것은 절망적 현실을 인식했을 때 배태되는 비극적 세계관의 대응양식이었던 것이다.

문제는 이러한 현실인식에도 불구하고 당대의 대부분의 작품들이 그러했던 것처럼 그것이 '막연한 분노와 관념적 저항의식'[27]에 머물고 있다는 점이다. 그것은 달리 말하면 현실에 대한 인식이 관념적이었으며 따라서 그 극복 방안이 제시되지 못하고 자책과 울분만 강하게 드러난다는 것이다.

괴로운 朝鮮의 우름소리가 들닌다.
荒凉한 廢墟의 구석구석에서
오! 듯기조차 지긋지긋한
괴로운 우름소리가 들닌다.

- 「괴로운 조선」[28] 1연 -

---

26 『조선시인선집』, 조선통신중학관, 1926.

27 최병기, 「박팔양론」, <기전어문학> 제5집, 수원대학교 국어국문학과, 1991, p.174.

이러한 처참한 현실에 대하여 그는 "藝術家여/이제는 그만 斷念하라/...(중략)/모든 美는 오랜 녯적에 임의 무덤 속으로 드러갓도다"(「神에 對한 質問 일절」 일부)와 같은 좌절 속으로 빠져든다. 이것은 곧 박팔양에게 있어서 생활의 개혁이나 민중의 계몽이라는 신경향파의 이념적 토대가 견고하지 못했다는 것을 의미한다.

그러나 그 가운데서도 박팔양에게서 주목되는 것은 새로운 희망을 암시하는 선구자적인 태도이다.

> 내가 이 나라에 태여난 후
> 무엇이 나를 깃브게 하엿더뇨
> 아모것도 업스되
> 오직 흐르는 시내물 소리가 잇슬 뿐이로다.
>
> (중략)
>
> 보아라 나는 一箇 ㅇㅇ의 靑年
> 어더케 내가 긔운날 수 잇겟는가
> 하지만 시내물이 흐르며 나에게 속살대기를
> 「이러나라 이러나라 지금이 어느 때이뇨」
>
> 아아 참으로 지금이 어느 때이뇨
> 새벽이뇨 黃昏이뇨 暗夜이뇨
> 이 百姓들은 아직도 疲困한 잠을 자네
> 이 마을에는 오즉 시내물 소리가 잇슬 뿐이로다.
>
> (중략)

---

28 <동아일보> 1924.7.7.

내가 이 나라에 태여난 후
해수론 二十年 달수로 두 달
그간에 나는 아모 한 일이 업도다
오직 시내물가에서 울엇슬 뿐이로다.

그러나 울기만 하면 무엇이 되느뇨
슯은 노래하는 詩人이 무슨 所用이뇨
光明한 아츰 해가 빗최일 째에
우리는 밧그로 뛰여나갈 사람이 아니뇨.

「이러나라 이러나라 누어만 잇느냐」
지금도 門 밧게서 시내물이 催促하는데
나는 아직도 방안에 드러누어
한숨 쉬이고 생각할 뿐이로다. - (乙丑年) -

- 「시내물 소리를 드러면서」[29] -

이 작품에서 우리는 좌절과 비탄에 잠겨 있으면서도 시대적 소명의식을 인식하는 화자를 볼 수 있다. 백성들은 아직 피곤한 잠을 자고 있고 나는 기운을 낼 수도 없이 나약하며 시냇물가에서 울기만 하였을 뿐이지만 "일어나라 일어나라 지금이 어느 때인가"라는 소리를 듣는다. 그것은 곧 '괴로운 조선의 울음소리'를 인식했을 때 나타나는 선각자의 반응양식으로서 역사의식에 닿아있는 것이다.

그러나 그럼에도 불구하고 이 작품이 가지는 한계 또한 명확하게 나타나 있다. '백성들은 아직도 피곤한 잠을 자'고 '나는 아직도 방안에 드러누워 한숨 쉬며 생각할 뿐'인 것이 시적 화자가 생각하고 처한 현실이다. 즉 '서정적 주체는 식민지 현실에 대한 인식을 통하여 그 극복 대안에까지 이르는 구체적

29 <조선문단> 12호, 1925.12.

방안을 제시하지 못하고 현실의 모순을 미래에 대한 추상적이고 관념적인 희망으로 극복하고자'[30] 하는 것이다.

따라서 우리는 다음과 같이 비극적 현실에 대해 좌절에만 머물지 않고 새로운 희망을 열어두는 긍정적인 모습을 보이는 작품에서도, 위에서 나타난 바와 같은 일정한 그의 한계점을 지적하지 않을 수 없다.

그러나 안심하라 나의 친구여
폐허에서 울리는 저 우름소리는
새 생명을 낳는 산모의 신음이니
그대는 새 생명을 위하여 오히려 기뻐하라

(중략)

괴로운 朝鮮 呻吟하는 産母여!
創造되는 새 生命을 爲하야 勇氣를 가지라
오! 괴로운 현 朝鮮은
至今에 새 希望을 나흐랴 呻吟하도다.

-「괴로운 조선」 일부 -

씨를 뿌리자 우리의 손으로
荒漠한 우리 東山에 씨를 뿌리자
東山은 거츠러도 우리는 힘 업서도
人情잇는 大地 어머니 創造의 女神이
몸소 모든 것을 기르면서 안으시리라

-「씨를 뿌리자」[31] 일부 -

30 최순옥, 「박팔양시 연구」, 영남대학교 대학원 석사학위논문, 1996.12, p.21.
31 <동아일보> 1923.11.4.

위에서 본 바와 같이 그의 시는 식민지 현실에 대한 인식에서 귀결되는 울분과 좌절 속에서도 희망을 암시하고 있었고 백성의 잠을 깨우는 것과 같은 계몽적인 선구자의 모습으로 나타났지만 그것이 결국 적극적인 의지로 이어지지는 못했던 것이다.

박팔양이 계몽적 자세에서 본격적인 프로시를 쓰게 되는 계기는 1927년 제1차 방향전환이다. 초기의 경향시들은 20년대 후기로 오면서 방향성을 획득하고 자기비판이 일어나면서 미래에 대한 막연한 희망과 열정이 통제되고 계급의식이나 정치적 색채가 짙은 작품들이 나오게 된다. 사실상 이때는 이미 사회주의 사상이 지식인 사회에 널리 유포된 상태이고 따라서 그 문학적 대응은 당연한 결과인 셈이다. 이 시기의 시들은 임화를 필두로 하여 단편서사시가 주류를 이루고 있었으나 박팔양은 자신의 특유한 서정성 짙은 작품을 발표하고 있다. 박팔양의 작품 중 수작으로 평가되는 작품들은 주로 이 시기에 발표된 것들이 많다.

덜컥어리는 機械소리
그것은 可憐한 일꾼의 우름소리임니다.
굴뚝에서 나오는 검은 煙氣
그것은 그들의 한숨의 모힘입니다.

비오는 어느날, 工場의 窓門이 열니면서
핏氣업는 얼골 하나이 간엷힌 손으로 턱을 고이고
지나가는 비단옷 입은 行人을 내여다보다가
窓안에 호령소리, 그의 얼골은 살어집데다.

至今의 工場은 그러케 苦生이라니
언제나 우슴소리가 그곳에서 새여나오릿가
「사람은 일해야 맛당하고 일하면 반듯이 먹는다」고
이웃집 先生님은 가르칩데다.

- 「공장」[32] 전 4연 중 2~4연 -

이 시는 공장을 배경으로 하여 당시의 시대적 상황, 즉 피폐해진 농촌현실에서 도시로 인구가 유입되어 공장 노동자로 살아가는 사회의 구조적 모순과 빈곤의 문제를 문학적 주 테마로 삼은 모습을 보여주고 있다. 그럼에도 불구하고 그것은 사실상 공장에 대한 구체적 체험에서 우러나온 것이 아니라 피상적인 관찰에서 나온 것임을 지적하지 않을 수 없다. 이 작품의 초점은 공장의 현실이나 그 현실적 극복방안이 아니라 이웃집 선생님의 현실과 괴리된, 모순된 가르침에 주어져 있기 때문이다. 즉 박팔양의 가난 이야기는 '체험을 딛받침한 것이기보다는 다분히 시대적 분위기에 기댄 피상적'[33]인 것이었다는 것을 알게 한다.

카프의 1차 방향전환 이후 박팔양은 보다 적극적인 목적의식의 시를 창작한다.

납덩어리가치 무겁고 괴로웁든 우리들의 마음이
오늘은 엇지하야 이가치 가볍고도 愉快하냐
五月의 한울 ———— 그 밋해서 부르는 우리들의 노래가
무슨 까닭에 참으로 무슨 까닭에
가슴 울렁거리도록 이가치 즐거웁게 들리느냐
.市街가 좁다고 몬지 휘날리며 달리든
×××× 自動車와 馬車
그것이 오늘의 ×××× 무엇이란 말이냐
보아라 거리와 거리에 모혀슨 우리 ××××
平素 默默히 일하든 친구들의 오늘을 !

街路에도 우리들의 데모
屋內에는 驚異에 빗나는 저들 ×××

32 『조선시인선집』, 조선통신중학관, 1926.10.
33 홍신선, 『한국시의 논리』, 동학사, 1994, p.127.

보혀주자 저 怜悧하고도 압 못보는 백성들에게
未來를 춤추는 이 群衆의 舞蹈를 !

×××××× 노래와 歡呼와 拍手다
步調. 步調. 步調를 마치라.

....

五月의 香氣로운 空氣를 通하야
오오 울리라 우리들의 交響樂을 -1927年-

-「데모」[34] 전문 -

이 작품은 메이데이를 기해 노동자들이 데모를 통해 부르조아계급에 대항하는 구체적 시위현장을 다룬 점에서 높이 평가될 만하다. 즉 자동차와 마차로 대변되는 부르조아와 '묵묵히 일하든 친구들'로 대변되는 프로레타리아의 대립이 가두투쟁으로 나타난 것이다. 납덩어리같이 무겁고 괴롭던 우리들에게 오월의 단합된 힘은 교향악으로 들리며 그만큼 가볍고도 유쾌하다. 이 시는 그런 면에서 빈곤이라는 추상적 제재에서 계급적이고도 역사적인 개념으로 일보 전진한 프로시의 지향점을 형상화하였다고 할 수 있다.

이 작품에서 반복되는 의문형, 청유형, 명령형 등은 시적 긴장감과 함께 분위기를 더욱 고조시키는데 기여한다. 특히 「공장」에서 개별화된 노동자의 형상이 여기에서는 조직화된 군중으로 형상화되어 있으며 긴박한 사건 전개에 따른 민중성과 현장성이 확보되어 있다.[35] 그런 점에서 이 시는 김용직의 평가[36]와는 달리 프로시로서는 드물게 시적 형상화에 성공한 것으로 평가되는 것이다.

---

34 <조선지광> 79호, 1928.7.

35 최순옥, 앞의 글, p.28, 참조.

36 김용직은 이 시에 대해 불필요하게 동일한 의미의 말이 반복되고 있어서 산문적이며 시의 기본적 요건이 결여되어 있다고 비판한다. 김용직, 『한국현대시연구』, 일지사, 1974, p.217.

그럼에도 불구하고 우리는 이 시가 가지는 한계점 또한 지적하지 않을 수 없다. 김용직이 지적한 바와 같이 지나친 운동성의 강조로 인하여 형태와 기교라는 시의 미적 질서에는 도달하지 못한 점은 프로시가 공통적으로 가지는 절대적 한계점이라 치더라도 그는 여전히 '압못보는 백성들'에 비해 선각자적인 계몽주의에서 벗어나지 못하였으며 단지 그것을 바라보는 방관자적 모습을 탈피하지 못하였기 때문이다. 권환이 이 시에 대해 '푸로시로서는 말할 여지도 없거니와 소위 인도주의의 시라고 이름 붙이기에도 정도가 없었'고 따라서 이러한 시를 배척해야 한다고 주장한[37] 것은 바로 이를 지적한 것이라 보인다.

즉 「공장」에서 나타난 관념적 현실인식과 이 작품에서 나타난 방관자적 태도는 바로 그의 정신토대가 굳건하지 못했음과 아울러 능동성을 결여하고 있었음을 보여주는 것이다. 박팔양의 이러한 태도의 이면에는 홍신선이 지적한 바와 마찬가지로 그가 시류에 기대인 현실인식과 새로운 세기가 도래한다는 낙관주의, 이념 일변도보다는 문학주의에 더 근접해 있었기 때문이다.[38] 이런 점에서 박팔양은 선천적으로 프로시인이 되기는 어려웠다고 볼 수 있다. 따라서 그가 프로시를 선택한 것은 과학적이고 객관적인 정신토대에 있었던 것이 아니라 다분히 '새로운 것'이라는 시류에 편승한 것으로 보이는 것이다. 그는 프로문예를 기성문예에 대한 것으로서 표현파, 미래파, 입체파 등과 동일하게 취급하여 신흥문예에 대한 예술적 충동으로서 선택한 것이었다. 이 점이 그를 당대에도 본격적인 프로시인으로 인정받지 못하게 하였고 그것이 이후 카프의 자진탈퇴와 구인회의 가담으로 이어지는 내적 동인이었던 것이다.

이러한 정신구조가 프로시의 전반적인 쇠락이 이어질 때 다시 그를 새로운 무엇, 도시문명을 대상으로 하는 모더니즘으로 향하게 하였던 것으로 보인다.

---

37 권환, 「시평과 시론」, <대조> 4호, 1930.6.

38 홍신선, 『한국시의 논리』, 동학사, 1994, p.129.

III-2 도시문명과 새로운 양식

프로시가 박팔양에게 있어서 신흥문예의 일종으로 다가왔다면 프로문예가 한계에 부딪히며 쇠락할 때에 새로이 그에게 다가온 것은 무엇이었던가? 그것은 바로 1930년대에 새롭게 나타난 모더니즘이다. 박팔양이 『여수시초』의 「도회」편으로 대변되는 모더니즘시를 쓰게 된 외적인 계기는 카프의 볼셰비키파들이 주도권을 상실해가는 제2차 방향전환이다.

박팔양은 카프를 자진 탈퇴하고 난 후 1934년 6월에 구인회에 가입하였지만 실상 거기에서 그의 활동이 왕성했던 것은 아니었다. 구인회에서 발간한 <시와 소설>에 그는 동인 명단에만 있을 뿐 작품은 실려 있지 않고, 문예강좌에서 「朝鮮新詩史」를 강독한 것으로 되어있다. 그가 구인회에 가담한 것은 정지용에 대한 경사[39]와 당시 자신이 사회부장으로 있던 조선중앙일보 학예부장인 이태준과의 인연 때문이었던 것으로 되어있다. 물론 그 내적 동인으로는 그가 가지고 있었던 관념적 현실주의와 문학주의, 내지는 새로운 것에 대한 심리 때문이었을 것으로 짐작된다.

프로문예가 20년대의 새로움이었다면 모더니즘은 30년대의 새로움이다. 따라서 「데모」를 쓴 박팔양에게 있어서 「도회정조」나 「윤전기와 사층집」은 '또한 새로운 것'일 뿐이다. 이미 지적한 바와 같이 그는 신흥문예로서 프로문예를 수용했고 거기에는 표현파, 입체파, 미래파, 다다이즘 등이 포함된다고 생각했기 때문에 그 중 어느 것을 선택하더라도 그에게는 전혀 어색하지 않은 것이다. 오히려 <요람> 시대의 문학적 세례와, 이후 김화산과의 관계 등에서 볼 때 오히려 이것은 당연한 귀결로 보이는 것이다.

박팔양이 도회에 관심을 보인 것은 매우 이른 시기였는데 「윤전기와 사층

---

39 강은교, 「박팔양론」, 이선영 편, 『1930년대 민족문학의 인식』, 한길사, 1990, p.54, 참조.

집」은 그 대표적인 예이다.

A
××! ××! ××!
輪轉機가 소리를 지른다
PM. 7-8 PM. 8-9
ABC, XYZ.
符號를 보렴으나
한 時間에 十萬장式 박어라!

B
音響! 音響! 音響!
여보! 工場監督!
당신의 목쉰 소리는
××! ××!!에 지질려 눌려
죽엇소이다
흥! 發動機의 쓰거운 몸둥이가
목을 놋코 울면 무엇 하나
피가 나야한다 心臟이 터저야한다.

C
벽돌 四層집 놉다란 집이다
식껌언 旗란 놈이
집웅에서 춤을 춘다
엣다 바더라! 憎惡의 화살
네 집 뒤에는 輪轉機가
죽어 너머저 呻吟한다

D
××! ◇◇! ○○!
DADA, ROCOCO (誤植도 됴타)

飛行機, 避雷針, ×光線
文明病, 末梢神經病,
無意味다! 無意味다!
이 글은 不得要領에 意味가 업다
나는 2=3을 밋는다

- 「輪轉機와 四層집」[40] 6연 중 1~4연 -

이 작품은 김니콜라이라는 필명으로 발표한 것인데 도시문명을 소재로 하여 기존질서를 파괴한 점이 단연 돋보인다. 기존의 가치체계에 대한 절망과 허무, 반항과 파괴가 의식적으로 부각되어 있는 것이다. 문법적 언어의 파괴, 기호의 도입, 활자의 의도적 조작이 충격적으로 제시되어 있다. 이것은 곧 당대의 도시체험이 이전의 사회에서의 체험과는 근본적으로 다르다는 것을 의미한다. 박팔양이 본 도회는 윤전기에서 활자가 마구 찍혀 나오는 것과 같은 상업성과 커져가는 음향과 증오, 문명병으로 진단되고 그것은 근본적으로 무의미한, '곤죽, 뒤죽, 박죽'의 세계라는 것이다. 이것은 도시를 삶이 뿌리째 뽑힌, 병리 현상으로 신음하는 공간으로 본 결과이다. 이 도시적 삶에 절망할 때 그는 다시 자연을 동경하게 된다.

「윤전기와 사층집」은 고한승, 김화산 등의 작품과 함께 20년대 다다이즘의 대표작으로 손꼽히며 이후 이상과 「삼사문학」 동인들의 다다, 쉬르 시작활동을 가능케 하는 밑거름으로 작용하게 된다.[41] 그러나 다다이즘을 수용하고 실험한 대다수의 시인들이 그랬던 것처럼 이런 언어조직의 파괴가 파괴에만 그칠 것이 아니라 새로운 가치창조로 이어져 인간 자체의 변혁까지를 끌어내야 했음에도 불구하고 박팔양은 거기까지는 이르지 못했다. 결국 이것은 박팔양이 굳건한 철학의 밑받침 하에서 다다를 수용한 것이 아니라 또 다른 새로운,

---

40 <조선문단> 18호, 1927.1.

41 윤재웅, 「박팔양론」, 홍기삼 외, 『한국현대시인연구』, 태학사, 1988, p.210.

신흥문예의 일종으로서 수용한 결과이며 따라서 일종의 과도기적인 것이었다고 할 수 있다.

구인회에 참가한 1934~1936년 사이에 박팔양은 모더니즘 계통의 작품을 발표하고 있다. 한국에서의 모더니즘은 20년대 말에 모색된 다다이즘이나 표현주의 문학을 계승하면서 일본을 거쳐 들어온 서구 모더니즘의 영향이 컸다고 하겠는데 물론 그것이 반드시 의도적이거나 계획적이기보다는 시인의 민감한 반응에 의한 것이었다고 보는 것이 옳을 것이다. 서구적 산업화나 도시화를 충분히 경험하지 못한 상태에서 모색된 우리의 경우는 그 존립근거가 허약했으며 폭넓은 공감대를 형성하지는 못했던 것이다. 따라서 이들이 경험한 도시문명은 충격으로 다가오고 이 경우 소외는 필연적인 것이 된다.

文明機關의 總神經이 이곳에 集中되어
오오! 現代文明이 이곳에 있어 警察署, 司法代書所, 裁判所, 絞首臺, 學校, 教會, 會社, 社交俱樂部, 停車場.
實驗室, 研究所, 運動場, 劇場, 陰謀團의 巢窟.
아아 精神이 얼떨떨하다.

-「都會情調」 일부[42] -

도시에 대한 그의 충격은 그야말로 '정신이 얼떨떨'할 지경이다. '도회는 强烈한 音響과 色彩의 世界'이며 '不規則한 直線의 羅列, 曲線의 徘徊'로 이루어져 있는 '表現派의 그림'과 같다. 그러나 그는 '나는 그것을 얼마나 사랑하는지 모른다.'라고 말한다. 그러나 그 도시에는 '외로워서 외로워서 우는 것같이 애스팔트 인도 우에 가느다란 비가 내리'고 '히스테리 환자, 눈물 흘리는 것같이 짜긋하고 가슴 빠근한 엷은 비애를 느끼게' 할 때 비애의 상징이 된다. 그것은 처음에는 애수 어린 낭만의 세계인 것처럼 보여서 '사랑'의 대상

42 <신여성> 1926.11.

이었지만 이런 도회에서 시인은 필연적으로 소외될 수밖에 없다.

이러한 소시민적 소외의식은 「하로의 過程」[43]에서 잘 나타난다. 전등이 시가의 야경을 장식할 때 '하로의 苦役에 넉을 일흔 얼골 검은 일군들은 맥업는 거름거리로 가난한 보금자리를 찾어가'고 '일업시 거리를 彷徨하는 數만흔 「룸펜」'들은 '헛되인 歎息'을 하게 되는 것이다. 즉 도시의 화려한 네온사인과 전등의 이면에는 왜곡된 삶이 구체적으로 제시되는 것이다.

이처럼 도시를 무의미한 일상과 기계적인 삶으로만 이해하고 그것을 우울, 권태와 같은 개인의 병리현상으로만 보는 것은 도식적인 모더니즘의 도시인식에서 벗어나지 않는다. 다시 말하면 그는 당대의 삶을 철저하게 내면화하고 재인식했다기 보다는 '새로운' 경향에만 머물고 말았으며 모더니즘의 일반원리인 도시문명과 인공미의 추구, 감각적 언어의 구사에는 도달했다 하더라도 그것이 지극히 피상적이고 짙은 애상성을 기초로 하고 있어서 모더니즘의 본질에는 이르지 못했던 것이다. 다만 그에게 의미가 있었다면 프로문예와 같이 그것이 새로운 풍경이었고 새로운 문학적 표현 수단이었던 것이다.

III-3 자연과 생명, 민족주의와 낙관주의

앞에서 우리는 박팔양의 시가 가지는 두 가지의 서로 다른 양상을 살펴보았다. 그 하나는 「데모」류의 프로시들이고 또 다른 하나는 「윤전기와 사층집」, 「도회정조」로 대표되는 다다이즘 또는 모더니즘과 관련되는 것들이었다. 그러나 전술한 바와 같이 그는 어느 한 곳에 머물러 있지도 못하였고 어느 한쪽에서 중심적 역할을 하지도 못 했다. 그는 단지 '새로운' 경향을 열심히 따랐던 것인데 여기에는 물론 그가 계속 새로운 뉴스를 좇아야 하는 신문기자 생활을 한 것과 무관하지 않을 것이다.

---

43 <중앙> 2호, 1933.12.

그러면 그가 문단의 이 양극 사이를 오고 가면서도 변함없이 추구했던 것은 무엇일까? 「데모」와 「윤전기...」가 그 양 극단을 형성하고 있다고 할 때 그 양극을 가능하게 한 구심력은 무엇이었을까? 우리는 먼저 그의 시에서 자연과 관계된 작품들을 많이 만날 수 있다. 이 경우 박팔양의 작품 중에서 동시와 민요적 시가 있다는 사실은 새로운 주목을 요한다.

시름에 겨워 턱을 고이고
窓 밧그로 마당을 보니
百年묵은 古木나무 가지에
부엉이가 안저서 우름을 운다
울지마라, 누 우는 소리

靑春에 죽은 누의 생각이 난다
철 몰러서는 가난으로 十年
철 아러서는 서름으로 十年
定해 노흔 二十年을 살고 가버린
누의 생각이 또다시 난다.

-「가난으로 十年 서름으로 十年」[44] -

고요한 봄 한낫에 풀밭에 누어
내 자라든 녯 고향 생각을 하니
구름이 아득하여 천리로구나
생각이 아득하여 천리로구나

남쪽으로 날으는 제비를 쌀어
이저버린 고향길 차저가 보자
늙으신 나의 부모 젊은 내 형제

44 <생장> 2호, 1925.2.

두고온 나의 고향 닛기 어려워

-「故鄕생각」[45] -

이 작품들은 1920년대 한국문학의 주류였던 소위 민요시들이다. 「가난으로...」는 민요시의 징후는 덜 나타나지만 당대에 유행한 '누이 콤플렉스'를 보여주고 있고 「고향생각」은 엄격한 7.5조 음수율을 맞춘 민요시이다. 20년대의 대부분의 시인들이 민요시 한두 편은 다 생산한 것이 사실이고 보면 이것 자체가 큰 의미를 가지지는 않는다고 할 수 있다. 20년대 민요시는 일종의 퇴행의식 하에서 쓰여졌고 소극적이고 수동적이었으며 민족이나 국가보다는 고향과 가족의 문제에 국한되어 있음은 잘 알려져 있는 사실이다. 즉 그들이 선택한 자연은 일종의 도피의 대상이었지 진정한 의미의 자연은 아니었던 것이다. 20년대 민요시들이 그 한계점으로 지적받는 것은 바로 이 때문이었다.

그러나 박팔양의 경우 우리는 그것을 좀 더 의미있는 것으로 받아들이게 된다. 그것은 곧 그의 자연에의 관심이 단순한 도피로서가 아니라 생명의 대지로서 인식되고 있기 때문이다. 그는 자연과 생명에 대해 다음과 같은 글을 발표하고 있다.

> 그러나 自然은 藝術家에게 잇어서만 貴重한 것이 아니다. 人生이란 그것이 이 自然의 一部分인 以上 자연은 실로 宇宙 그것인 同時에 人生 그것이요 人生 그것인 同時에 실로 전 生物界의 有機體들이 갖는 바 生命 그 자체일 것이다.[46]

박팔양에게 있어서 자연은 곧 우주이며 인생은 자연의 일부분으로서 생명 그 자체이다. 따라서 그에게 있어서 인생과 우주, 자연과 생명은 일치되어 있다. 박팔양은 다른 곳에서도 이와 관련한 자연사상을 이야기하고 있어서[47] 이

---

45 <삼천리> 1호, 1929.6.

46 박팔양, 「자연과 생명 1」, <동아일보> 1928.8.8.

것이 그의 확고한 신념임을 시사한다. 이러한 인식이 밑받침되었을 때 다음과 같은 작품들이 가능해진다.

> 그 후에 이르러 나는 비로소
> 너무나 큰 「한개의 神秘」인 것을 알았노라.
> 지극히 적은 버레 하나,
> 지극히 적은 풀닢 하나,
> 지극히 적은 돌뎅이 하나,
> 그리고 지극히 적은 씨앗 한 알 속에
> 숨어있는 커다란 神秘를 보았노라
>
> -「가을밤 한울 우에」[48] 6연 -

> 내가 흙을 사랑함은,
> 그가 모든 조화의 어머니인 까닭이외다.
> 그대는 보셨으리다. 여름 저녁에
> 곱게 곱게 피는 어여쁜 분꽃을!
> 진실로 奇蹟이외다. 그 검은 흙 속에서
> 어떻게 그렇게 고운 빛갈들이 나오는가,
> 그것은 아무도 모르는 宇宙의 秘密이외다.
>
> -「내가 흙을」[49] 1연 -

「가을밤 한울우에」를 비롯한 박팔양의 작품에는 월트 휘트먼의 영향을 받은 김석송의 분위기가 나타난다.[50] 우주의 지극히 작은 것에도 관심을 가지고

---

47 이와 관련된 것으로는「自然과 生命」(<동아일보> 1928.8.8~8.9.),「無題錄」(<조선일보> 1934.5.19.),「自然의 喪失」(<조선일보> 1935.7.6.),「漢水에 배를 띄어」(<조선일보> 1935.8.10~8.14.) 등이 있다.

48 <삼천리> 1931.9.

49 <시대공론> 1호, 1931.9.

50 이 책,「석송 김형원의 시와 시론」 참조.

의미를 부여하며 자유와 평등사상에 기초하여 그 생명성을 존중하는 것에서 두 사람이 서로 일맥상통하고 있는 것이다. 박팔양의 생명사상은 우주와 자연, 대지에 깊이 뿌리박고 있어서 대지는 '모든 조화의 어머니'이며 '진실로 기적'이며 '아무도 모르는 우주의 비밀'이다. 박팔양의 이러한 생명사상은 당대에 있어서 그 자체가 소중한 것이기도 하지만 더욱 가치있는 것은 그것이 긍정적 세계로 열려있다는 것과 함께 민족주의로 연결되기 때문이다.

친구께서는 길을 가시다가
길가의 한 포기 조그마한 풀을
보신 일이 잇으실 것이외다
짓밟히며, 짓밟히면서도
푸른 하늘로 적은 손을 내여저으며
긔어히 긔어히 살아보겟다는
길가의 한 포기 조고마한 풀을.

목숨은 하늘이 주신 것이외다
누가 감히 이를 어찌하리까
푸른 하늘에는 새떼가 날르고
고요한 바다에 고기떼 뛰놀 때
그대와 나는 목숨을 위하야
따우에 딩글고 또 딩글 것이외다.

- 「失題」[51] 일부 -

이 작품은 길가의 조그마한 풀이라 할지라도 그 목숨은 하늘이 주신 것이기에 소중한 것이며 '누가 감히 어찌'할 수 없는 고귀한 것임을 노래하고 있다. 한편 그 풀은 '긔어히 긔어히 살아보겟다는' 적극적인 의지를 내포함으로써 끈질긴 생명력을 보여준다. 비록 박팔양에게서 뿐만 아니라 풀 이미지는 우리

51 <조선문학> 5호, 1934.1.

문학사상 민중적 삶을 대변하는 것으로 나타나고 김수영의 경우처럼 그것이 시대적 요청에 의해서 더욱 강조되기도 한다.

대지와 자연, 우주에 대한 모성적 인식은 벌레, 풀잎, 돌멩이에까지 생명력을 불어넣고 자연의 순환을 긍정적으로 받아들이게 한다.

그러나 자연의 힘은 마침내 어느 틈엔지
천만년이나 지속할 것 같던 겨울의 폭위를 쫓고
우리도 모를 사이에 산과 들과 언덕과 드을에
생명의 소생을 재촉하는 다정한 봄바람을 보내며
「일어나라 일어나라 봄이 왔다」! 깨워 일으킨다.

(중략)

봄은 마침내 우리를 찾아오고야 말았다.
봄은 마침내 우리에게 돌아오고야 말았다.
自然은 마침내 우리들의 勝利를 宣言하고야 말았다.
오오 봄. 봄. 蘇生의 봄. 更生의 봄.
山과 언덕과 드을에 꽃피고 새소리 들리니
봄은 이제 完全히 勝利者의 봄이다.

- 「勝利의 봄」[52] 일부 -

자연의 규칙적 순환은 승리의 봄을 안겨주고 그것은 승리의 역사와 대응하고 있다. 이러한 신념이 역사적 사실과 더욱 밀접한 관련을 가질 때

이제야 온단 말인가 이 사람들아
이제는 그 지루하든 어둔 밤이 다 지나갔느뇨
千里 萬里 먼 곳으로 다 지나갔느뇨

---

52 <문학> 1호, 1936.1.

아아 지나간 밤의 지루하엿슴이여

- 「黎明以前」[53] 일부 -

라는 긍정적이고 낙관적인 세계관이 가능해지는 것이다. 그래서 그는 "내가 모든 幸福으로부터 버림을 밧고/붉은 주먹을 쥐고 죽엄을 부르지즈며 뛰어다닐 때/南大門은 그윽한 中에 나에게 말하엿사외다/「참고 준비하라! 이제 約束한 날이 온다!」고-"(「南大門」 일부, <동광> 9호, 1927.1.) 말한다. 따라서 박팔양에게 있어서 생명사상이 민족의 개념과 합치되고 자연의 순환논리에 의해 미래에 대한 낙관주의로 나타나는 것은 자연스럽다. 박팔양이 카프와 결별하게 되는 내적 동기나 모더니즘으로만 일관할 수 없었던 동기도 바로 이런 연유에 기인하는 것으로 보인다.

박팔양의 문학적 기저에는 이와같이 생명사상과 민족주의, 낙관주의가 자리하고 있어서 항상 구심력으로 작용한 것으로 보인다. 신경향파에서 다다, 모더니즘으로 극과 극을 오갈 수 있었던 것도 이러한 모성으로서의 회귀점이 있었기 때문이었고 그 중 어느 한 곳에서도 중심적인 역할을 할 수 없었던 것도, 그가 '새로움'을 찾아 항상 떠났지만 그 문학적 변주에서 다시 회귀하는 곳도 바로 이 지점이었다고 생각된다.

Ⅳ. 결 론

박팔양은 월북시인으로 묶여 경향파 시인으로만 알려졌으며 북에서는 숙청당한, 우리문학사의 질곡의 현장을 그 어느 누구보다도 생생히 경험한 시인이었다. 그는 <요람> 동인으로서 문학적 감수성을 획득했고 카프에 가담, 「데모」를 썼으며 구인회에 참가하여 「윤전기와 사층집」, 「도회정조」를 썼고 북

---

53 <개벽> 61호, 1925.7.

한에서는 요직을 거치면서 「진격의 밤」을 썼다. 그가 이렇게 양 극을 경험할 수 있었던 것은 신문기자로서 '새로운 것'을 좇는 직업상의 이유도 있었겠지만, 무엇보다 그 자신이 문학에서 항상 '새로운 것'을 추구했기 때문이라고 생각된다. 그렇지 않고는 그의 문학적 편력을 해명할 수 없기 때문이다. 그의 '새로움'의 추구는 문학적 관심을 분산시키는 결과를 초래했으면서도 한국문학의 다양한 체험을 할 수 있게 하였다. 그런데 그의 이러한 편력을 가능하게 했던 것은 바로 자연에서 생명력을 보고 자연의 순환원칙에 따라 미래에 대한 낙관적 태도를 가지고 있었기 때문이었다. 그것이 항상 구심력으로 작용하고 있었기 때문에 양 극단의 체험이 가능했고, 한편으로는 어느 쪽에 적극 가담할 수 없을 만큼 그 구심력은 그에게 굳건한 모성으로 자리하고 있었던 것이다.

사실상 미적으로만 박팔양의 작품을 다룬다면 그의 시는 경향시에서는 임화에 미치지 못하고, 모더니즘시에 있어서는 정지용을 비롯한 여타의 시인들에 미치지 못하는 것이 사실이다. 그 이유는 그가 양 극단을 체험했지만 그 어느 쪽도 본질에 도달하지 못했기 때문이었다. 그의 현실인식은 관념적이었고 새로운 경향은 단지 '새로운 것' 이상의 의미를 가지는 것이 아니었기 때문이다.

본고에서 북한에서 발표한 작품은 의도적으로 배제하였다. 그 이유는 북한에서 생산한 작품이 당성, 인민성, 계급성이라는 주어진 틀 속에서 만들어진 것이기에 시인의 자유로운 상상력 또는 자유의지와는 거리가 멀다고 생각하기 때문이었다. 향후 통일을 염두에 둔다면 이도 응당 긍정적이든 부정적이든 하나의 일관된 틀 속에서 논의되어야 한다고 생각한다.

4. 권환(權煥) 시의 내적 지속성

Ⅰ. 서론

권환(1903~1954)의 시 경향은 대체로 3기로 구분되어 논의되고 있다. 초기에 해당하는 1기는 그가 문학활동을 시작한 1920년대 중반부터[1] 카프가 해체되고 전향한 1930년대 중반까지이며 중기에 해당하는 2기는 카프해체 이후 해방이 될 때까지, 그리고 후기에 해당하는 3기는 해방 이후 다시 작품활동을 한 1947년까지를 말한다.

'권환의 존재가 눈부신 것은 어디까지나 카프문학 초기 단계의 전형성이란 곳에 놓여 있기 때문'[2]이라는 지적처럼 이 세 시기의 시들 중 특히 1기의 작품

---

1 지금까지 알려진 권환의 첫 작품은 1925년 <신소년>에 발표한 아동문학작품 「아버지」이다. 이후 1927년까지 <신소년>에 소년소설과 동시를 다수 발표하였다. 이 시기는 그가 휘문고보와 일본 야마가타(山形)고등학교를 거쳐 1926년에 경도제국대학에 입학하던 무렵이다. 그러나 그의 본격적인 문학활동은 1930년 부터라고 할 수 있다. 앞으로 연구 결과에 따라 그의 최초 작품은 수정될 가능성도 있을 것으로 보인다. 이장렬, 「권환 문학 연구」, 경남대학교 대학원 박사학위논문, 2003, 참조.

2 김윤식, 「권환론」, 『작가론의 새 영역』, 강, 2006, p.19.

들이 문학사에서 중요하게 취급되어왔다. 따라서 그간의 연구는 해금 이후 일차적으로 이 1기의 작품들에 초점이 맞추어져 왔고[3] 그 반대급부로 전향 이후의 2기 작품이 주목을 받아 왔으며 다시 1~3기의 전 시기의 문학을 관통하는 지속성에 관심이 주어지고 있다.

권환의 1기의 시들은 그가 카프의 2차 방향전환을 주도하며 문학의 볼세비키화를 이끌던 때여서 계급투쟁을 목표로 하는 아지프로시[4]가 주류를 이루고 있다. 이 작품들은 결국 카프를 대표하는 것들이면서 이후 카프 내에서의 방향성 문제와 직결되어 있다. 2기의 시들은 카프가 해체되고 전향을 하고 난 이후 주로 김해 박간농장(迫間農場)에서 농사를 지으며 쓴 것들로서 그 내용은 내면천착과 일상생활에 치중해 있어서 1기의 사회의식에 비하면 현저하게 후퇴한 것으로 보이는 것들이다. 해방 이후의 3기의 시들은 다시 급변하는 시대적 과제에 충실한 급진적인 작품들로서 경향상으로는 1기의 연속으로 보이면서도 새로운 국면을 타개하지는 못한 것으로 평가되어 개인적인 의미 외에 큰 주목을 받지는 못하고 있다.

문제는 1기와 2기의 작품경향의 편차가 아주 커서 그것을 단절로 보느냐 연속선상의 변화로 보느냐에 있었다. 1기의 작품에 치중하여 보면 2기의 작품들은 피상적으로는 순수문학에 심취한 한 전향자의 자기 독백 이상이 아니며 당대의 문학적 수준에 비추어 크게 돋보이지도 않기 때문에 당연히 부정적 평가를 받을 수밖에 없다. 따라서 2기의 작품들은 1기와 3기를 연결하는 매개항으로서의 의미를 부여받을 때 비로소 논의의 가치가 주어질 것이다. 여기에

3 해금 이후 곧바로 나온 논문들이 대체로 여기에 해당한다. 대표적인 것으로는 김재홍, 「볼셰비키 프로시인, 권환」, 『카프시인비평』, 서울대학교출판부, 1990. 정재찬, 「시와 정치의 긴장 단계(권환론)」, 윤여탁·오성호편, 『한국현대리얼리즘 시인론』, 태학사, 1990. 오성호, 「권환 시의 변모와 그 의미」, 『한국근대시문학연구』, 태학사, 1993. 등이 있다.

4 아지프로*agi-pro*는 agitation propaganda의 줄인 말로서, 아지프로문학이란 선동·선전하기 위하여 쓴 문학을 말한다.

서는 이 2기의 작품들을 집중적으로 검토함으로써 1~3기를 관통하는 권환 문학의 지속성의 측면을 살펴보고자 한다.

서정시는 순간의 감정을 표현하는 양식으로서 생의 순간적인 지각에 의존한다고 할 때 각 작품은 별개로 존재하는 것이지만 그 순간적 지각도 시인의 일생을 관류하는 세계관 위에 존재한다고 보면 각 작품들은 어떤 방식으로든 서로 맥이 닿아 있을 것이며, 따라서 우리가 한 시인의 작품들을 대상으로 하여 전체를 관통하는 지속성을 문제 삼는 것은 곧 그 시인의 서사적 맥락을 추구하는 것과 같다고 할 수 있다. 순간적 판단도 결국은 전체적 서사의 맥락 위에 있을 때 비로소 의미가 있을 것이기 때문이다. 2기의 시에 관심을 가진 논문들은 대개 이러한 관점 위에서 권환의 문학을 전체적인 맥락에서 보고 1기와 3기를 가능하게 한 근거를 확보하려고 한 노력들이었다.[5]

우리가 이 2기의 작품들을 무시할 수 없는 것은 대체로 다음과 같은 이유 때문이다.

첫째로 지적할 수 있는 것은 그의 문학 경력 중에서 이 2기가 기간이 가장 길며 작품수도 가장 많다는 점이다. 1925년부터 그가 작품을 발표하였다고는 하지만 습작기에 해당하는 아동문학 작품들을 지나서 본격적으로 작품을 발표하는 것은 1929년 6월 카프 동경지부에서 간행한 <무산자>에 「이 꼴이 되다니」를 싣고부터이다. 다음 해인 1930년이 되어 「정지한 기계」 등을 <조선지광>에 실으면서 그는 본격적으로 문학활동을 하게 된다. 이후 시집을 낸 것은 『자화상』(조선출판사, 1943), 『윤리』(성문당서점, 1944), 『동결』(건설출판사, 1946) 등 세 권인데 『동결』은 앞의 작품들을 거의 재수록한 수준이므로 결국 해방 직전, 일제가 침략전쟁으로 모든 물자가 부족하던 그 어려운 시기에 한

5 권환의 시를 전체적으로 파악하고자 한 관점은 김종호, 「권환시 연구」, 상지대학교 대학원 석사학위논문, 1994. 허정, 「권환 시의 변모와 연속성」, 『먼 곳의 불빛』, 창작과비평사, 2002. 김경복, 「권환 시에 나타난 유토피아 의식 연구」, <한국문학논총> 제46집, 한국문학회, 2007. 등이 있다. 특히 김경복은 권환의 문학의 지향점을 사회적 유토피아, 심미적 유토피아로 논하여 새로운 관점을 제시하였다.

글로 된 두 권의 시집을 상재하였다는 것, 따라서 그로서는 어쨌든 거기에 큰 의미를 부여하고 있었을 것이다.

두 번째는 이 2기의 작품들이 1기와 3기의 중간에서 매개항의 역할을 하고 있어서, 단순한 순수 서정시가 아니라 거기에 개인의 서사적 맥락이 존재할 것이라는 기대 때문이다. 실질적으로 해금 이후 초기의 연구자들이 이 시기의 작품들을 순수 서정의 세계로 변절해 간 것으로 보아 부정적으로 평가한 반면, 이후의 논자들은 거기에서 1기의 세계관이 내면화되어 있으면서 그것이 간접적으로 표출되고 있다고 보고 있다.

세 번째는 이 시기의 작품들이 사실상 권환의 문학을 대표하는 것으로 보이는 까닭이다. 권환은 시집 『동결』 서문에서

> 나의 시작에 있어 해방 이전의 본격적 활동시대는 1932~3년 전후의 프로 예술운동 전성시대였다. 그러나 그 때 신문잡지에 발표된 나의 시고(詩稿)는 그 후 거익우심(去益尤甚)했던 일제의 탄압으로 일 편도 시집에 발표되지 못하고, 또 대부분 보존되지도 못 하였다. 이것이 나의 가장 통분히 여기는 바이다. 나는 금후 가능한 한 민몰(泯沒)된 그것들을 찾아내어 자유로운 이 세상에 내놓으려 한다.[6]

라고 한 바 있다. 즉 카프 전성기에 발표한 작품들이 일제 탄압으로 소실되었다는 뜻인데[7] 그럼에도 불구하고 해방 이후에 그가 보여준 문학 행로는 그리 만족스럽지 못하다.

이른바 해방정국 몇 년간은 우리 현대사에서 유일하게 사상 선택의 자유가 주어졌던 시기[8]였음을 고려한다면 일제의 탄압이 거세된 상태에서 그의 억압

---

6 권환, 『凍結』, 건설출판사, 1946.

7 그런데 실상 1930년대 초엽의 작품 중 제목만 전하고 있는 것은 약 5~6편 정도이다. 이장렬, 앞의 글 참조.

8 김윤식, 『해방공간의 문학사론』, 서울대학교출판부, 1998, pp.18~19.

되었던 표현의지는 얼마든지 자유롭게 분출될 수 있었을 것이다. 그런데 이 시기 그의 작품들은 대다수 논자들이 1기와 같은 경향으로 취급하거나 무시할 정도로 1기의 수준에서 크게 벗어나지 못했고 어떤 면에서는 더 후퇴한 것으로 보이기도 하는 것이다.[9] 그의 진술을 그대로 수용한다고 하더라도 아직 발굴되지 않은 작품들의 경향은 1기와 3기의 작품들과 크게 다르지 않을 것이라는 추정이 가능하며, 따라서 시집에 실린 2기의 작품들의 위상은 그만큼 더 높아지게 된다. 그런 의미에서 본다면 권환에게 있어서 문학의 본령은 그의 고백과 달리 어쩌면 1기나 3기의 작품들이 아니라 이 2기의 작품들일 수도 있다는 생각이다.

그러므로 두 권의 시집에 실린 작품들을 위주로 그의 시가 지향하는 점은 무엇이며 전 시기를 걸쳐 그의 시를 관통하고 있는 가치가 무엇인지 살펴보는 것은 각 시기에 따라 현격한 차이를 보이는 권환의 작품들을 일관된 맥락 위에서 이해하게 해 줄 것이다.

II. 순수지향과 신념의 내면화

권환이 그의 문학 활동 중에서 일관적으로 주장한 것은 현실의 반영에 관한 문제였다. 이는 카프의 출발동기가 당시의 비현실적 서정시에 대한 비판에서 시작되었으므로 카프의 맹원이었던 그에게는 당연한 일이었을 것이다. 그의 시론의 근본적인 물음은 '시가 현실에 어떻게 대응해야 하는가?'였는데 주목되는 점은 그것에 대응하는 방식이 시간이 경과하면서 변모해 나간다는 점이다.

---

9 이 시기의 시는 대체로 세계정세의 본질을 파악하지 못하고 막연한 기대와 구태의연한 투쟁적 세계관만 제시하고 있다. 따라서 '8.15 후에도 전면적으로 역사와 현실을 시에 수용하는 일에 실패했음을 뜻한다.'는 부정적 평가를 받게 된다. 김용직, 『현대경향시 해석/비판』, 느티나무, 1991, p.78.

그는 문학초기에 해당하는 1기에는 문학의 사회적 기능을 강조하면서 사회변혁까지를 염두에 두고 있었고 그 목적을 달성하기 위해서 문학의 본령을 위협하는 최대 극한상황까지 시를 몰고 나갔다. 그는 부르조아 문학과 프로문학을 대비시키고 프로예술의 투쟁대상을 부르예술만이 아니라 부르조아 전체에 두자고 역설한다. 투쟁의 대상은 부르조아 사회 전체이며 '유일한 주요목적은 우리 노동자 농민계급을 아지 프로하여 미조직된 그이들을 조직시키고, 조직된 그 조직을 더 강화케 하는 데 있다.'[10]는 것이다.

그러나 이러한 그의 강경론은 시간이 경과함에 따라 조금씩 변모하여 부르문학의 퇴폐적 산물이라고 여기던 '연애요소'를 용인하거나[11] '우리는 과거에 한동안 날쌀, 날배추에 구미를 잃은 적이 많았다.'[12]고 하면서 자신의 옛 작품을 가공하지 않은 날쌀에 비유하여 일정 부분 비판을 가하는 모습을 보이기도 한다. 이후 그는 현실에 대해서 매우 폭넓게 완화된 태도를 취하고[13] 소위 '판타지*Phantasie* 시론'[14]까지 나아가지만 그럼에도 불구하고 문학이 현실을

---

10 권환, 「무산예술운동의 별고와 장래의 전개책」, <중외일보> 1930.1.10~31.

11 권환, 「최근의 문예작품」, <조선일보> 1939.5.22. 여기에서 그는 엄흥섭의 소설을 통속성과 예술성이 교묘하게 조화되었다고 평한다. 이는 그 이전 임화를 공박하던 것에 비하면 크게 후퇴한 것이다.

12 권환, 「고정된 시상」, <조선일보> 1940.3.13~14.

13 권환은 현실에 대해서 '인간생활의 진리'라고 정의함으로써 '보편적 진실'을 주장한다. 이는 초기의 노농자의 삶과 관련된 정치경제적 현실, 또는 생산현장의 현실에 비해서 현저하게 완화된 태도이다. 권환, 「현실과 신시대의 시」, <조선일보> 1940.2.27~29.

14 그는 「시와 판타지」(<조광> 1940.12.), 「예술에 대한 이미지의 역할」(<조광> 1941.6.) 등에서 구체적으로 판타지시론을 전개한다. 결론적으로 판타지시론은 <실재의 형상> → 이미지(심상) → 판타지 → 구상력 → <예술작품>으로 그가 도식화한 것처럼 현대시론에서 말하는 상상력과 밀접한 관련을 가지는 것으로서 그만큼 초기에서 말하던 현실과의 거리는 멀어진 셈이다. 그러나 그의 시에서 이 판타지시론이 구체적으로 적용된 작품은 보이지 않는다는 것이 필자의 생각이다. 대체로 그의 작품은 서경의 세계에 머물거나 연상적 상상력에 의해서 구축되어 있어서 상상력의 진폭은 크지 않다. 판타지시론에 대해서는 박정선이 언급하였다. 박정선, 「시대의 반서정성과 서정시의 반시대성」, <어문학> 제108집, 한국어문학회, 2010, 참조.

반영한다는 측면과 함께 삶의 현장으로서의 현실을 결코 방기하지는 않았다.

> 직접 간접 농민생활과 아무런 관련없는 자연묘사를 필요 이상으로 나열하여 대자연에 압도 도취되도록 하면 그것은 농민문학이라기보다 전원문학이 되고 말 것이다. 전원문학은 농민생산 생활보다도 자연 그 물건을 위하여 그것을 찬미하며 그것을 묘사하는 문학이다.[15]

이 지점에서 우리는 권환의 현실수용에 관한 이론이 1기에 비해서 엄청나게 후퇴를 거듭하였음에도 불구하고 농촌생활을 배경으로 한 2기의 시들이 쉽사리 감상으로 빠지거나 퇴폐적 공간으로 전락하지 않은 근거를 확보하게 된다. 즉 그는 어느 순간에나 현실의 문제, 삶의 현장으로서의 현실을 외면하지 않고 지속적으로 관심의 대상으로 삼은 것으로 보이기 때문이다.

II-1 순수동경과 퇴행의 공간

2기의 시에서 두드러지게 부각되어 나타나는 것은 순수 서정시의 범주에 포함하는 작품들이 많다는 것이다. 카프의 맹원으로서 볼세비키 원리주의자였던 그의 전력에 비추어 본다면 이는 틀림없이 엄청난 후퇴이며 1기의 시들과 '단절'로 보일 만큼 그 세계관의 격차가 큰 것이 사실이다. 이는 전향을 할 수밖에 없었던 사회적인 여건, 불확실한 미래에의 전망, 개인적으로는 폐결핵과의 투병 등이 그에게 복합적으로 작용한 결과일 것이다.

그럼에도 불구하고 박간농장에서 일하던 김해 시절이 그의 아내로서는 가장 행복한 시절이었다고 생각될 만큼[16] 이 시기 그의 생활은 안정되어 있었던

---

15 권환, 「농민문학의 제문제」, <조광> 6권 9호, 1940.9.

16 조봉제, 「가난과 병고로 생애를 마치다-시인 권환의 경우」, <문학세계> 1993.3~4월호, 이장렬, 앞의 글에서 재인용.

것으로 보인다.

먼저 눈에 뜨이는 것은 아지프로에서의 급진적인 신념이 배제되고 순응주의에 입각하여 일상생활에서 행복을 맛보는 소시민적 삶의 모습이다.

부엌에 드나드는 아내의 얼굴
오늘은 유달리 혼자 좋았다
빙글빙글 오래간만에

오늘 아침 나누었던 두부 채
그 중에서 조금 제일 커더란다.

-「두부」[17] 전문 -

따스한 가을 햇빛
양털보다 부드럽다

노-랗게 물들린 뜰
금박(金箔)처럼 반짝이다

햇빛을 그리여
햇빛을 사랑하여

왔다갔다하는 개미 떼

또 보았을까
이보다 더 행복스러운 풍경을

-「행복의 풍경」[18] 전문 -

---

17 권환, 『윤리』, 성문당서점, 1944. 출전은 원 시집을 밝히되 띄어쓰기나 철자법은 황선열 편의 전집을 따른다. 황선열 편, 『권환 전집, 아름다운 평등』, 전망, 2002.

18 권환, 『윤리』, 성문당서점, 1944.

이 작품들은 농촌생활에서 느끼는 정신적 여유와 소시민의 소박한 행복을 구가하고 있다. 아침에 나누어 든 두부가 다른 것보다 조금 더 크다는 것에서 느끼는 아내의 소박한 만족감은, 행복이란 것이 극히 개인적인 차원의 것으로서, 이념이나 거대한 사회적 구조에서 오는 것이 아니라 극히 사소한 일상에서 오는 것임을 말해 주고 있다. 여기에서는 세계를 보는 시각이 사회혁명투사로서의 모습이나 지도자의 모습이 아닌, 극히 평범한 한 농부이자 남편으로서 담담하고도 평화롭게 나타나 있다.

「행복의 풍경」에서 나타나는 것처럼 이 시기의 작품들은 대개 이념이 선행하지 않고 객관적 시각과 거리를 유지하고 있다. 이런 모습은 이 외에도 '머리 위 바구니엔/구공탄 일곱 개/손에는 얼간 조기 세 마리//붉은 석양 햇빛을 등에 이고/빙글빙글 언덕 위로 올라가는 여인'(「미소」 전문)처럼 이념이 전적으로 배제된 상태에서 서경적 묘사에 치우치는가 하면 갈등이 없는 평화로운 농촌의 풍경들이 묘사되기도 한다.

얼큰히 기분좋게
아버지는 오래간만에 취하였다

배나무 밑 분네집서
추탕(鰍湯)하고 한껏 자신 것이다

몇 번이나 되풀하였다 반쯤 혀 굳은 소리로
우리 집 운수도 인젠 돌아온다고

빙글빙글 두 손을 마주 부비며
어머니도 어쩔 줄을 몰랐다

팔년동안 면(面) 급사로 있던 내 아우가
오늘 서기로 승급한 것이다.

- 「행복」[19] 전문 -

바다같은 누런 낙동강 물이
뭉게뭉게 밑치등꺼정 차 올라와
삼대같은 갈 베내고 심어 논 모포기
삼간 새다리집
항아리 바가지 외양간에 황소꺼정
모조리 둥둥 떠나간 사년전 이야기
오늘밤도 또 할아버지는
재미나게 이야기하였다

가물가물 타는 생선기름 등불 밑에
덕석 새끼를 꼬면서

- 「추야장(秋夜長)」[20] 전문 -

동생이 급사에서 면서기로 승진한 데 따른 온 가족의 만족감과 거기에 수반되는 행복, 새끼를 꼬면서 4년 전의 큰 홍수를 '재미나게' 이야기하는 할아버지의 모습은 당대의 시대적 현실은 배제된, 극히 사소한 개인적 일상이다.[21] 이러한 작품들은 자아와 세계가 갈등을 일으키지 않고 동일시된다거나 서사적 맥락보다는 생의 순간적 파악을 위주로 한다는 서정시의 본질에 닿아 있어서 사회적 현실의 모순을 극복하기 위해 아지프로의 수단으로 쓰여진 1기의 시와는 전적으로 배치되고 있다고 할 것이다.

이런 경향을 대표하는 것이 「심자한(心自閑)」이다.

깻잎 냄새 벼꽃 냄새
들풀 냄새 구수하게

19 권환, 『윤리』, 성문당서점, 1944.
20 권환, 『윤리』, 성문당서점, 1944.
21 「금상첨화」에서도 이와 유사한 성취감이 제시된다. 개천가 장서방이 학교 소사로 있다가 넓다란 근속표창을 받고 또 푼푼이 모은 돈으로 문전옥토 서마지기 논을 흥정한 것이 금상첨화로 온 동네에 소문이 난 것이다.

좁은 골에 차다

건너 산에 끼럭끼럭
장끼 우는 소리
이 편 산을 울리다

구름 그림자를 쫓아
언덕길로 달아가는 그대
두메 재미가 어떠한가 대관절

긴 휘파람만 먼 산 보고 불었다
혼자 빙그레 웃으며

- 「心自閑」[22] 전문 -

이 작품은 제목부터 이태백의 「산중문답」을 모방한 것으로[23] 자연 속에 묻혀 유유자적하며 사는 기쁨을 표현하고 있다. 후각과 청각적 이미지로 평화로운 자연상태의 산골 마을을 묘사하고 거기에 시적 자아의 심경을 서정적으로 드러내고 있다. 자아는 산중에 은거하면서 세속의 모든 욕망을 초탈한 모습으로, 마치 신선의 경지에 들어선 느낌을 준다. 여기에서는 속악한 현실은 철저히 배제되고 동양적 이상향만 제시되어 있을 뿐 당대의 현실적 감각은 전혀 찾아볼 수 없다. 이는 말하자면 그가 시론에서 경계한 전원시에 해당할 것이다.

그러나 권환이 이러한 일상 자체에 끝까지 만족하며 매몰되고 있지는 않았다. 그는 이런 일상에서 나아가 티끌 하나 없는 순수의 세계를 꿈꾸기 때문이다.

---

22 권환, 『윤리』, 성문당서점, 1944.

23 제목 '心自閑'과 대답없이 휘파람을 불며 빙그레 웃는 것은 이태백의 「山中問答」중 '笑而不答心自閑'에서 따온 것이다. 박정선, 「시대의 반서정성과 서정시의 반시대성」, <어문학> 제108집, 한국어문학회, 2010, 참조.

박꽃같이 아름답게 살련다
흰 눈같이 깨끗하게 살련다
가을 호수같이 맑게 살련다

손톱 발톱 밑에 검은 때 하나없이
갓 탕건에 먼지 훨훨 털어버리고
축대 뜰에 티끌 살살 쓸어버리고
살련다 박꽃같이 가을 호수같이

- 「윤리」[24] 일부 -

구취나 날세라 위 아랫니
양치질 깨끗이 하고
살렵니다 북악산 위 구름같이

- 「윤리(2)」[25] 일부 -

작품 제목이 곧 시집의 이름인 것으로 보아 작가는 이 작품들에 특별한 의미를 부여하고 있었을 것이다. 박꽃, 흰 눈, 호수같이, 손톱 밑에 때 하나 없이, 양치질하고 살고자 하는 것은 때나 구취로 표상되는 일상의 세속적인 의미를 떠나고자 하는 염원일 것인데 그것을 윤리라고 이름한 것은 그렇지 못한 현재의 일상이 비윤리라는 뜻이다. 말하자면 지금의 자신이 때 묻고 더러운 상태에 있다는 뜻으로 그것은 아마도 카프 맹원이었던 자신이 전향하고 체제에 순응하여 현재에 만족하며 살아가는 비굴한 모습을 빗댄 것으로 추정할 수 있다. 따라서 그에게 있어서 윤리라는 세계는 세속의 때 묻은 일체의 것들이 제거된 상태, 티끌 하나 없이 투명한 순수의 상태를 염두에 둔 것으로 보인다.

---

24 권환, 『윤리』, 성문당서점, 1944.
25 권환, 『윤리』, 성문당서점, 1944.

순수동경이라는 이런 심리적 배경은 자연스럽게 고향과 유년, 어머니로 연결된다. 고향과 유년, 모태는 과거로의 회귀를 뜻하며 이들은 퇴행*regression*의식[26]의 대상이라는 점에서 동일하다. 그것은 일종의 현실도피로서 정신적인 위안을 구하기 위한 것이며 부정적 현실에 대해서 적극적으로, 미래지향적으로 나아갈 의지가 결여되었을 때 선택되는 것이다. 이는 1920년대 시인들이 선택했던 죽음이나 동굴, 침실, 향수의 세계와 다르지 않다. 말하자면 이들은 당대 시인들의 현실로부터의 심리적 방어기제 역할이라는 동일한 선상에 있는 것들이어서 대상만 각각 달리할 뿐 그 배경은 같기 때문이다.[27]

현재, 여기를 부정적으로 평가한다면 그것을 치유하기 위한 방식은 두 가지이다. 하나는 적극적이고 미래지향적으로 그것을 타개해 나가는 방식이고 다른 하나는 안전한 과거로 회귀하는 것이다. 권환의 경우 1기에서는 사회구조적 모순을 타개하기 위한 방식을 적극적으로 선택하였다면 지금은 그것이 좌절되었고 개인적으로나 사회적으로 그것이 더 이상 허용되지 않으므로 그것을 타개하기 위한 방식이 퇴행의 양식으로 나타났다고 할 수 있다. 따라서 그의 시에 나타나는 유아기, 어머니, 고향은 심리적 방어기제로서 동일한 성격을 가진다.

어머니! 들려주옵소서
황소 울음같은 자장가를
긴 해안선을 혼자 달아가는
기관차 소리같은 자장가를

- 「윤리(2)」[28] 일부 -

---

26 오세영, 『한국낭만주의시연구』, 일지사, 1982.

27 김은철, 『한국 근대시 연구』, 국학자료원, 2000, pp.107~109.

28 권환, 『윤리』, 성문당서점, 1944.

어머니는 행복스럽게 웃었다
붉은 연꽃은 그러나 다 피기도 전
푸른 호수와 함께 사라졌다

- 「어머니의 꿈」[29] 일부 -

어머니는 순수한 유년의 기억 속에서 너그러운 품을 가진 모태로, 또는 자식을 믿고 눈물로 호소하는(「시계」) 모습으로 묘사된다. 여기에 자연스럽게 유년과 고향이 결합되어 평온하고 순수한 유아기 때의 가족, 가정으로 돌아가 시인은 비로소 마음의 평정을 얻는다.

저 건너 강 언덕
감나무 숲 우거진 속
한낮에 닭 우는 소리
은은히 들리는 그 동리엔

걱정도 미움도 아무 것도 없고
색시란 색시는 다 해당화같이 아름다운 줄
어릴 때 난 언제나 생각하였습니다.

- 「추억」[30] 전문 -

과거로의 퇴행은 그 이유가 명백해진다. 거기에는 '걱정도 미움도 (비속한 것은) 아무것도 없'는 '해당화같이 아름다운' 공간이기 때문이다. 그리하여 그는 '내 고향의 뒷산/나는 온 하루 밤을 자지 못했다/그 산 이름을 생각해 내려고/깜박 잊어버린 그 이름을'(「뒷산」 일부)이라며 밤잠을 뒤척인다. 할아버니와 어머니, 그리고 어린 시적 화자가 함께 등장하는 공간이 설정되면 거기에서 화자는 비로소 평안해지는 것(「접동새」)이다.

29 권환, 『자화상』, 조선출판사, 1943.
30 권환, 『윤리』, 성문당서점, 1944.

특이한 것은 대개의 경우 퇴행의식에서 쓰여진 20년대 유년과 향수의 시들이 눈물과 좌절, 패배의식과 결합되어 나타나는 것과 달리 권환의 경우 감상이나 퇴폐적인 모습으로 나타나지는 않는다는 점이다. 그 이유는 위에서 언급한 바와 같이 그가 향수나 유년을 심리적 방어기제로서 도피의 공간으로 설정했다고 하더라도 거기에 몰입해 들어가 그 자체에 젖어 있었던 것이 아니라 삶의 현장으로서의 현실을 견지하고 있었기 때문이다. 말하자면 부정적 현실을 인식했을 때 순수의 공간을 지향하게 되었고 그것이 유년이나 향수로 나타나기도 하였지만, 그것을 도피의 수단으로 삼아 자체에 몰입하여 현실을 슬퍼하며 방기하지만은 않았다는 뜻이다.

그가 농촌 현실을 대상으로 하여 그 자체를 찬미하고 묘사하는 전원문학을 경계한 것은 그의 시론에서 본 것이지만 실제로 그는 현장에 있는 농민으로서의 모습을 구체적으로 그리기도 하였다.

금년 보리는 오래간만에 필만치 되었다
지난겨울 하늘이 맑은 덕택으로
그리고 한 마지기에 2원어치나 소금 비료 거름을 한 탓인지
땅 정기를 한껏 마음대로 빨아당겨서
보리싹이 송곳같이 꼿꼿하고 쪽(藍)같이 검푸르다
(중략)
이쪽저쪽 힘껏 쳐라
그래서 흙기름이 골고루 한껏 보리를 덮게
아직도 한 배미가 잔뜩 남아 있는데
해는 벌써 먹골 뒷산에 걸리려 한다

- 「보리」[31] 일부 -

31 <조선문학> 1939.4.

그는 지금 보리를 바지게를 받쳐놓고
논 언덕 위에 우두커니 앉아 있다
등바닥 해진 낡은 삼베옷
허-연 머리카락을 가을바람에 휘휘 날리면서
곰방대를 빼꿈빼꿈 피우고서
일곱 마지기 논을 내려다보고 무엇을 생각는지?!

- 「곽첨지」[32] 일부 -

이로 미루어 보면 김해 시절의 그는 농촌 현장에 더욱 밀착되어 있었으므로 구체적인 현실감각을 유지하였던 것으로 보인다. 김해 시절에 쓴 2기의 작품들이 모두 식민지 말기라는 당대의 처참한 현실과 직결된 것은 아니지만 퇴행의 공간에서도 감상이나 퇴폐적인 곳으로 떨어지지 않은 것은 그가 주장한 바, 대상 자체를 '찬미하고 묘사하는' 전원문학을 경계하면서 현실감각을 끊임없이 추구한 결과로 생각된다. 즉 그가 지향한 순수의 세계는 퇴행의 공간과 연결되지만 현실감각이 계속적으로 유지됨으로써 감상과 퇴폐에서 벗어날 수 있었던 것이다.

II-2 신념의 내면적 지속

권환이 김해시절의 일상에서 안정적이며 소박한 소시민의 행복을 느끼며 살았다고 하더라도 그것이 그를 완전하게 충족시켰으리라고 기대하기는 어렵다. 왜냐하면 사람의 일생이란 것이 하루하루 단편의 연속이라 할지라도 그것은 일생이라는 거대한 서사적 맥락 속에 있기 때문이다. 하물며 카프내의 엘리트로서 핵심 이론가였던 그가 비록 전향을 하였다고 하지만 상흔이 감쪽같이 지워질 수는 없을 것이기 때문이다. 이 경우 우리는 당연히 그의 카프 시기

32 <동아일보> 1939.5.13.

의 세계관의 흔적에 관심이 쏠리게 되는데 사실상 그 흔적은 그의 시집 제목에서부터 드러난다고 보아야 한다. '자화상'과 '윤리'는 곧 지난 시절 그의 행적에 관한 자신의 메시지를 함축적으로 드러내고 있기 때문이다.

1943년 8월과 1944년 12월이라는 시기에 한글로 된 시집을 두 권이나 냈다는 것은 그 자체로도 특이한 일일 것인데[33] 두 시집의 발행자가 임화라는 것, 시집 『윤리』의 저작자가 개명된 權田煥으로 되어 있고 인쇄소가 경성대화숙 인쇄소로 되어있는 것 등에서 저간의 사정을 어느 정도 짐작할 수 있다. 구체적으로 어느 정도까지인지 알 수 없지만 상당 부분 일제에 협조하지 않고는 이런 일은 불가능했을 것이기 때문이다.[34]

시집 『자화상』에는 전향을 하고 현실에 안주하여 살아가는 자신의 심리적 갈등과 고뇌가 고스란히 담긴 작품들이 많다.

A
거울을 무서워하는 나는
아침마다 하-얀 벽바닥에
얼굴을 대보았다

그러나 얼굴은 영영 안보였다
하-얀 벽에는
하-얀 벽뿐이었다
하-얀 벽뿐이었다

---

33 모든 물자가 부족하던 이 시기에 시집을 내는 것은 지극히 이례적인 일이어서 시집을 낸 사람은 일제에 적극 협력하였던 김동환, 노천명 정도였다.

34 그런데도 불구하고 그의 일제 협력행위는 크게 드러나지 않는다. 시집에 실린 몇 편의 작품도 그 정도가 상대적으로 약한 편이고 다른 작가들에 비해서 드러내어 일제에 부역한 흔적은 나타나지 않는다. 아지프로의 선두에 있었던 권환으로서는 일제에 협조하는 아지프로시를 쓰지 않은 것이 특이할 정도이다.

B
어떤 꿈많은 시인은
제2의 나가 따라 다녔더란다
단 둘이 얼마나 심심하였으랴

나는 그러나 제3의 나...제9의 나...제00의 나까지
언제나 깊은 밤이면 둘러싸고 들볶는다

- 「자화상」[35] 전문 -

이 시는 극한상황에 몰린 자아의 자의식 분열을 극명하게 보여주고 있다. 아마도 그는 자신을 둘러싼 극도로 악화된 사회적 상황과 질병에 시달리는 육체적 조건에서 정신적으로는 양심의 가책에 시달리고 있었을 것이다. 자신의 모습을 있는 그대로 보여주는 거울이 무서워 하얀 벽바닥에 얼굴을 대어 보는 행위는 거울을 보는 것 자체가 자의식에 대한 두려움을 유발하기 때문이다. 이런 자의식의 분열은 제2의 나가 따라다니는 정도는 '심심한' 것으로 보일 정도로 제3...제9...제00까지 분열되어 나타난다는 것으로서 그만큼 그의 내면은 극한상황에 치달아 있었다는 것을 의미한다. 그의 내면의 분열양상은 서서히 붕괴되어 가는 진보적 지식인으로서의 자아와 비속한 일상성 속에 함몰되어 가는 소시민으로서의 자아의 갈등으로 인한 것일 것이다. 그것은 현실의 논리에 따라 과거의 삶을 부정하려는 의식과 그것을 허용치 않으려는 일종의 자존심의 분열이라고 할 수 있다.[36]

그런데 이 작품에서 드러나는 것처럼 그의 자의식은 밤이면 살아나와 자신을 괴롭히고 있다. 권환의 시에서 이처럼 밤, 또는 꿈이 나타나는 경우는 '그것은 무거운 안개가 땅을 덮은/무덥고 별없는 어느 여름밤 꿈이었다'(「하몽」),

---

35 권환, 『자화상』, 조선출판사, 1943.

36 오성호, 「권환 시의 변모와 그 의미」, 『한국근대시문학연구』, 태학사, 1993, p.351.

'나를 부릅뜨고 노려보는 그 학모의 소년이 바로 '내'인 것을 안 순간에, 나는 두 눈을 번쩍 떴다.'(「시계」), '그 곳은 틀림없는 내 고향이었습니다//꿈을 깬 내 이마에/구슬같은 땀이 흘렀습니다'(「고향」)에서와 같이 유년과 고향이 관련되어 나타나곤 한다. 이는 현실적 자아가 지배하는 낮의 경우 일상 속에 함몰되지만 밤, 또는 꿈 속에서는 억제되어 있던 본능이 자연스럽게 분출되어 나와 갈등하기 때문이다.

이렇게 과거의 현실에서 패배한 자아는 끊임없이 되살아나 자신을 자책하게 하고 패배감에 물들게 하며 현재의 자신을 부정하도록 충동질한다.

화답해 주는 이는 그러나 아무도 없다
박수는 누가 바래긴 하였더냐

내 목구멍은 벌써
마르고 쉬였다.

- 「뻐꾹새」[37] 일부 -

그렇든 저렇든 당신 노랜 단 한 사람인 당신 애인도 울리지 못 한 노래 아녀요? 그렇지만 내 노랜 새까만 날개 가지고 날아다니는 자면 누구나 다 감동받을 수 있는 노래니까요.

- 「까마귀」[38] 일부 -

여기에는 아무도 화답해 주지도 않는, 박수도 없는, 목소리는 이미 쉬어버린, 애인 한 사람도 감동시키지 못한 과거의 자신에 대한 모멸이 숨어 있다. 신념으로 뭉쳐져 목소리를 높였던 과거의 자신이 과연 누구 하나를 감동시켰을 것인가 회의하고 있는 것이다.

---

37 권환, 『자화상』, 조선출판사, 1943.
38 권환, 『윤리』, 성문당서점, 1944.

까마귀보다도 못한 이런 자기 자신에 대한 모멸과 자책은 미이라와 대리석에 그대로 투영되어 자신의 모습을 유추하는 것으로 나타난다.

동사(銅絲)처럼 굳은 혈관
달빛같이 식은 정열
빙주(氷柱)같이 얼어붙은 심장

- 「목내이(木乃伊)」[39] 일부 -

차라리 차디찬 조각이 되었으면

영원히 동결된
하-얀 대리석처럼

- 「대리석(大理石)」[40] 전문 -

미이라는 동사처럼 혈관이 굳어 있고 정열은 식었으며 심장은 얼음같이 얼어붙어 있다. 이것은 자신이 살아 있지만 살아 있는 것이 아니라 죽은 시체보다도 못한 존재라는 것을 의미하는 것으로서 철저한 자기부정을 뜻한다. 그래서 그는 차라리 현재처럼 변하여 가기보다는 과거에서 동결되어 있는 하얀 대리석이 되기를 희망하는 것이다.

이런 측면에서 보았을 때 시 「자화상」에 나타난 자아의 분열은 의식과 무의식 사이, 낮과 밤 사이, 과거와 현재 사이에서 끊임없이 갈등하는 자신의 모습일 것이다. 이러한 자신의 모습을 발견했을 때 그는 가로등에서 '거리의 양심'을 발견한다.(「가등(街燈)」)

그의 시에서 나타나는 무수한 탈출의 의지, 현실을 초극하려는 의지는 바로 자아의 분열을 극복하고자 하는 노력의 일환이었던 것이다.

---

39 권환, 『자화상』, 조선출판사, 1943.
40 권환, 『자화상』, 조선출판사, 1943.

묘지보다도 쓸쓸하구나
그대가 가고 난 방안은

나는 혼자 긴 휘파람을 불었다

새까만 안개 속을
끝없이 달아나고 싶어
미친 말처럼 뛰고 싶어

- 「여군대작(與君對酌)2」[41] 일부 -

나는 푸른 별을 찾아서
흰 안개속을 헤매나 볼까?

- 「병상단상」[42] 일부 -

그러나 그런 방황을 모색한 결과 그가 도착한 곳은 폐쇄된 개인적 공간, 퇴행의 공간이었음은 앞에서 살펴본 바와 같다. 개인적으로나 사회적으로 상황은 더욱 악화되고 있었고 더 이상 진로는 주어지지 않았기 때문이다. 그런 의미에서 그에게 있어서 윤리의 세계란 결국 비속한 현실을 회피한 개인적 도피처로서 주관적 관념세계 이상이 아니었던 셈이다.

그럼에도 불구하고 우리는 이 시기의 시에 있어서 보다 중요한 맥락을 찾아낼 수 있다. 그것은 현실에 안주하여 소시민의 삶을 추구하며 기껏 자아분열로 괴로워하는 모습만이 아니라 그가 추구한 신념의 등불이 꺼지지 않고 있기 때문이다. 그의 시에는 다음과 같이 새로운 의식을 일깨우는 자극이 주어진다.

별들은 푸른 눈을 번쩍 떴다
심장을 쿡쿡 찌를 듯

41 권환, 『자화상』, 조선출판사, 1943.
42 권환, 『자화상』, 조선출판사, 1943.

새까만 하늘을 이쪽 저쪽 베는
흰 칼날에 깜짝 놀랜 것이다

- 「화경(火鏡)」[43] 일부 -

나도 오늘부터 회색 꿈을 깨야겠다

- 「뻐꾹새」 -

내 방주(方舟)의 키를 잘 잡아야겠다

- 「세모(歲暮)」 -

하늘을 베는 흰 칼날은 심장을 찌르는 자극이 되어 회색 꿈을 깨어야겠다거나 키를 잘 잡아야겠다는 의지로 나타난다. 그것은 곧 일상생활에 매몰되어 잊혀진, 자신의 신념을 지켜야 한다는 굳은 의지로 읽혀지는 것이다.

아직도 가슴에 꺼지지 않은 신념을 지켜야 한다는 의지는 「석탄」에 잘 나타나 있다.

내 심장은
새까만 석탄 덩어리
내 혈액을 봐도 알 것이다

새까만 석탄!
그렇지만 불에 탈 때엔
새빨개지는 석탄

- 「석탄」[44] 전문 -

휴면상태인 점에서 석탄은 미이라와 대리석과 같이 새까만 흙덩어리에 불

43 권환, 『자화상』, 조선출판사, 1943.
44 권환, 『자화상』, 조선출판사, 1943.

과하지만 불을 붙이면 언제든지 다시 새빨갛게 타오르는 심장으로 묘사되고 있다. 미이라나 대리석에서 나타난 처절한 좌절감이 여기에서는 맹렬히 불타오를 기세로 살아있는 것이다.

내면에 잠재되어있는 이 신념은 미래에 대한 적극적인 의지로 나타나기도 한다. 그는 시집 『자화상』에서 「명일」을 제일 첫 작품으로 실었는데 그것은 곧 의도적으로 자신의 의지를 표현했다는 뜻이 될 것이다. 전체가 9연으로 되어있는 이 작품은 첫 행을 '명일이 만일 없다면'이라는 가정으로 시작하여 그 가정에 대하여 자신의 심정을 답하는 형식으로 되어있다. 그 답은 아예 가정 자체를 하지 말라거나 무서워서 통곡을 할 거라거나 현재의 이 고난을 감당하지 않을 거라는, 즉 내일이 없다면 현재는 무의미한 것에 지나지 않는다는 적극적인 미래에의 의지를 표방하고 있다. 그래서 그는 '명일이 있다' '명일이 온다' '멀지 않아 명일이 온다' '그래서 우리는 차고 캄캄한 이 밤을 극히 사랑한다' '그래서 나는 한껏 웃고 한껏 울련다'[45]고 톤을 높이고 있는 것이다. 아마 권환은 시집의 권두시로 내세운 이 한 편으로써 나머지 시들에 들어있는 일상의 사소한 편린들을 대신하며 자신의 신념을 내보이고 싶었을지도 모른다.

그런가 하면 「산과 구름」에서는 산과 구름이 대화하는 형식을 빌어 서로의 장단점을 논박하는데 결국 구름의 '바람에 따라가고 바람에 따라오는/양키같은 그 경박을' '흩어졌다 모였다 희어졌다 검어졌다 하는/양키같은 그 부화(浮華)를' 드러내면서 이기주의자, 기회주의자로 판결하고 있다. 이는 시류에 따라 변절을 거듭하는 기회주의자들을 양키와 동일시하여 경고하는 것인데 그 경고는 어쩌면 양심을 지키지 못한 스스로에 대한 비판일 수도 있다.

이처럼 2기의 시들은 전향 후 양심의 가책에 따른 시인의 극심한 자아분열과 그것을 극복하려는 의지, 그 의지의 방향성이 노정되어 있고 나아가 자신

45 권환, 「명일」, 『자화상』, 조선출판사, 1943.

의 내면화된 신념을 확인할 수 있는 공간이었다고 할 수 있다. 이 신념이 미래에의 의지로 확인되어 나타날 때 비로소 3기의 시들이 해명되는 것이고 권환의 시가 전체적인 서사적 맥락 속에 자리하게 된다.

Ⅲ. 자유와 평등의 추구

1929년에 일본에서 귀국한 권한은 이듬해 카프 중앙집행위원으로 뽑혔고 1931년 공산주의협의회사건으로 임화와 더불어 검거되었다가 병보석으로 불구속 처분된 바 있다. 이후 신건설사사건으로 기소되었다가 기소된 23명 모두 전향서를 작성하고 집행유예 3년의 판결을 받았다. 그 뒤에 권환은 사상자 전향자 조직체인 대화숙(大和塾)[46]에 가입하여 김해의 박간농장(迫間農場)에서 농장원으로 농사일을 하였다. 박간농장에서는 1936~7년부터 경성제대 도서관 사서로 근무했던 1944년 무렵까지 있었던 것으로 보이며[47] 이 시기가 그의 아내에게는 가장 행복한 시간이었던 것으로 알려져 있다.

이후 서울로 올라와 살며 경성제대 도서관 사서로 근무하였고 이때 두 권의 시집을 낸 것인데 그 두 시집의 내용은 위에서 살펴본 바와 같이 거의가 김해 시절의 것으로서 계급적 투쟁성에서 벗어나 삶의 구체성이 드러나 있다. 이 지점이 바로 이 시기 그의 작품들이 순수서정시로서 초기에 비해 현저하게 후퇴한 것으로 평가받는 이유이다.

---

46 대화숙은 일제 말기 좌파 지식인의 80% 이상이 가입했던 단체로 1941년 1월 사상보국연맹을 발전적으로 해산하여 새로이 개편한 단체이며 주로 일본정신 현양, 내선일체 강화, 전향자 선도보호, 사상선도 등을 목적으로 한 전향자 감시기관이었다. 이순욱, 「권환의 삶과 문학활동」, <어문학> 제95집, 한국어문학회, 2007, p.417.

47 이 시기의 행적에 대해서는 아직 명확하게 밝혀지지 않은 점이 많다. 여기에서는 이순욱의 견해를 따랐다. 이순욱, 위의 글 참조.

카프의 원리주의자로서 「정지한 기계」, 「우리를 가난한 집 여자이라고」, 「소년공의 노래」를 쓴 권환의 과거[48]를 생각한다면 『자화상』이나 『윤리』라는 시집은 제목부터 어울리지 않는다. '자화상'의 이미지는 윤동주나 이상에게서 볼 수 있듯이 일제강점기하에서 행동으로 적극적으로 저항하지 못한 자신에 대한 양심적 고백이거나 그러한 상황에서 겪은 자아분열을 떠올리게 하고 '윤리'는 그와 동궤의 것으로서 양심상의 가책이 반영된 것으로 다가온다.

물론 이러한 사정에는 전향 이후에 겪었을 정신적 고충이나, 어려운 시기에 시집을 두 권이나 내기 위해 갖추어야 했을 최소한의 요구조건이 있었으리라고 짐작은 할 수 있다. 가령 임화가 시집 발간을 주선했을 것이라는 추측[49], 또 일제에 협력하는 시[50] 몇 편 정도는 실어야 했을 것이라는 짐작, 아울러 체제에 순응하는 모습이 그것일 것이다.

이 시기의 작품들에는 순수세계를 동경하는 작품이 있는가 하면 평범한 일상인의 소박한 행복을 노래한 것도 있고 자책감에 시달리며 현실을 괴로워하는 작품, 또 다른 한편으로는 날카로운 현실감각이 들어있으면서 미래에의 의지가 나타나는 것들도 있어서 매우 복합적인 양상을 띠고 있음은 위에서 살펴본 바와 같다. 이 시기의 작품들에 대해서 논자들의 평가가 다양하게 나타나는 것은 바로 이러한 작품내용의 다양성과 복합성에 연유하는 것이다.

---

48 예를 들면 1931년 『카프시인집』에 작품을 수록한 5명(김창술, 권환, 임화, 박세영, 안막) 중 권환의 작품이 7편으로 가장 많으며 이후 그는 카프 내에서 볼세비키화를 주도한 대표적인 이론가요 실천가로 활약하게 된다.

49 두 시집이 다 임화가 발행인인 점에서 그렇다. 김해 박간농장에 있다가 서울로 올라가게 된 배경에도 임화가 있었을 것으로 추정되고 있다. 이때 임화는 대화숙 소속으로 출판사 학예사를 운영하였다.

50 여기에 해당하는 작품으로는 「荒鷲」, 「送君詞」, 「그대」 등이 있다. 이 작품들에 대해서는 박태일, 「경남 지역문학과 부왜활동」, <한국문학논총> 제30집, 한국문학회, 2002. 김형수, 「부일협력, 그 기억과 망각 사이를 떠도는 망령」, <인문논총> 제11집, 창원대학교 인문과학연구소, 2004, 참조.
관점에 따라 달라지긴 하지만 상대적으로 권환의 경우 친일행위가 적극적으로 드러나지는 않는다. 김용직, 『현대경향시 해석/비판』, 느티나무, 1991, p.71.

그것은 그만큼 이 시기의 권환의 삶과 의식이 피상적으로 보이는 것처럼 그렇게 단순하지 않았음을 의미한다.

먼저 그의 시에는 자유를 갈망하는 이미지로 푸른 하늘, 大空의 이미지가 지속적으로 나타나는 것을 볼 수 있다.

덜렁거려도 덜렁거려도
강물같이 흘러가고 싶어

꼼짝도 달싹도 않어도
별처럼 반짝이고 싶어

차라리 커-다란 낙하산(落下傘)을 짊어지고
끝없는 푸른 대공(大空)을
거꾸로 거꾸로
올라가고 싶어

- 「무제(無題)」[51] 전문 -

언제든지 신기한 곡조다
저편서 들리는 피리소리

불어라 힘차게 불어라
대공이 찢어지도록

그러나 나는 보노라 듣노라
발 밑에 영원히 흐르는 강물을

물새가 한 마리 두 마리
따라 흘러간다

---

51 권환, 『자화상』, 조선출판사, 1943.

영원히! 영원히!

- 「동경(憧憬)」[52] 일부 -

푸른 하늘, 大空은 시간적으로는 영원한 지속성을, 공간적으로는 무한한 개방성을 의미하고 있다. 이 푸른 하늘에서 자유를 만끽하는 것은 그 공간을 혼자서 자유롭게 누비는 제비이다.

그는 제멋대로 헤엄친다
바위도 모래도
섬도 가도 없는
새파란 하늘의 호수에
비시 비시 비시 시비 시비

그는 자유형 수영선수다.

두 날개를 활짝 펴고
위로 위로 가물가물 올라간다
푸른 대공(大空)의 물결을 헤치며
비시 비시 비시 비시

어느듯 또 밑으로 밑으로
보기좋게 미끄러진다
저공 비행하는 황취(荒鷲)처럼.

잔디밭 위에 폭탄이 떨어진다
비시 비시 비시 비시
화살같이 반월형을 지어
제멋대로 날다.

---

52 권환, 『자화상』, 조선출판사, 1943.

마치 대공이 제 혼자 영토인 것처럼.

이 편서 저 편으로
저 편서 이 편으로
비시 비시 비시 비시 비시

제멋대로 난다
제멋대로 재잘거린다
쳐다보는 많은 사족수(四足獸)를
내려다보고 비웃는 것처럼
비시 비시 비시 비시 비시

- 「제비」[53] 전문 -

제비는 무한한 공간을 혼자의 영토인 것처럼 '제 멋대로' 누비는 자유의 상징으로 나타난다. 시인은 이 자유를 만끽하는 제비를 따라 대공을 날고 싶어 하며 이는 다른 시편에서도 나타나고 있다.

'푸른 제비여 나는 아노라/너가 오늘은 어디로 가랴는 것을//그리고 나는 시기하지 않는다./너의 자유스러운 명랑한 행복을!///기쁘다 유쾌하다/나도 내 일은 유황내 나는 헌 옷을 벗어버리고/구름을 따라 대공을 나련다'(「희망」 일부)

제비는 이처럼 자유를 구가하는 시적 장치로 등장하고 있는데 가령 같은 카프 시인이었던 박세영의 경우 비교적 성공작이라고 평가받는 「산제비」에서 '山제비야 날러라/화살같이 날러라/구름을 헷치고/안개를 헷치라'(「산제비」 부분[54])고 노래하고 있는 것이다.

여기에서 화자가 존재하는 지상적 개념과 산제비가 존재하는 천상적 개념은 대립적으로 제시되어 있다. 이때 제비가 있는 천상의 개념은 소망스런 세

53 권환, 『자화상』, 조선출판사, 1943.
54 박세영, 「산제비」, <낭만> 1호, 1936.11.

계로 설정되는데 이는 시적 화자가 처한 지상의 개념이 비속한 현실로 인식되기 때문이다. 즉 천상은 시간적 영원성과 공간적 신성성을 갖는 소망스런 세계이며 지상은 시간적 유한성과 공간적 비속성을 갖는 소망스럽지 못한 세계로 인식된다.[55] 따라서 권환의 시에 자유의 등가물로 나타나는 大空을 나는 제비는 상대적으로 시적 화자가 처한 상태 즉 자유가 구속된, 유한하고 비속한 현실이 전제되어 있는 것이다.

따라서 그는 '떫은 사랑 쉰 사랑/깨끗이 다 씻어버리고/살렵니다 아침 대공(大空)을 나는 제비같이'(「윤리(2)」) 라고 비속한 삶에서 유리된 자유를 구가하는가 하면 '황금도 싫소/명예도/사랑도 나는 싫소/오직 나의 한 가지 원망(願望)은/가지고 있는 나의 피리를/마음대로 부는 그것뿐이오'(「원망(願望)」)처럼 일상적인 삶을 초월한, 피리라도 마음대로 불 수 있는 소박하기 그지없는 자유만이라도 갈구하고 있다.

이 자유에의 갈망과 함께 나타나는 것이 평등의 이념이다.

아름다운 평등(平等)을 보려거든
이 설경을 보라

아름다운 차별(差別)을 보려거든
이 설경을 보라

- 「설경(雪景)」[56] 전문 -

유방도 볼기도
신 앞에 애인한테 숨기는 것도
모조리 보이도록
발가벗은 알몸둥이

---

55 이 책, 「박세영 시의 형성과 변모양상」 참조.
56 권환, 『자화상』, 조선출판사, 1943.

여기는 가면과 장식이
거짓과 시의(猜疑)가 없는 세계다

장미가 덮은 환영의 강물이
아름답게 흘러간다

수정보다도 깨끗하고 아름다운 세계다

- 「목욕탕」[57] 전문 -

그는 평등한 사회를 '아름답다'고 평가한다. 권환이 흰 눈이 덮인 풍경을 두고 평등의 개념을 찾아내는 것은 참신하다. 왜냐하면 눈, 설경에 대해서 우리는 순수이미지에 너무 익숙해져 있어 그것이 만물을 다 같이 덮는다는 평등의 개념은 낯설기 때문이다.

권환에게 있어서 일상은 차별적인 것인데 그 차별을 다 덮었기 때문에 설경은 평등한 것이며 평등하기 때문에 아름다운 것이다. 차별이 없기 때문에 평등하고 평등하기 때문에 아름답다는 인식은 목욕탕에서도 그대로 나타나고 있다. 옷을 입어 몸을 숨긴 상태는 가면과 장식, 거짓과 시의의 상태이며 다 같이 그것이 제거된 상태는 수정보다 깨끗하고 아름다운 세계로서 장미가 덮은 강물이 '아름답게' 흘러가는 곳이다.

평등에 대한 이런 인식은 그가 달을 사랑하는 이유를 '다만 너의 맑고 흰 빛이/아무런 교만도 없이 아유도 없이/또 아무런 에고이스틱한 인색도 없이/온 세계를 골고루 골고루 덮어주는 때문'(「달」)으로 인식되거나 '우리는 다 한 마리의 심해어//구루마꾼도 생선 장수도 색시도 할머니도/노새도 고양이도 도마뱀도 복덕방 노인도'(「심해어(深海漁)」)처럼 세계에 존재하는 모든 사물이 동일한 가치를 가진 것으로 확대되어 나타나기도 한다.[58] 따라서 권환에게 있

57 권환, 『자화상』, 조선출판사, 1943.
58 이러한 모습은 구더기까지 시적 대상으로 삼은 1920년대 김석송을 연상시킨다.

어서 일상은 곧 차별이며 그것이 해소된 세계가 평등의 세계이고 그 평등의 세계가 아름다운 세계로 인식됨을 알 수 있다.

그러고 보면 그가 카프 초기에 발표했던 1기의 작품들은 2기의 작품들과 표현 양식상의 차이[59]를 염두에 둔다 하더라도 이 자유와 평등이라는 이념이 더욱 외면적으로 강조되어 나타난 것이라고 볼 수 있다. 예를 들면 1기의 시들에서 설정된 두 대립항은 부르주아계급과 프롤레타리아계급이며 노동자들에게 적대감을 형성하여 계급혁명을 추구하기 위한 아지프로의 목적에서 불평등한 일상의 모습을 극단적으로 표출한 것이기 때문이다.[60] 결국 그 불평등의 사회상을 드러내어 사회의 구조적 모순을 고발하고 이를 해소하여 자유가 보장되는 '아름다운' 평등의 사회를 건설하는 것이 그의 지향점이었을 알 수 있다.

Ⅳ. 결론

지금까지 권환의 2기의 시를 중심으로 그의 시문학 전체를 관류하는 요소를 지속성의 측면에서 찾아보고자 하였다. 권환의 시가 외견상 시기별로 단절로 인식될만한 편차를 보인다고 할지라도 거기에는 내적 지속성이 작용하고 있을 것이고 그 전제가 성립되어야 그의 1기와 3기의 시가 가능할 것이다. 서정시가 순간 감정의 기록이고 생의 단편적 제시라 하더라도 전체적으로는 한 시인의 일생이라는 거대한 서사적 맥락 위에 있을 것이기 때문이다.

이 책, 「석송 김형원의 시와 시론」 참조.

59 1기의 아지프로시는 전달 매체적 성격을 가졌기에 문예학적 관점에서 규정하는 것은 문제가 있다고 주장되기도 한다. 조영복, 「권환의 대중화론과 매체론적 지평」, <한국시학연구> 제25집, 한국시학회, 2009.

60 「정지한 기계」, 「우리를 가난한 집 여자아이라고」, 「소년공의 노래」 등에서 불평등한 사회모순은 극단적으로 대비되어 드러난 것이다.

2기의 시에서 그는 1기의 현실감각에서 멀어져 농촌의 일상에 젖은 소시민적 삶의 행복을 맛보며 점차적으로 현실감각이 후퇴하는 모습을 보여 순수세계를 동경하게 된다. 그 순수세계는 자연히 유년과 향수, 어머니라는 퇴행의 공간과 연결되는데 그럼에도 불구하고 그 퇴행의 세계가 허무나 퇴폐로 이어지지는 않았다. 이는 곧 그가 시론에서 시종일관 주장하던 '현실'에 대한 관심이 지속적으로 작용한 결과일 것이다. 이러한 현실에 대한 지속적 관심은 자신이 가진 바 신념과 미래에의 확신이 있었기에 가능한 것이었다.

이 시기에 그는 자신의 심리적 갈등과 고뇌를 겪고 있었지만 소시민의 삶을 추구하며 자아분열로 괴로워하는 모습만이 아니라 그가 추구한 신념은 내면화되어 지속되고 있었다고 보아야 한다. 따라서 2기의 시들은 전향 후 양심의 가책에 따른 시인의 극심한 자아분열과 그것을 극복하려는 의지, 그 의지의 방향성이 노정되어 있고 나아가 자신의 내면화된 신념을 확인하는 공간이었다고 할 수 있다. 그것이 바탕이 되어 결국 3기의 시들이 가능해졌다고 볼 수 있는 것이다.

그는 결국 자유와 평등이 실현되는 순수한 세계를 추구한 시인이었으며 그것이 외면화되어 사회적으로 적극적으로 드러난 것이 1기와 3기였다고 하면 내면적으로 지속되어 있었던 것이 2기였던 셈이다. 물론 그것을 지속적으로 가능하게 했던 것은 현실에 대한 끊임없는 관심과 자신의 신념이었다. 순수의 공간이 감상이나 퇴폐로 빠지지 않았던 것도 바로 이 현실감각과 신념이 작용한 때문이었던 것이다.

5. 권환(權煥) 문학에 나타난 현실의 문제

Ⅰ. 서론

권환(1903~1954)은 한국 현대문학사 최대의 격동기라고 할 수 있는 1930년대, 세계관의 가장 첨예한 대립을 보였던 시기에 카프의 열혈 맹원으로 제2차 방향전환을 주도한 핵심맴버였다. 이후 카프 해체 이후의 전향, 월북하지 않은 잔존파로서 해방 정국을 거쳐 나온 시인이다. 그의 시 경향은 대체로 3기로 구분되어 논의되고 있다. 초기에 해당하는 1기는 그가 문학활동을 시작한 1920년대 중반부터 카프가 해체되고 전향한 1930년대 중반까지이며 중기에 해당하는 2기는 카프해체 이후 해방이 될 때까지, 그리고 후기에 해당하는 3기는 해방 이후 6.25전쟁을 겪고 사망하는 1954년까지를 말한다.[1]

이 세 시기의 시들 중 특히 1기와 2기의 작품들이 문학사에서 크게 주목을 받고 있고 그 논의도 다양하게 나타난다. 1기의 작품은 습작과 함께 아지프로시가 주류를 이루고 있는데 이 작품들이 문학사에서 주목을 받는 이유는 그가 당시 제2차 방향전환의 주도자일 뿐 아니라 그것을 작품으로 명확하게 실천

---

1 시기 구분에 관한 것은 이 책, 「권환 시의 내적 지속성」에서 논의하였다.

하였기 때문이다. 이 작품들은 카프를 대표하는 것들이면서 카프 내에서의 방향성 문제와 직결되어 있기 때문에 현대문학사에 있어서 이 시기 그의 작품들은 문학사의 기술에 있어서 피할 수 없는 위치에 있다.

대체적으로 보면 그의 1기의 시들은 볼셰비키적 대중화를 이끌면서 쓴 선전과 선동의 시들인 반면에 2기의 경우는 전향 이후 김해 박간농장(迫間農場)에서 농사를 지으며 쓴 시들로서 순수 서정적 세계와 닿아 있어서 선뜻 그 변모를 수긍하기가 쉽지 않다.

따라서 우리에게 관심이 집중되는 것은 1기의 시의 양상과 2기의 시가 가능하게 된 배경에 관한 것이며 경우에 따라서는 1기와 그 연장선인 3기 사이의 2기의 모습에 관한 것이다. 1기의 시들의 경우는 시의 영역은 어디까지이며 그 기능은 무엇인가에 해당하는, 시의 본질에 관한 질문을 제기하는데 비해서 2기의 시들은 과연 이 작품들이 동일작가의 것이 맞는가 싶을 정도로 큰 변모를 보이므로 자연히 관심의 초점이 놓이게 된다. 따라서 이 두 작품군을 두고 단절로 파악하는가 하면[2] 같은 작가의 작품이기에 어쨌든 그 가운데에서 연속적인 의미를 파악하고자 노력하는 경우들이 있어 왔던 것이다.

한편으로 이 두 시기의 작품들을 유기적인 연관성 하에서 연속성을 찾고자 하는 노력이 계속되어 왔다.[3] 이 방법론은 서로 상이해 보이는 한 작가의 작품들이라 할지라도 동일한 연속선상에서 변모의 양상으로 보아야 하며, 따라서 그것을 관통하는 지속성의 문제를 추구하여야 한다는 지극히 당연한 논지에

---

2 두 시기의 작품들을 단절로 파악하는 경우는 김재홍, 「볼셰비키 프로시인, 권환」 『카프시인비평』, 서울대학교출판부, 1990. 이후 절대적인 영향력을 가지고 있다. 그런가 하면 아예 이 1기의 작품들은 매체 운동적 성격이 강하므로 전달성의 효용성이 문제이지 시학의 본질론적 차원을 확보하는 것이 핵심이 아니므로 근본적으로 달리 보아야 한다는 논점도 제기되어 있다. 조영복, 「권환의 대중화론과 매체론적 지평」, <한국시학연구> 第25집, 한국시학회, 2009.

3 대표적인 것으로는 허정, 「권환 시의 변모와 연속성」, 『먼 곳의 불빛』, 창작과비평사, 2002. 김경복, 「권환 시에 나타난 유토피아 의식 연구」, <한국문학논총> 第46집, 한국문학회, 2007. 등이 있다.

서 출발하는 것이다.

문학을 개인감정의 표출로 보든 사회의 반영으로 보든 삶의 구체적 반응양식으로 본다면 그 궁극적인 반응의 기저는 결국 각 개인의 삶의 양식에 좌우된다. 공시적으로 동일한 환경이 주어지더라도 시인마다 그 반응이 달리 나타나는 것은 서로 다른 각 개인의 세계관이 각각 달리 반응한 결과일 것이며 어느 특정한 개인에 있어서 시기적으로 서로 다른 변모가 나타나는 것은 자기를 둘러싸고 있는 세계의 변화에 개인이 반응한 결과일 것이다. 물론 여기에는 시간의 경과에 따른 개인의 세계관의 변화가 그 원인일 수도 있고 주어진 외적 환경의 급격한 변화가 그 원인일 수도 있다.

동일한 일제강점기에 카프를 위시한 현실주의 문학이 있었던가 하면 그 반대편의 글쓰기도 있었고, 자신의 세계관을 지키기 위해서 날로 급박하게 악화되는 외부환경에 대하여 아예 절필하거나 시종일관한 태도로 창작하되 발표하지 않은 작가가 있는가 하면 자신의 신념을 바꾸면서까지 글쓰기로 살아남은 작가들도 있다. 이는 결국 인간을 둘러싸고 있는 외부환경에 대한 개인의 반응양식인 것이며 겉으로 드러난 작품이라는 현실은 오로지 그 반응의 결과물인 것이다. 그런 의미에서 인간은 비속한 지상과 성스러운 천상 사이에서 끊임없이 길항하는 중간자일 뿐이다. 왜냐하면 '시인의 내면적 주관성 역시 객관 현실과 무관한 것이 아니라 바로 객관적 현실과의 관계 속에서 부단히 형성되고 변모되는 것이기 때문이다.'[4]

여기에서는 이러한 관점에서 출발하여 권환의 시를 그의 현실과 문학에 대한 인식의 변화를 추적하면서 그의 시를 가능하게 한 요인은 무엇이었을까를 논하고자 한다. 왜냐하면 그의 문학은 '현실'의 문제가 끊임없이 제기되면서 그것을 드러내고자 한 것이었으며 따라서 시론에 나타난 그의 현실인식의 변모를 추적하고 작품에서 그것이 어떻게 형상화되었는가를 따지는 것은 권

---

4 오성호, 『서정시의 이론』, 실천문학사, 2006, p.342.

환 시의 전모를 밝히는 데 있어서 지름길이 되리라고 생각되기 때문이다.

II. 시론의 변천 과정

II-1 아지프로로서의 문학

권환이 그의 문학에서 일관적으로 관심을 가진 것은 문학에 있어서 현실의 반영에 관한 문제였다. 이는 카프의 출발 동기가 당시의 비현실적 서정시, 구체적으로는 김억을 비롯한 당대의 서구적, 낭만적, 퇴폐적인 경향에 대한 비판에서 시작되었으므로 카프의 맹원이었던 그에게는 당연한 일이었을 것이다.

그의 시학의 근본적인 물음은 '시가 현실에 어떻게 대응해야 하는가?'였는데, 주목되는 점은 그것에 대응하는 방식이 시간이 경과하면서 점차적으로 변모해 나간다는 점이다. 문학초기에 해당하는 1기에 그는 문학의 사회적 기능을 강조하면서 사회변혁까지를 염두에 두고 있었고 그 목적을 달성하기 위해서 문학의 본령을 위협하는 최대 극한상황까지 시를 몰고 간다.

1930년 1월 10일에서 31일에 걸쳐 <중외일보>에 발표한 논문 「무산예술운동의 별고와 장래의 전개책」은 권환 문학의 시발점과 본질, 그리고 이후의 그의 세계관의 변화를 볼 때 매우 중요한 역할을 하는 것이다. 그는 프로 예술이 부르조아사회 전체를 투쟁대상으로 삼아야 함을 역설하고 있는데 여기에서 그는 1929년을 회고하면서 부르조아 문학과 프로문학을 대비시켜서 논지를 전개하고 있다. 그 주요 논지는 부르조아문인은 공통적으로 '개인주의사상'에 물들어 있으며 '말하자면 사회의 현상, 민중의 생활-민중의 기아, 규호(叫呼)도 오로지 그들 예술작품의 한 소재와 가미제로 이용할 뿐'이고 그들은 사회를 변혁하거나 민중을 구제하려는 것이 아니라 작품을 쓰기 위해서 다만 그것을 이용할 따름이라고 비판한다.

그들이 월(月) 화(花), 여성을 많이 찬미하는 것도 그 때문이다. 그래서 그들이 그 관념의 극단화한 데카당 사상은 병쇠 퇴폐까지를 미의 상징이라고 알았다. 그러나 프로사회의 미에 대한 관념은 그와 전연 달라 건전, 강대(强大), 즉 생성발전의 표상을 미라 한다.[5]

따라서 그에 의하면 부르문학은 '몰락되어 가는 과거의 예술이고 우리의 것은 그들보다 진보한 미래의 예술'이며 부르사회의 미에 대한 관념이 유연, 섬약, 병쇠, 퇴폐적인데 비해서 프로예술은 진보, 생성, 발전의 예술이다. 여기서 말하는 부르문예는 말하자면 미적 형상화를 앞세우는 1920년대의 기존 문단뿐만 아니라 과거의 일체의 문예를 지칭하는 것으로 보인다.

그는 한편으로는 내적(內敵), 즉 내부에 있는 소부르조아를 경계할 것을 주창하면서 프로예술의 투쟁대상을 부르예술만이 아니라 부르조아 전체에 두자고 역설한다. 투쟁의 대상은 부르조아사회 전체이며 '유일한 주요목적은 우리 노동자 농민계급을 아지 프로하여 미조직된 그이들을 조직시키고, 조직된 그 조직을 더 강화케 하는 데 있다.'는 것이다.

따라서 구체적으로는 독자가 노동자 농민이어야 할 것인데 임화의 「어머니」와 「우리 오빠와 화로」는 '어떤 센티멘탈한 여성을 머리에 두고 쓰지는 않았는지', '적어도 노동자 농민의 감정으로 그들을 읽히기 위해 쓰지 않은 것만은 어느 독자이든 다 동감일 것'이라고 논박하게 된다. 즉 '그 작품은 어떤 소부르 문사로 하여금 헐가(歇價)의 감상적 동정의 눈물을 짜내게 하였지만 노동자 농민으로 하여금 주먹을 부턱쥐고 이(齒)를 갈며 전투의 불꽃 속으로 들어가게 하지는 못 했다.'[6]는 것이다.

그런가 하면 그는 '생활이 의식을 규정한다 함은 맑스주의의 ABC이다. 따

5 권환, 「무산예술운동의 별고(瞥顧)와 장래의 전개책」, 황선열 편, 『권환전집, 아름다운 평등』, 전망, 2002. 이하 특이한 경우가 아니면 인용은 이 전집에 따르기로 한다.

6 권환, 위의 글.

라서 어떤 사회의 예술은 그 사회의 물질적 생활의 반영인 것과 마찬가지로 개인의 창작 예술은 역시 그 개인 물질적 생활의 반영일 것이다. 그러므로 어떤 개인이 ×××[노농자] 예술을 창조하려면 그들은 반드시 생활을 한 뒤에야 가능할 것이다.'[7]라고 하면서 예술가도 노농대중과 같이 ×××[노농자] 생활을 실제로 체험하면서 또 그들 속에 들어가서 그들의 생활을 실제로 관찰해보아야 힘있고 생기있고 피끓는 산 예술작품을 지을 수 있다고 주장하게 된다.

위 논지를 요약하면 부르문예는 과거의 것으로서 퇴폐적인데 비해 프로문예는 미래의 것으로서 생성 발전의 것이라는 것이며 부르문예가 현실을 작품의 소재로만 사용하는 데 비해 프로예술은 사회변혁이나 민중 구제와 같은 실천적 목표를 가진다는 것이다. 구체적으로는 노동자 농민을 아지프로하여 나아가 부르조아 전체를 투쟁대상으로 삼아야 한다는 것으로서 한 편 노농자 예술을 창작하려면 그들의 생활을 직접 체험하여야 한다고 역설한다.

이 시기 그의 문학관은 한마디로 하면 '예술은 아지프로의 실현'으로 요약될 수 있는데 내용상으로는 카프 문학의 목적과 원칙을 그대로 다 가지고 있는 셈이다. '예술품은 결국 인간에게 이용됨에만 그것의 의의가 있는 것'이며 '우리에게 아무 이용 안 되는 아무 의의없는 모든 예술을 배척'한다. 이때 말하는 이용이나 의의라는 것은 물론 노동자의 현실적 삶을 고발하여 그들을 아지프로하며 나아가 부르사회의 타도를 목적으로 삼는다는 뜻이다. 거기에서 나아가 자체 내의 소부르를 경계하며 임화나 박팔양 등을 '낭만적 동정주의'로 비판하면서[8] 그는 카프의 원칙론에 더욱 충실하게 된다.

이러한 원칙론이 아주 구체적이고 강력하게 제시되는 것은 1930년 9월에 발표한 「조선 예술운동의 당면한 구체적 과정」이다. 이 논문에 등장하는 용어들은 '해방, 맑스주의, 전위, 볼세비키, 폭로, 쟁의, 투쟁' 등으로 점철되어 있

---

7 ×××[노농자]는 앞·뒤 문맥상 추정한 것이다. 이하 복자된 부분의 [ ]은 『권환전집』에 따른다.

8 권환, 「시평과 시론」, <대조> 4호, 1930.6.

어서 한눈에 그 지향점을 짐작하게 한다.

여기에서 그는 구체적으로 당대 카프 문학이 취해야 할 내용들을 상술하면서 내용과 제재, 형식의 문제를 논하고 결론적으로 '맑스주의 이데올로기, 조선 전위사상'의 내용, 10가지의 제재[9], 형식은 현실적, 적절적(直截的), 간결, 평이할 것 등을 제시하였던 것이다.

II-2 문학재료로서의 현실의 문제

그런데 그의 이러한 문학관은 이후 상당 부분 변화하게 된다. 그 요인은 물론 카프 해체 이후의 자신을 둘러싼 상황변화에 기인하는 것이다. 1930년 이후가 되면 그의 평문은 처음의 강경한, 원칙을 부르짖으며 한 치의 어긋남도 허용하지 않으려는 태도가 상당히 누그러지는데 이런 태도는 대개 학술적이거나 원론적인 글들에서 많이 나타나고 있다.[10] 물론 이 글들이 그가 주장해오던 프로 예술의 방식에서 크게 벗어나 있는 것은 아니지만 예전의 날카로운 감각은 많이 무디어지고 그 대신 시공간적으로 시각이 확대되어 있거나 문학의 원론적인 곳에 치중하고 있음을 알 수 있고 이후 카프가 해체되고 난 후인 1938~9년부터 그의 관점은 많은 변화를 보여주고 있다.

먼저 그는 엄흥섭의 작품을 평하는 자리에서 그가 그렇게 경계해 마지않았던 '연애요소'에 대해 관대한 입장을 나타낸다.

---

9 여기에서 그는 10가지의 제재를 구체적으로 거론하였다. 권환,「조선 예술운동의 당면한 구체적 과정」, <중외일보> 1930.9.2~9.16, 참조.

10 예를 들면「하리코프대회 성과에서 조선프로예술가가 얻은 교훈」, <동아일보> 1931.5.14~5.17.「사실주의적 창작 메쏘데의 서론」, <중앙> 2호, 1933.12.「33년 문예평단의 회고와 신년의 전망」, <조선중앙일보> 1934.1.1~1.4.「현실과 세계관 및 창작방법과의 관계」, <조선일보> 1934.6.29. 등이 이에 해당한다.

이것은 수많은 현대 조선의 전형적 인테리 청년남녀의 전형적 성격, 전형적 생활과정, 전형적 연애이다. 홍섭은 그것을 아무 무리와 고작(故作)없이 가장 사실주의적으로 심각하게 그려내었다. 그런 점으로 이 일편은 훌륭한 리얼리즘 작품이다.[11]

여기에서 그가 강조하고 있는 것은 '전형성'과 '리얼리즘'이다. 그런데 그는 이 작품이 묘사수법으로는 리얼리즘으로 일관되어 있으면서도 작품 전편에 주류로 관통하는 것은 로맨티시즘이라고 인정하면서 '그러나 그보다도 더 한층 우리의 주목을 요하는 것은 이 소설의 통속성과 예술성과의 교묘한 조화이다.'라고 하며 이 작품을 높이 사고 있다. 따라서 그가 30년대 초기에 완고하게 주장하던 원칙론에서 본다면 전형성, 리얼리즘이란 용어가 그 명맥을 유지하고 있을 뿐 그가 혐오해 마지않던 부르예술의 영역을 인정하고 용납하는 셈이다.

그의 이러한 인식은 현실의 문제에 이르러 다음과 같이 더욱 구체적으로 나타난다.

우리는 현실, 그것이 곧 시라고는 하지 않는다. 마치 쌀과 배추가, 즉 우리의 먹는 밥과 반찬이 아닌 것과 마찬가지로, 그것은 여러 가지 물리적, 화학적 가공과 조미를 기다려 비로소 밥과 반찬이 된다. 그러나 그렇다고 쌀과 배추 없이 고명과 양념만의 밥반찬은 될 수 없다. 우리는 과거에 한동안 날쌀, 날배추에 구미를 잃은 적이 많았다. 그러나 그 때문에 쌀과 배추 그것까지 버리고 기피할 필요는 없다.[12]

여기에서 말하는 쌀과 배추는 아직 요리되기 전의 음식의 재료에 해당하며 가공과 조미를 거쳐서 비로소 밥과 반찬이 되는 것이다. 그런데 중요한 것은

11 권환, 「최근의 문예작품」, <조선일보> 1939.5.22.
12 권환, 「고정된 시상」, <조선일보> 1940.3.13~3.14.

과거에 그 날쌀, 날배추에 구미를 잃은 적이 많았다고 하는 고백이다. 그의 지난 논리에 의하면 맛을 위하여 조미를 가하는 것은 문학의 재미를 위하여 가미하는 연애나 사랑 등의 감상적 로맨티시즘을 이르는 것인데 그것은 부르문예의 산물로서 경계하고 절대적으로 배척하여야 할 대상이었기 때문이다. 여기에서 말하는 날쌀, 날배추는 그가 1930년을 전후하여 쓴 아지프로의 작품들을 대상으로 하고 있는 것으로 유추되는 것으로서 '구미를 잃은 적이 많았'고, 그것이 현실 그 자체이므로 자체적으로는 시가 되지는 못한다는 변모된 모습을 보여준다. 그러나 그럼에도 불구하고 그는 쌀과 배추 그 자체, 즉 문학의 원재료가 되는 현실을 기피할 필요는 없음을 역설한다. 이점이 곧 그의 문학 전 시기에 걸쳐서 나타나는 '현실'에의 관심을 엿볼 수 있는 대목으로서 결과물인 작품의 양상이 어떠하든 그가 '현실'의 문제에 집중해 있었음을 엿보게 한다.

따라서 그에게서 현실은 곧 문학의 원재료가 되는 것인데 그 현실은 '가장 간단하게 말하면 인간생활의 진실'[13]이며 '생활은 문학의 원천이며 자양이다.'[14] 따라서 생산문학이란 생산을 그리는 것이 아니라 인간의 생활을 그리는 것이며 그것은 공장, 농촌에 국한되어 한정된 것이 아니라 광범한 의미에서 일반 생산부문에서 종사하는 인간의 노력 생활을 말한다고 주장한다.[15] 더 나아가서 그는 생산문학만이 유일한 리얼리즘 문학이 아니며 생산문학이라고 반드시 생산생활의 묘사에 국한하는 것이 아니라고 주장한다.

그에 의하면 농민문학은 생산문학의 일부문으로서 농민의 생산생활을 묘사하는 문학이다. '어떠한 출신 어떠한 생활자이건 그들을 이해하며 또 문학적 기술을 가진 이가 그들의 입장에서 그들의 생활을 진실하게 묘사한 그것이 우리가 요구하는 농민문학'[16]이라는 것이다. 그런데 여기에서 주목되는 것은

---

13 권환, 「현실과 신시대의 시」, <조선일보> 1940.4.27.

14 권환, 「생산문학의 전망」, <조선일보> 1940.6.25, 6.28.

15 권환, 「생산문학의 전망」.

그가 시간과 공간에 따른 특수성을 강조한 부분이다. 그는 과거 경향 농민문학이 농민의 일반성에만 주력하고 특수성에 관심이 부족했음을 지적하고 대륙의 차이, 지방의 차이에 따른 지역적 특수성과 시대적 특수성을 고려하여야 한다고 역설하고 있다. 그런가 하면 농민문학의 대상이 반드시 소작농에 국한할 것도 아니며 '왕년의 계급문학과 같이 지주와 소작농의 대립관계만에 주력할 것도 아니고, 무엇보다도 소작농을 중심으로 하는 일반농민의 건전한 근로생활을, 그들의 가장 전형적 얼굴을 진실하게 묘사할 것이다.'[17]라고 하여 상당히 유연한 태도로 물러서고 있음을 볼 수 있다.

이 점은 계급간의 격차를 극명하게 대조하고 거기에서 적대감을 환기시키며 계급투쟁으로 나아가기를 선동하던 초기의 작품들에 나타난 세계관에 비하면 현저한 후퇴를 거듭하는 것이지만 문학의 측면에서 본다면 소재나 주제가 훨씬 다양해지고 폭넓은 전망을 가질 수 있도록 허용되는 셈이다. 그의 중기시들이 관조적인 농촌풍경을 묘사한다든가, 투쟁 일변도의 시각에서 벗어나 있는 것은 시간과 공간에 따른 특수성까지 허용하는 이러한 관점의 소산일 것이다.

그럼에도 불구하고 권환의 시론에서 지속적으로 나타나는 것은 현실을 반영한다는 측면과 함께 삶의 현장으로서의 현실을 결코 방기하지 않는다는 점이다.

> 직접 간접 농민생활과 아무런 관련없는 자연묘사를 필요 이상으로 나열하여 대자연에 압도 도취되도록 하면 그것은 농민문학이라기보다 전원문학이 되고 말 것이다. 전원문학은 농민생산 생활보다도 자연 그 물건을 위하여 그것을 찬미하며 그것을 묘사하는 문학이다.[18]

---

16 권환, 「농민문학의 제문제」, <조광> 6권 9호, 1940.9.
17 권환, 위의 글.
18 권환, 위의 글.

농민의 생활 자체보다도 자연묘사에 치우치면 전원문학으로 전락한다는 이 지점에서 우리는 농촌을 배경으로 한 권환의 중기시들이 쉽사리 감상이나 퇴행으로 전락하지 않은 근거를 확보하게 된다. 즉 그는 어느 순간에나 현실의 문제, 삶의 현장으로서의 현실을 외면하지 않았던 것으로 보이기 때문이다.

II-3 새로운 창작의 지점 ; 판타지 시론

논리적으로 권환의 시론에서 최종적인 도달점은 그가 말한 판타지*Phantasie* 시론이다. 계급혁명의 수단이자 도구로서 문학을 인식하던 권환은 프로문학의 시각으로 본다면 점차적인 후퇴를 거듭하게 되고 그 최종 도달점은 판타지 시론이었다. 그의 판타지 시론은 많은 부분 일본의 삼기박음(三技博音)을 매개자로 한 딜타이의 시론에 영향을 받고 있는 것으로 보이는데 실제로 그는 딜타이와 삼기박음을 직접적으로 인용하기도 한다.

판타지는 현대시론에서 말하는 '상상력', 또는 '창조'와 동격으로 놓인다. 판타지는 그의 설명에서 유추되는 바, '사물과의 접촉 ==> (지각) ==> 기억 ==> 상상과 창조'의 과정[19], '판타지는 여러 가지 지각의 취합이 아니고 그것을 재료로 한 새 창조'라는 진술로 보아 이는 바로 문학적 상상력을 뜻하는 것이다. 따라서 '판타지는 시-예술의 가장 중요한 기초와 요소가 되며 예술가

---

19 이에 대하여 그는 「예술에 대한 이미지의 역할」에서 다음과 같이 더욱 구체적으로 도표화하고 있다.

〈실재의 형상〉 → 이미지(심상) → 판타지 → 구상력 → 〈예술작품〉

여기에서 그는 심상과 판타지를 구별하였는데 물체의 대상이 없어도 머리 속에 떠올라 오는 것이 심상이며 그 투명 무색한 심상에 어떠한 빛을 착색한 것이 판타지라고 하였다. 구상력(構想力)은 Phantasie라고 하며 이는 모방력*Mimesis*과 달리 실재하는 것의 유추에 의한 상상력으로 새로운 것을 그려낸다고 하였다. 권환, 「예술에 대한 이미지의 역할」, <조광> 7권 6호, 1941.6.
이렇게 보면 판타지는 능동적으로 주관화된 이미지를 뜻하고 구상력은 상상력에 의해 그 이미지들이 재결합하는 것으로서 창조적 상상력에 해당하는 것으로 보인다.

시인의 생명과 재산'[20]인 것이다.

상상이란 과거 언젠가 느꼈던 원물*originals*의 모상*copies*을 재생하는 능력[21]으로서 상상력에 의하여 재생된 사물은 원래의 사물이 아니며, 단순한 연상과정을 거치거나 보다 복잡한 생산적 과정을 거칠 수도 있는데 이 경우 우리는 그것을 창조라고 부르고 있다. 권환이 염두에 둔 것이 구체적으로 상상력의 유형 중에서 어느 것을 지칭하는지 명확하게 제시되지는 않았지만 그의 작품상에 구현된 것을 보면 주로 연상적 상상력에 머문 것으로 보인다.[22] 그에 의하면 판타지가 창조한 세계는 실재적 세계는 아니지만 현실에 뿌리를 두고 발화하는 것이다.

> 말하자면 판타지는 현실에서 발생되고, 시는 판타지로 창조되니 결국 시 그것이 현실의 영상이 되는 것이다. 마치 화경(花莖)이 뿌리 위에서 자라나고, 꽃은 화경 위에서 피니 꽃이 결국 뿌리의 양분으로 피는 것과 마찬가지다. 꽃은 꽃줄기와 뿌리보다 아름답다. 그러나 꽃은 역시 뿌리의 양분으로 꽃줄기 위에서 피는 거와 마찬가지로 판타지로 창조된 세계가 실재의 세계보다 아름답고 전형적인 그것이라도 결국 현실 위에서 발화된 것이다.[23]

문학의 재료로서의 현실을 이야기하면서 쌀과 배추를 비유한 것처럼 마찬가지 논법으로 판타지와 현실의 관계를 꽃과 뿌리로 설명하고 있다. 즉 현실보다 더 아름다운 판타지 세계도 결국 현실에 그 근거를 가지고 있다는 뜻이다. 축적된 경험은 나중에 다른 자극이 있을 때 다시 환기된다고 보면 이 논리는 극히 원론적인 수준이지만 여기에서 우리는 그가 시종일관 현실의 문제를

20 권환, 「시와 판타지」, <조광> 6권 12호, 1940.12.

21 William James, *Psychology ; Briefer course*, Henry Holt & Company, 1923, p.302.

22 일반적으로 상상력을 '연상적 상상력', '창조적 상상력', '해석적 상상력'으로 분류한다. Caleb Thomas Winchester, *Some Principles of Literary Criticism*, Biblio Life, 2009, pp.123~130. 권환의 경우 작품상으로는 연상적 상상력을 벗어나지 못한다.

23 권환, 「시와 판타지」, <조광> 6권 12호, 1940.12.

강조하고 있는 것을 볼 수 있다.

그런데 그는 농민문학을 설명하면서 제기했던 문제, 즉 시공의 차이에 따른 다양성이라는 측면을 판타지 시론에서도 제기하고 있다. 판타지의 현실에 대한 관계는 시간적 공간적으로 극히 중요한데 동일한 시대에도 지방에 따라 판타지가 달라지고 동일한 지방에서도 시대에 따라 판타지는 달라져서 민족적, 개성적 특징을 양성한다는 것이다. 더 나아가 판타지는 시간적, 공간적 관계뿐만 아니라 교양의 정도, 빈부 정도, 직업의 종류 등에도 그 영향이 크게 나타난다고 말한다.[24]

판타지론에 이르면 사실상 그가 초기에 주장하던 아지프로의 문학관은 거의 그 근거를 확보하기 어렵게 된다. 왜냐하면 지금까지 진행되어 온 그의 문학관의 변화는 현실을 재배치한 것, 시간과 공간에 따른 특수성과, 신분에 따른 세계관의 다양성을 모두 인정하고 있기 때문이다. 다만 그의 시론이 큰 변모를 보이며 진행되어왔다고 하더라도 그가 끝까지 관심의 끈을 놓지 않았던 것은 '현실'의 문제였음을 알 수 있어서 그의 문학관이 근본적으로 현실의 바탕 위에 근거를 두고 시간과 공간의 변화에 따른 다양성을 인정하고 있었음을 알 수 있다. 실제로 그는 해방 이후의 글에서 '해방 전과 후의 투쟁대상은 동일하지 않다.'[25]고 전제하고 일제 지배시에는 잔인한 일제의 착취대상이 있으므로 필연적으로 피착취 계급적 예술운동으로 발전되었다면 해방된 지금은 그 주요대상이 없어졌다고 말하고 있는 것이다.

그의 시론의 변모를 요약하면 결국 단순성에서 다양성으로, 현실과의 직접 관계만을 강조하던 것에서 간접적인 관계를 용인하는 것으로, 목적 일변도에

---

24 권환, 「시와 판타지」, <조광> 6권 12호, 1940.12.

25 권환, 「문화전선도 급속 통일하자」, <중앙신문> 1946.1.9~1.11. 이런 점에서 권환의 현실인식은 관념적인 것으로서 투철하지 못했음을 알 수 있다. 어떤 면에서 그는 일제 식민정책의 본질을 파악하지도 못했고 해방 후 미·소를 중심으로 한 세계재편의 본질도 파악하지 못한 것으로 보이는 것이다.

서 자의성을 인정하는 것으로 그 진폭이 넓어져 왔음을 알 수 있다. 이러한 그의 문학관이 실제 작품상으로는 어떻게 나타나는지 살펴보자.

Ⅲ. 시에 나타난 현실의 양상

Ⅲ-1 도구로서의 시와 의도된 현실

1925년부터 발표한 아동문학작품을 논외로 하고 나면 그가 의식적으로 작품을 발표한 것은 1929년 <무산자>에 「이 꼴이 되다니」를 싣고, 1930년에 <조선지광> 등에 「정지한 기계」 등 7편의 작품을 발표하면서 부터이다.[26] 이 시기는 그가 일본 유학을 마치고 귀국하여 카프의 소장파로서 카프의 주도권을 장악한 시기에 해당한다. 유학 중의 여러 정황[27]으로 보아 이미 그는 교토에 유학을 간 1926년부터 사회주의의 세례를 받았을 것으로 추정되기에 귀국 후 카프의 주도권 장악은 그의 행적에 비추어 전혀 어색하지 않다.

유학을 마치고 1929년에 귀국, 1930년 4월에는 '조선프롤레타리아예술동맹' 중앙집행위원 기술부 책임자가 되면서부터 그는 카프의 이론가로 맹활약을 하게 되는데 이 작품들은 바로 그러한 배경하에서 그의 문학에 대한 신념을 그대로 반영하고 있는 것들이다. '권환의 존재가 눈부신 것은 어디까지나 카프문학 초기 단계의 전형성이란 곳에 놓여있기 때문'[28]이라는 김윤식의 평

---

26 이 작품들은 1931년에 발간된 『카프시인집』에 재수록되었다.

27 이때의 행적으로는 <무산자>를 중심으로 임화와 더불어 이북만 계열에서 훈련과정을 겪은 것, 유학 첫해 겨울방학 중 귀국하여 염군사 멤버들과 비밀합평회를 가진 것, 1929년 5월 카프 동경지부에 가입한 것, 졸업논문이 '혁명시인 Ernst Toller-작품에 나타난 그의 사상'이었다는 것 등의 정황을 들 수 있다. 김윤식, 『작가론의 새 영역』, 강, 2006, 참조.

28 김윤식, 『작가론의 새 영역』, 강, 2006, p.19.

가처럼 이 시기의 작품들이 한국문학사에서 큰 족적을 남기고 있다.

기계가 쉰다
괴물같은 기계가 숨죽은 것같이 쉰다
우리 손이 팔짱을 끼니
돌아가던 수천 기계도 명령대로 일제히 쉰다
위대도 하다 우리의 ××[노동]력!

왜 너희들은 못 돌리나?
낡은 명주같이 풀죽은
백랍같이 하얀
고기 기름이 떨어지는 그 손으로는
돌리지 못 하겠니?

너들게는 여송연 한 개 값도
우리 한테는 하루 먹을 쌀값도 안 되는 그 돈 때문에
동녘 하늘이 아직 어두운 찬 새벽부터
저녁별이 반짝일 때까지 돌리는 기계

-「정지한 기계」 전 9연 중 1~3연 -

1기에 해당하는 이 시기의 작품들은 아지프로의 전범을 보여주는 것들이다. 앞에서 언급한 바와 같이 그는 프로예술의 투쟁대상을 부르조아 사회 전체에 두자고 역설하였고 '유일한 주요 목적은 노동자 농민계급을 아지 프로하여 미조직된 그이들을 조직시키고, 조직된 그 조직을 더 강화케 하는데' 있었던 것이다. 따라서 모든 시적 의장은 이 목적을 달성하기 위해서 헌신하여야 하는 것이었다.

사회주의 계급혁명을 위해서 일차적으로 필요한 것은 부르주아 계급과 프롤레타리아 계급을 극명하게 대비시킴으로써 거기에서 자연스럽게 적대감을 유발하는 것이었다. 따라서 당대의 사회적 환경을 염두에 두었을 때 그 배경은 전통적인 농경사회보다는 계약에 의한 집약적 노동현장인 산업사회가 더욱 효과적이었을 것이다. 농촌사회가 비록 지주와 소작농과의 불평등 관계가 있다고 하더라도 이미 그것은 마을 단위로 오랫동안 유지되어 온 것으로서 더 이상의 새로운 자극을 주기 어려웠을 것인데 비해 새로 형성된 도시 노동자들의 경우는 그것을 극명하게 드러내는 데 더 효과적이었을 것이라는 것이다. 즉 도시노동자들의 경우 계약에 의해서 관계가 형성되므로 사용자와 다른 인간관계가 형성되지 않으며 노동은 농촌사회보다 집약적이고 지속적으로 착취되므로 소위 혁명을 이루는 열악한 환경이 더욱 부각될 수 있기 때문이다.

따라서 이 시기의 작품들은 그 배경이 도시 산업체로 이루어져 있고 사용자와 노동자 사이에 극명한 대조를 드러냄으로써 적개심을 최대로 고조시키고 있다. 부르주아계급은 '낡은 명주같이 풀죽은, 백랍같이 하얀, 고기기름이 떨어지는 손'을 가진 나약하고 병든 모습이며 여송연을 피우는 모습으로 묘사되는데 비해서 생산의 주체인 우리는 여송연 한 개에도 미치지 못 하는 쌀값을 벌기 위해서 새벽부터 저녁별이 뜰 때까지 기계를 돌린다. '빈 배를 안고 부르짖는 어린 아들 딸을/떨쳐놓고 와서 돌리는 기계' '추운 겨울 병든 아내를 울울 떨게 하는 기계/가죽 조대에 감겨 뼈까지 가루된 형제를 보고도/아무 말없이 눈물 찬 눈물만 서로 깜빡이며 그냥 돌리는 기계'에서 그 극심한 환경은 대조되어 나타나는 것이다.

자본가와 빈민노동자의 대조적인 모습은 이후에도 극명하게 대비되어 나타난다.

우리가 만들어 주는 그 돈으로
×[너]들 여편네는 보석과 금으로 꾸며주고
우리는 집에 병들어 누워
늙은 부모까지 굶주리게 하느니

안남미밥 보리밥에
썩은 나물 반찬

×[돼]지죽보다 더 험한 기숙사 밥
하-얀 쌀밥에 고기도 씹어 내버리는
×[너]의 집 여편네 한번 먹여봐라

-「우리를 가난한 집 여자아이라고」 전 7연 중 2~3연 -

보석과 금으로 치장한 자본가의 아내는 하얀 쌀밥에 고기도 씹어 내버리는 모습으로 형상화되어 있는 반면에 우리는 가난한 집 여자아이로 공장에 근무하면서 돼지죽보다 더한 기숙사밥을 먹으며 병든 부모까지 굶주리고 있다. 여기에 등장하는 '우리'는 전통적으로 불리한 여건에서 성적으로 차별을 받아 온 어린 여성으로 등장하고 있고 또 다른 작품에서는 '나 어린 소년공'으로 나타나기도 한다. 이 역시 자본가의 횡포를 효율적으로 드러내기 위한 장치인 것이다.

뼈와 힘줄이 아직도
봄바람에 자라난 풀대처럼
연하고 부드러운 나어린 소년
부잣집 자식 같으면
따뜻한 햇빛이 덮여 있는 풀밭 위에서
단 과자 씹어가며 뛰고 놀 나어린 소년
부잣집 자식 같으면
공기 좋은 솔숲 속 높은 집 안에서
글 배우고 노래 부를 나어린 소년이다.

-「소년공의 노래」 전 5연 중 2연 -

이 작품은 사회의 구조적 모순을 계급적 불평등에서 찾고 그것을 최대한으로 부각시키고 있다. 부잣집 자식과 대조되는 나어린 소년공은 '햇볕없고 검은 먼지 찬 제철공장 안/무겁고 큰 기계 앞에서/짜운 땀을 흘리'며 '이른 아침부터 늦은 저녁까지/기계를 돌리고 망치를 두드려도/....[더러]운 주인 영감의..[착취]/모...[진] 어른의 압...[제]로/부드러운 ....[가슴]에 푸른 ×[흉]터만 남기는 것밖에/아무것도 얻어간 것 ×[없]는' 현실에 노출되어 있다.

이러한 시적 배경에는 그가 천명한 것, 문학을 계급혁명을 달성하기 위한 수단으로 삼고자 하는 적극적 의지가 나타나 있다. 이러한 열악한 현장을 배경으로 하여 그는 '우리도 항쟁을 안다 ...[투쟁]을 안다/(중략)/아무래도 ×× [승리]는 우리니/×[죽]을 때까지 하×[고] 하리라 ×[싸]우리라'(「우리를 가난한 집 여자이라고」) '용감한 그 아저씨들과 같이/수백만 우리처럼 가난한 사람들/ 맡은 ×를 ×한테를 ×[지]니기만 하는 동무들/이리가나 저리가나 ×을× ...[우리]들을 위해서 ××[싸우]자 응 ×[싸]우자!'(「소년공의 노래」)라고 투쟁을 간곡하게 권유하거나 불타는 의지를 표현하기도 한다.

1930년대 초의 우리나라 실정은 아직도 여전히 농업인구가 80%를 넘고 도시화, 산업화의 초입 단계였음을 고려한다면 이 시기 권환의 작품들이 공장 근로자나 노동쟁의와 관련된 것은 부르주아 계급에 대한 적개심을 극대화하기 위한 방편이었음을 알 수 있다.[29] 즉 이 시기 권환의 작품은 현실인식의 측면에서 본다면 다분히 의도적이며, 계급투쟁이라는 목적을 위해 사회의 부조리한 부분이 극도로 강조된 것이었던 셈이다. 이러한 점에서 그의 작품에서 지적되는 관념성은 곧 과격성이나 실험성과 연관되며 이는 보다 큰 목적을 위한 수단의 의미일 것이다.[30]

카프 해체와 전향 이후 그는 시집 『자화상』[31]과 『윤리』[32]를 내었는데 해방

---

29 이 시기의 작품들과 당대 현실에 관해서는 「머리를 땅까지 숙일 때까지」를 대상으로 하여 김용직이 구체적으로 거론한 바 있다. 김용직, 『한국현대시사1』, 한국문연, 1996, 참조.

30 이 시기의 작품들에 대해서 초보적인 계급의식을 토막글 형태로 써서 질적인 수준이 크게 떨어지는 것으로 보는가 하면(김용직, 『현대 경향시 해석/비판』, 느티나무, 1991.) 이 시들은 매체 운동적 성격이 강하므로 문예학적 관점이나 시 양식 자체의 틀 내에서 규정할 수 없다고 주장되기도 한다. (조영복, 「권환의 대중화론과 매체론적 지평」, <한국시학연구> 제25집, 한국시학회, 2009.)

31 권환, 『自畵像』, 조선출판사, 1943.

32 권환, 『倫理』, 성문당서점, 1944.

이 된 이후 3기의 시작 활동은 양식상 이 1기의 연장선상에 있다고 할 수 있다.

그는 시집 『동결』의 서문에서

> 나의 시작에 있어 해방 이전의 본격적 활동시대는 1932-3년 전후의 프로예술운동 전성시대였다. 그러나 그 때 신문잡지에 발표된 나의 시고(詩稿)는 그 후 거익우심(去益尤甚)했던 일제의 탄압으로 일편도 시집에 발표되지 못 하고, 또 대부분 보존되지도 못 하였다. 이것이 나의 가장 통분히 여기는 바이다. 나는 금후 가능한 한 민몰(泯沒)된 그것들을 찾아내어 자유로운 이 세상에 내놓으려 한다.[33]

고 진술한 바 있다. 진술대로라면 일제의 탄압에 의해서 많은 작품들이 소실되었고 그것이 가장 통분하다는 것이다. 그럼에도 불구하고 해방 이후의 그의 작품들은 우리의 기대에 상당부분 미치지 못한다. 이른바 해방정국 몇 년간은 우리 현대사에서 사상의 자유가 허용되고 그 선택의 자유까지 주어졌던 유일한 시기[34]였음을 고려한다면 일제의 탄압이 거세된 상태에서 그의 억압되었던 표현의지는 얼마든지 분출될 수 있었기 때문이다. 그럼에도 불구하고 이 시기 그의 작품들은 대다수 논자들이 1기와 같은 경향으로 취급할 정도로 1기의 수준에서 크게 달라지지 않았다. 현실인식은 여전히 구체적이지 못 하였고[35] 의도와 관념이 생경하게 나타나고 있어서 전혀 새로운 국면을 보여주지 못 하였던 것이다.

물론 해방 정국에 있어서 그를 둘러싸고 있는 여러 가지의 정황상 더 이상

---

33 권환, 『凍結』, 건설출판사, 1946.

34 김윤식, 『해방공간의 문학사론』, 서울대학교출판부, 1998, pp.18~19.

35 예를 들면 미소공동위원회에 보내는 「고궁에 보내는 노래」에서는 미래의 전망보다는 막연한 기대와 들뜬 기분을 노래하고 있고 「토지」에서는 북한의 토지 무상몰수와 무상분배를 함경도 농민의 입장에서 들떠 노래하고 있을 뿐 거기에 수반되는 문제점들은 간과되고 있다.

의 의욕을 가지기 어려웠을 수도 있고 어떤 면에서는 그의 역할이 소멸되었다고 보아도 무방할 것이다. 1920년대 후반에 발병한 폐결핵은 이미 그를 죽음의 문턱까지 몰아가고 있었으며[36] 또한 문단의 분위기도 더 이상 그에게 우호적이지 않았던 것으로 보이는 까닭이다.[37]

따라서 1기와 3기의 시에 나타난 현실이 구체적이기보다는 관념적이었으며 목적에 의해 의도된, 또는 당대의 특수 국면이 강조된 것이었음을 알 수 있다.

Ⅲ-2 소시민의 삶과 일상적 현실

전향 이후 그는 김해 박간농장(迫間農場)에서 농사를 지으며 농촌 생활을 배경으로 한 작품들을 쓰게 되는데 사실상 이 시기의 작품들이 수적으로 가장 많을 뿐만 아니라 시집 『자화상』과 『윤리』를 상재하여 주목을 요한다. 왜냐하면 볼세비키 원리주의자였던 그가 전향을 하고 농촌생활을 하면서 작품을 쓴다는 것, 그리고 그 시기에 시집을 두 권이나 냈다는 것[38]은 이미 친일 부역자가 아니면 불가능했을 것이라는 의혹을 사기에 충분하기 때문이다.

이 시기의 그의 작품들은 도시산업사회를 배경으로 하고 계급의 사회적 모순을 고발하며 이를 극복하려는 아지프로의 1기의 시와는 달리 대체로 농촌을 배경으로 한 평온한 세계가 그려지고 있어서 두 시기의 세계관은 엄청난 격차를 보이고 있는 것이 사실이다. 그것은 이 시기가 그의 아내로서는 가장 행복한

---

36 폐결핵 때문에 1931년 제1차 검거 시에 그는 병보석으로 불기소처분을 받게 되고 결국 그 병으로 타계한다.

37 이 시기의 문단상황과 권환의 행보에 대해서는 김윤식, 「해방공간에서의 권환과 향파」, 『문학사의 새 영역』, 강, 2007, 참조.

38 전쟁으로 인해 물자가 부족하던 이 시기에 시집을 내는 것은 지극히 이례적인 일이어서 시집을 낸 사람은 일제에 적극 협력하였던 김동환, 노천명 정도였음을 상기할 필요가 있다.

시절이었다고 생각될 만큼[39] 안정된 것이었기 때문일 것인데 이때의 안정이란 혁명가로서의 모습이나 항일이라는 사회운동과는 거리를 두고 부일 협력까지는 아니라 하더라도 적어도 체제에 순응한 전제에서 가능했을 것이다.[40]

따라서 이 시기의 작품들은 대개 아지프로에서의 급진적인 신념이 배제되고 순응주의에 입각하여 일상생활에서 행복을 맛보는 소시민적 삶의 모습이 그려져 있다.

부엌에 드나드는 아내의 얼굴
오늘은 유달리 혼자 좋았다
빙글빙글 오래간만에

오늘 아침 나누었던 두부 채
그 중에서 조금 제일 커더란다.

- 「두부」[41] 전문 -

아침에 나누어 든 두부가 다른 것보다 조금 더 크다는 것에서 느끼는 아내의 소박한 만족감은, 행복이란 것이 극히 개인적인 차원의 것으로서, 이념이나 거대한 사회적 구조에서 오는 것이 아니라, 극히 사소한 일상에서 오는 것임을 말해 주고 있다. 물론 그것은 거창한 서사적 담론체계에서가 아니라 일상적 세계에서 오는 순간적 삶의 파악에서 가능한 것이다.

여기에서는 세계를 보는 시각이 사회혁명 투사로서의 모습이나 지도자의

---

39 조봉제, 「가난과 병고로 생애를 마치다-시인 권환의 경우」, <문학세계> 1993.3~4월호. 이장렬, 앞의 글에서 재인용.

40 그의 친일, 부일 행위에 대해서는 박태일과 김형수의 견해가 대표적이다. 박태일, 「경남 지역문학과 부왜활동」, <한국문학논총> 제30집, 한국문학회, 2002. 김형수, 「부일협력, 그 기억과 망각 사이를 떠도는 망령」, <인문논총> 제11집, 창원대학교 인문과학연구소, 2004, 참조.

41 권환, 『윤리』, 성문당서점, 1944. 황선열 편, 『권환 전집, 아름다운 평등』, 전망, 2002.

모습이 아닌, 극히 평범한 한 농부이자 남편으로서 농촌생활에서 느끼는 정신적 여유와 소시민의 소박한 행복이 담담하고도 평화롭게 나타나 있다. 이처럼 당대의 주어진 환경에 순응하며 거기에서 소박한 행복을 맛보는 모습은 아우가 서기로 승급한 것을 만족해하거나(「행복」), 학교 소사로 일하던 장서방이 근속표창장을 받은 것을 큰 자랑으로 인식하는 (「금상첨화」) 태도에서도 찾아볼 수 있다.

그러면 그가 주장한 바, 현실을 바탕으로 한 생산문학, 농민문학은 어떻게 작품으로 형상화되었을 것인가? 그에 의하면

<1> 현실은 곧 문학의 원재료이며 그 현실은 '인간 생활의 진실'[42]이며 '생활은 문학의 원천이며 자양이다.'[43]

<2> 따라서 생산문학이란 생산을 그리는 것이 아니라 인간의 생활을 그리는 것이며 그것은 공장, 농촌에 국한되어 한정된 것이 아니라 광범한 의미에서 일반 생산부문에서 종사하는 인간의 노력 생활을 말한다.[44] 한 편 생산문학만이 유일한 리얼리즘 문학이 아니며 생산문학이라고 반드시 생산 생활의 묘사에 국한하는 것이 아니다.

<3> 농민문학은 그 대상이 반드시 소작농에 국한 할 것도 아니며 왕년의 계급문학과 같이 지주와 소작농의 대립관계만에 주력할 것도 아니다. 소작농을 중심으로 하는 일반농민의 건전한 근로생활을, 그들의 가장 전형적 얼굴을 진실하게 묘사하여야 한다.[45]

<4> 농민생활과 관련 없는 자연묘사를 필요 이상으로 하는, 농민생산 생활보다도 자연 그 물건을 위하여 그것을 찬미하며 그것을 묘사하는 전원문학은

---

42 권환, 「현실과 신시대의 시」, <조선일보> 1940.4.27.

43 권환, 「생산문학의 전망」, <조선일보> 1940.6.25, 6.28.

44 권환, 위의 글.

45 권환, 위의 글.

경계하여야 한다.[46]

로 요약될 수 있다. 그러면 구체적으로 그의 작품에서 당대 농촌의 현실은 어떻게 인식되고 있었던가? 그것이 곧 그가 시론에서 주장한 바 문학의 원재료인 현실의 문제를 확인하는 과정이며 그의 현실 인식을 구체적으로 확인하는 것이 될 것이다.

결론적으로 이 시기의 농촌을 배경으로 한 그의 시들은 식민지 치하라는 당대의 현실과는 무관한 지극히 보편적인 일상으로 나타나고 있어서 그의 현실인식이 피상적이고 안이한 것이었음을 보여준다. 먼저 이 시기의 그의 작품은 오히려 순수의 세계나 유년회상의 작품이 많고 생산현장으로서의 농촌의 모습이 나타나는 작품들은 그 수가 적을 뿐만 아니라 농촌현장도 당대의 구체적 현실이라는 측면에서는 우리의 기대에 훨씬 미치지 못하기 때문이다.

금년 보리는 오래간만에 필만치 되었다
지난겨울 하늘이 맑은 덕택으로
그리고 한 마지기에 2원어치나 소금 비료 거름을 한 탓인지
땅 정기를 한껏 마음대로 빨아당겨서
보리싹이 송곳같이 꼿꼿하고 쪽(藍)같이 검푸르다
날씨만이 앞으로 잘해주기만 하면
금년은 몇 해만에 처음 보리 흉년은 면하련만
나는대로 우리 입에 들어가는 것은 이것 뿐이니
아무쪼록 하늘서 잘 보살펴주었으면

- 「보리」[47] 전 5연 중 2연 -

여기에서 나타나는 화자의 태도는 식민지 현실이라는 역사의식이나 계급

---

46 권환, 「생산문학의 전망」, <조선일보> 1940.6.25, 6.28.

47 <조선문학> 1939.4.

투쟁과 같은 사회의식은 찾아보기 어려운 순박한 농민의 모습이다. '나는대로 우리 입에 들어가는 것은 이것 뿐'이라는 진술에서 빈한한 농촌 현실이 드러나고 있으나 이 경우 그것은 구체적이기보다는 가난한 농촌의 현실이라는 일상적 차원에서 나아가지 못한다. 그것보다 작가는 보리싹이 꼿꼿하고 검푸른 모습으로 건강한 데서 보람과 만족을 느끼고 있는 것이다. 그런 만족감에서 '그리고 여보! 어린애 어머니는/고무래질 그만 두고 집으로 가서/어린애 젖먹이고 저녁밥이나 지으라니까'라는 자상한 남편의 모습이 가능한 것이다.

물론 농촌을 배경으로 한 그의 시들이 일상적 삶에서 느끼는 행복만이 형상화 된 것은 아니다. 삼십 전후 피가 펄펄 끓을 때에는 천석꾼의 꿈을 꾸었지만 늙고 병든 몸으로 일곱 마지기 논을 내려다보는 곽첨지(「곽첨지」)의 모습은 피폐한 농촌의 모습을 보여주고 있다. 그러나 그렇다고 그것이 식민지 현실의 사회적 제반 모순에서 비롯된 것이라는 근거는 전혀 나타나지 않는다. 그런 인식보다는 삶의 허망함이나 항상 가난했던 농촌현실이 배경으로 전제되어 있기 때문이다. 또는 그런 인식이 일제의 구조적 수탈에 의한 좌절과 연관이 되어 있다고 하더라도 그 해결방식이 '아무쪼록 하늘서 잘 보살펴 주었으면'이라든가 '논 언덕 위에 우두커니 앉아 있다'로서 막연하고도 소극적인 기원의 형태로 나타나고 마는 것이다.

따라서 그가 주장한 바, '인간의 생활', '일반농민의 건전한 근로생활', '전형적 얼굴' 등은 보편적 삶의 모습을 추구한 것이면서 역사의식과는 유리된, 소재로서의 평범한 농민의 모습을 염두에 두고 있었음을 알 수 있다. 즉 그가 주장한 생산문학, 농민문학이란 개념은 결과적으로 농촌과 농민이라는 소재적 차원 이상이 아니었던 셈이다.

그러나 이 시기의 그의 작품들이 순수세계나 유년회상, 퇴행에 머물고 있으면서도 허무나 퇴폐의 공간으로 침몰하지 않고 저변에 자신의 신념을 간직할 수 있었던 것은 그가 스스로 농업에 임하면서 농촌현장에 몸담고 있었기 때문일 것이다.

III-3 전원문학과 판타지

위에서 살펴본 바와 같이 권환은 그의 시론에서 방법론상으로는 판타지 시론을 전개하면서 다른 한편으로는 생활과 관련없이 자연에 몰입하는 전원문학을 경계하였다. 그의 시력에서 1기의 작품들이 생산현장을 근거로 하여 목적의식하에 쓰여진 것이라고 한다면 전향 이후의 그의 2기의 시들은 목적의식을 상실한 순수세계 또는 의식이 내면화된 형태로 나타난 것이었다.

한편 그가 주장한 농민문학과 판타지 시론은 목적의식을 상실한 2기에 있어서 그의 시를 지탱하게 하는 주요한 버팀목이었다고 할 수 있다. 그는 농민의 실제 생활에서 벗어나 자연 자체에 몰입하는 것을 전원시라고 말하면서 이를 극도로 경계하였는데 그러나 사실상 이 시기의 그의 시들은 농민들의 현실적 삶의 현장보다는 순수한 서정시의 모습에 가까운 것이 많다. 그것은 위에서 살펴본 바와 같이 전향 이후의 현실 순응적인 태도와 농촌과 농민을 단지 소재적인 차원으로 취급한 결과로서 궁핍한 농촌의 현실과 그 원인, 거기에 대한 구체적 방안으로서의 식민지 현실이라는 인식이 전제되지 않은 상태에 전적으로 기인한다고 볼 수 있다. 왜냐하면 당대의 사회적 제 모순은 식민지의 수탈정책에 전적으로 기인하고 있었기 때문이다.

그러나 2기의 작품들 중 다음과 같은 것들은 자아와 세계가 갈등을 일으키지 않는, 말하자면 순수 서정의 세계를 지향한다고 볼 수 있다.

따스한 가을 햇빛
양털보다 부드럽다

노-랗게 물들린 뜰
금박(金箔)처럼 반짝이다

햇빛을 그리여
햇빛을 사랑하여

왔다갔다하는 개미 떼

또 보았을까
이보다 더 행복스러운 풍경을

- 「행복의 풍경」[48] 전문 -

이 작품에서 나타나는 것처럼 이 시기의 작품들은 대개 자아가 세계와 갈등을 일으키지 않거나 그 갈등이 내면화된 상태로 나타난다. 이념이 선행하지 않고 객관적 시각과 거리를 유지하고 있는 이런 모습은 이념이 전적으로 배제된 상태에서 서경적 묘사에 치우치는가 하면 갈등이 없는 평화로운 농촌의 풍경들이 묘사되기도 한다.

머리 위 바구니엔
구공탄 일곱 개
손에는 얼간 조기 세 마리

붉은 석양 햇빛을 등에 이고
빙글빙글 언덕 위로 올라가는 여인

- 「미소」[49] 전문 -

이 작품들은 대개 농촌의 현실적 모순이나 갈등이 배제되고 단순한 서경적 배경으로서 소재적 차원을 벗어나지 못하고 있어서 그가 주장한 농민문학보다는 그가 경계한 전원문학에 더 가깝다고 할 수 있다.

농촌의 삶의 현장이 배경으로 된 다음의 작품들도 사실상 여기에서 크게 멀지 않다.

---

48 권환, 『윤리』, 성문당서점, 1944.
49 권환, 『자화상』, 조선출판사, 1943.

바다같은 누런 낙동강 물이
뭉게뭉게 밑치등꺼정 차 올라와
삼대같은 갈 베내고 심어 논 모포기
삼간 새다리집
항아리 바가지 외양간에 황소꺼정
모조리 둥둥 떠나간 사년전 이야기
오늘밤도 또 할아버지는
재미나게 이야기하였다

가물가물 타는 생선기름 등불 밑에
덕석 새끼를 꼬면서

- 「추야장(秋夜長)」[50] 전문 -

새끼를 꼬면서 4년 전의 큰 홍수를 '재미나게' 이야기하는 할아버지의 모습은 당대의 시대적 현실은 배제된, 극히 사소한 개인적 일상일 것이며 동생이 급사에서 면서기로 승진한 데 따른 온 가족의 만족감과 거기에 수반되는 행복(「행복」) 등은 자아와 세계가 갈등을 일으키지 않고 동일시된다거나 서사적 맥락보다는 생의 순간적 파악을 위주로 한다는 서정시의 본질에 닿아 있어서 사회적 현실의 모순을 극복하기 위해 아지프로의 수단으로 쓰여진 1기의 시와는 전적으로 배치되고 있다고 할 것이다.[51]

이런 경향을 대표하는 것이 「심자한(心自閑)」이다.

깻잎 냄새 벼꽃 냄새
들풀 냄새 구수하게

50 권환, 『윤리』, 성문당서점, 1944.

51 「금상첨화」에서도 이와 유사한 성취감이 제시된다. 개천가 장서방이 학교 소사로 있다가 넓다란 근속표창을 받고 또 푼푼이 모은 돈으로 문전옥토 서마지기 논을 홍정한 것이 금상첨화로 온 동네에 소문이 난 것이다.

좁은 골에 차다

건너 산에 끼럭끼럭
장끼 우는 소리
이 편 산을 울리다

구름 그림자를 쫓아
언덕길로 달아가는 그대
두메 재미가 어떠한가 대관절

긴 휘파람만 먼 산 보고 불었다
혼자 빙그레 웃으며

- 「心自閑」[52] 전문 -

이 작품은 제목부터 이태백의 「산중문답」을 모방한 것인데[53] 자연 속에 묻혀 유유자적하며 사는 기쁨을 표현하고 있다. 후각과 청각적 이미지로 평화로운 자연상태의 산골 마을을 묘사하고 거기에 시적 자아의 심경을 서정적으로 드러내고 있다. 자아는 산중에 은거하면서 세속의 모든 욕망을 초탈한 모습으로 나타나 마치 신선의 경지에 들어선 느낌을 준다. 여기에서는 속악한 현실은 철저히 배제되고 동양적 이상향만 제시되어 있을 뿐 당대의 현실적 감각은 전혀 찾아볼 수 없다. 이는 말하자면 그가 시론에서 경계한 전원시에 가까울 것이다.

한 편 그가 판타지 시론에서 염두에 둔 상상력은 위의 작품들에서 드러나듯이 재생적 상상력, 연상적 상상력의 차원에 머물고 있다. 각각의 이미지는 아

52 권환, 『윤리』, 성문당서점, 1944.

53 제목 '心自閑'과 대답없이 휘파람을 불며 빙그레 웃는 것은 이태백의 「山中問答」중 '笑而不答心自閑'에서 따온 것이다. 박정선, 「시대의 반서정성과 서정시의 반시대성」, <어문학> 제108집, 한국어문학회, 2010, 참조.

주 근접한 유사성에 근거하고 있어서 상상력의 진폭이 작고 그만큼 작품은 평온하게 읽힌다. 따라서 그가 주장한 판타지 시론은 사실상 생산현장인 농촌을 소재로 한, 순응적인 서정의 차원에서, 재생적 상상력 또는 연상적 상상력의 결과로 나타났다고 할 수 있다.

현실을 근거로 하여야 한다는 그의 논리는 1기의 시들과 2기의 시에서 전혀 다른 모습으로 나타난 것인데 이는 식민지 현실이라는 보다 근본적인 역사의식이 전제되지 않은 상태에서 의식과 구호만 선행한 때문일 것이다.

Ⅳ. 결론

권환은 자신의 전 문학기를 통하여 시종일관 '현실'의 문제를 거론하였다. 따라서 시기에 따라서 변모해 나가는 현실인식의 양상을 살펴보는 것은 그의 문학 전모를 살피는 지름길이 될 수 있다. 카프의 맹원으로서 지도자적 위치에 있었던 그는 1기의 시와 시론에서는 아지프로에 입각하여 보다 완고한 현실인식 태도에 따라 작품활동을 하였다. 이 시기 그의 문학관은 한 마디로 '예술은 아지프로의 실현'으로 요약되며 내용상으로는 카프문학의 목적과 원칙을 그대로 추구하고 있었다. 이 시기의 작품들은 그 배경이 도시 산업체로 이루어져 있고 사용자와 노동자 사이에 극명한 대조를 드러냄으로써 적개심을 최대로 고조시키고 있는데 이는 현실인식의 측면에서 본다면 다분히 의도적이며, 계급투쟁이라는 목적을 위해 사회의 부조리한 부분이 극도로 강조된 것이었다.

1930년 이후의 그의 시론에서는 1기의 인식보다는 상당히 관대한 입장을 표명하게 되는데 통속성이라는 부르예술의 영역을 용인하는 것이라든지, 현실 그 자체는 문학이 될 수 없고 조미를 가하여야 한다는, 대립관계에만 주력할 것이 아니라 건전한 근로생활을 묘사할 것을 주장하여 유연성을 확코하게 된다. 이 점은 계급간의 격차를 극명하게 대조하고 거기에서 적대감을 환기시키며 계급투쟁으로 나아가기를 선동하던 초기의 작품들에 나타난 세계관에 비하면 현저한 후퇴를 거듭하는 것이지만 문학의 측면에서 본다면 소재나 주제가 훨씬 다양해지고 폭넓은 전망을 가질 수 있도록 허용되는 셈이다.

이 시기에 쓰여진 시들은 1기의 목적의식 일변도에서 벗어나 농촌 현실을 그리고 있지만, 그 현실은 소재 차원을 벗어나지 못하였고 역사의식이 전제되지 않은 상태에서 소시민적 삶을 그리는 데 머물렀다. 결국 그가 주장한 생산문학, 농민문학이란 개념은 결과적으로 농촌과 농민이라는 소재적 차원 이상이 아니었던 셈이지만 그럼에도 불구하고 이 시기의 작품들이 순수세계나 유년회상, 퇴행에 머물면서도 허무나 퇴폐의 공간으로 침몰하지 않고 신념을 간직할 수 있었던 것은 스스로 농업에 임하면서 현장에 몸담고 있었기 때문이었다.

궁극적으로 그가 도달한 것은 상상력을 근거로 한 판타지 시론이었는데 그 결과로 나타난 작품의 세계는 농촌을 배경으로 하고 재생적, 연상적 상상력에 기초한 서정의 세계에 머물렀고 농촌 현장이 소재적 차원에 지나지 않았다는 점에서 그가 경계한 전원문학에 더 가까운 것이었다.

이처럼 그가 시종일관 주장하였던 '현실'을 근거로 하여야 한다는 그의 논리는 1기의 시들과 2기의 시에서 전혀 다른 모습으로 나타났는데, 이는 결국 식민지 현실이라는 보다 근본적인 역사의식이 전제되지 않은 상태에서 의욕과 구호가 선행한 때문일 것이다.

6. 박세영(朴世永) 시의 형성과 변모양상

Ⅰ. 서론

한국 프로문학사에서 백하(白河) 박세영(1902~1989)은 중요한 위상을 차지하고 있는 시인이다. 그는 카프 맹원으로서 가장 오랜 전력을 지녔을 뿐 아니라 무엇보다도 카프의 방향전환과 해산이라는 굴절을 겪으면서도 자신의 신념을 굽히지 않았고 이후 월북에 이르기까지 시종일관 자신의 문학적 이념을 고수하였기 때문이다.[1] 그는 1920년대와 30년대를 거치는 동안 자신의 외부적 상황이 변하여도 카프문학의 대전제인 현실지향의 문학, 즉 리얼리즘에 입각한 창작태도에서 벗어나지 않았고 그만큼 그가 차지하는 문학사적 위상도 높다고 할 수 있다.

박세영은 1902년 경기도 양주 소미동리에서 '가난한 조선선비의 셋째 아들'로 태어났다.[2] 아버지는 무직이어서 은행원인 맏형이 생계를 겨우 유지하

---

1 이런 측면에서 그를 신념파 프로시인이라고 규정한 김재홍의 견해는 타당하다고 할 수 있다. 김재홍, 「신념파 프로시인, 박세영」, 『카프시인비평』, 서울대학교출판부, 1990.

2 호적에는 경기도 고양군 두모면 두모리 출생으로 되어있다. 아마 출생 직후에 고

는 등으로 빈곤하고 불우한 유년을 보낸 것으로 알려져 있다. 그는 16세 되던 1917년에 배재고보에 입학하였는데 거기에서 동급생인 송영을 만나 <새누리>라는 문학동인 잡지를 발간하고 3.1운동을 계기로 <자유신종보>라는 등사판 신문을 몇 개월 동안 발행하였다. 따라서 이 시기가 그의 세계관을 형성하는 중요한 계기가 되었을 것으로 짐작할 수 있다.

1922년 3월에 배재고보를 졸업한 그는 4월에 중국 상해의 혜령영문전문학교로 유학을 갔지만 학비문제로 중퇴하고 2년여 동안 중국에서 체류한 뒤 1924년 9월에 귀국한다. 그 체류 기간에 그는 심훈을 만났고 상해, 남경, 북경, 천진, 만주 등을 여행하였는데 이 지역은 당시의 중국 사회주의 운동의 근거지들이었으므로 그 여행이 그의 사상선택과 문예운동의 주요한 디딤돌이 된 것으로 판단된다.[3]

1924년에 귀국한 그는 연희전문학교에 편입, 여기에서 송영, 이기영, 윤기정, 박영희, 임화, 이호, 이적효와 교우하다가 카프 맹원으로 참여하면서 본격적인 작품활동과 사회운동을 시작한다.[4] 이러한 교우관계로 볼 때 그는 이미 배재고보에서부터 프로문학의 세계관에 깊이 연관되어 있었을 것으로 추정된다. 특히 교우관계가 두터웠던 송영과는 이후 북한에서도 막역한 관계를 유지했던 것으로 알려져 있다. 1925년에 카프 맹원에 가입한 후 송영과 함께 소년잡지 <별나라>[5]를 폐간할 때까지 10여 년 동안 이를 편집하였고 이후 37년부

양으로 이사한 것으로 보인다. 박세영의 이력에는 출생지부터 많은 이견들이 있는데 여기에서는 이를 충실히 비교 검토한 한만수의 견해를 따르기로 한다. 한만수, 『그들의 문학과 생애 박세영』, 한길사, 2008, 참조.

3 윤여탁, 「사상 우위의 문학관과 작품 행동으로서의 실천(박세영론)」, 윤여탁·오성호 편, 『한국현대리얼리즘 시인론』, 태학사, 1990, pp.26~27.

4 한성우, 『박세영 시 연구』, 대광문화사, 2000, p.35.

5 <별나라>는 당시 방정환이 주도한 <어린이>에 대립한 잡지로서 안준식이 발행하였다. 1935년에 내용의 절반을 일본어로 하라는 강요를 거부하여 폐간되었는데 10여년 동안 아동들에게 진보적 계몽의식과 독립의식 고취에 많은 기여를 한 것으로 알려져 있다.

터 모교인 배재고보에서 영어교사로 근무하였으며 1938년에 중앙인서관에서 시집 『山제비』를 상재하였다.[6]

해방 이후 카프 비해소파였던 박세영은 조선프롤레타리아 예술동맹에 가입하여 작품을 발표하고 그 후 조선문학가동맹으로 통합될 때 중앙집행위원으로 피선되지만 1946년에 '제1차 월북파'로 월북한다. 월북 후에는 1946년 3월 25일에 결성된 북조선예술총동맹에 참여하여 『진리』(문화전선사, 1947), 『승리의 나팔』(문예총출판사, 1953), 『박세영시선집』(조선작가동맹출판사, 1956), 『밀림의 력사』(조선문학예술총동맹출판사, 1962) 등을 내는 등 활발한 활동을 하였고 특히 북한의 '애국가'를 작사하는 등의 공적으로 1959년에는 북한 극기훈장 2급을 받았으며 1961년에는 조국평화통일위원회의 위원으로 피선되기도 하였다. 그는 1989년 2월에 사망하기까지 북한체제에 적극 참여하여 북한 문학사에서도 중요하게 평가받고 있다.

3차에 걸친 해금조치 이후 행해진 박세영에 대한 연구는 그렇게 풍요롭지는 않지만 대체적인 윤곽은 드러났다고 할 수 있다.[7] 그에 대한 평가는 코기드문 신념파 프로시인으로 민중·민족에 대한 사랑이 충만하였고 대표작 「산제비」와 같은 가작을 발표한 시인으로,[8] 또 한편으로는 소위 서술시를 일찍 시도한 시인[9] 등으로 요약될 수 있다. 아직 그의 북한에서의 행적이나 작품활

---

6 시집 『산제비』는 1946년 별나라사출판부에서 재발간되었다.

7 대표적인 연구성과로는 다음과 같은 것들이 있다.
김재홍, 「신념파 프로시인, 박세영」, 『카프시인비평』, 서울대학교출판부, 1990. 윤여탁, 「사상 우위의 문학관과 작품 행동으로서의 실천(박세영론)」, 윤여탁·오성호 편, 『한국현대리얼리즘 시인론』, 태학사, 1990. 황정산, 「리얼리즘 서정시르서의 박세영의 시」, <어문논집> 제29집, 민족어문학회, 1990. 심선옥, 「박세영시의 현실지향성 연구」, 성균관대학교 대학원 석사학위논문, 1990. 한성우, 『박세영 시 연구』, 대광문화사, 2000. 박은미, 「박세영 시에 나타난 현실인식과 시적 형상화 방법 연구」, <겨레어문학> 제28집, 겨레어문학회, 2002. 박수연, 「식민지적 디아스포라와 그것의 극복」, <한국언어문학> 제61집, 한국언어문학회, 2007.

8 그의 프로시의 작품 성과에 대해서 김용직의 경우는 대체로 부정적이다. 김용직, 『한국현대시사1』, 한국문연, 1996.

동의 결과물이 완벽하게 드러나지 않은 상태에서 그의 문학에 대한 전체적인 평가는 자칫 오류를 범할 수도 있겠으나, 북한문학사에 나타난 평가나 인용된 작품들로 볼 때, 북한에서의 그의 문학작품의 경향은 대체로 해방 이후 그의 작품 경향의 연장선 위에 북한의 체제가 결합된 정도로 볼 수 있다.

박세영에 대한 지금까지의 평가는 대체로 김재홍의 논제처럼 '신념의 프로 시인'이라는 선입관에서 크게 벗어나지 않았다.[10] 그 이유는 박세영이 처음부터 끝까지 프로의 문학세계를 고수하고 그것을 북한에서까지 지속적으로 추구하였기 때문이다.

그러나 박세영의 작품 전체를 투철한 신념의 결과라고 보기는 어려운 것이, 서정시란 그 특성상 서사적 맥락에서보다는 개인의 순간적 감정이 우위에 서는 것이고 따라서 거기에 나타나는 세계관은 항상 의식화된 상태에서 지배받을 것이 아니기 때문이다. 특히 한국 근대시사에 있어서 일제강점기라는 역사적 질곡의 상태를 관통해 온 시인들의 경우 급변하는 세계, 외부환경에 의해서 세계관은 다양하게 나타나며 또 그 세계관의 변모 과정이 곧 그 시인의 시작 활동, 시적 결과물이 되기 때문이다.[11]

지금까지의 박세영에 대한 연구결과들을 수용하면서 그의 시세계의 형성

---

9 그는 카프에서 단편서사시를 강조하기 이전에 이미 서술시를 발표하고 있는데 이에 대해서는 근대 초기의 신변시와 아울러 달리 논하고자 한다. 근대초기 신변시에 관한 논의는 김은철, 「태서문예신보의 시사적 위상」, <영남어문학> 제17집, 영남어문학회, 1990, 참조.

10 물론 그의 시경향을 기교적인 면까지 고찰한 한성우의 글이나 박은미, 박수연 등은 논의의 다각화에 기여한 것으로 평가된다.

11 한국시가의 전개원리를 관념주의와 현실주의로 보는 것은 필자의 일관된 주장이다. 그리고 그 두 세계를 경험하면서 변증법적으로 통합시켜 성과를 이룬 대표적인 시인으로 김소월과 이상화를 예로 들 수 있다. 즉 김소월이나 이상화의 경우, 관념지향적 세계관과 현실지향적 세계관을 거치면서 각기 개성에 따라서 서로 다른 통합을 이루어 냈으며, 그리고 그것이 곧 문학적 성과를 거둔 최대의 동인이었다. 김은철, 「김소월과 이상화의 비교연구」, <비교한국학> 제3집, 국제비교한국학회, 1997.

과 변모양상을 추적함으로써 한국시사에서 차지하는 그의 시세계의 특성을 살피고자 하는 것이 이 글의 목적이다. 연구의 대상은 편의상 월북 이전의 작품으로 한정하기로 한다. 따라서 이 논문은 그의 시세계의 전모를 밝히는 것에는 일정 부분 한계가 있을 수밖에 없지만 앞에서 언급한 바와 같이 북한 체제의 문학이 추가된다고 하더라도 결과가 크게 달라지리라고는 생각되지 않는다.

II. 시의 형성과정과 그 변모양상

II-1 상실감과 감상, 관념적 현실인식

박세영의 문학세계는 그의 현실인식과 문학적 변모를 중심으로 볼 때 다음과 같이 크게 네 시기로 구분할 수 있다.

<1> 제1기는 1925년부터 1929년까지로 주로 자연을 소재로 한 순수서정시 계열과 중국 기행시들을 쓴 시기이다.

<2> 제2기는 1930년대 초반에 해당하며 투쟁현장이나 노동자, 농민을 형상화한 것들이 많다.

<3> 제3기는 1930년대 중반으로서 일제의 탄압이 강화됨으로써 직접적인 투쟁현장이나 노동자 농민을 다룰 수 없게 되자 작품 내적으로 더욱 충실해지는 시기이며 그의 대표작으로 알려진 「산제비」, 「오후의 마천령」 등이 발표된다.

<4> 제4기는 해방기에 해당하는데 3기에 타의에 의하여 내적으로 억압되었던 감정이 외부로 강하게 분출되는 양상을 보이며 더욱 강한 신념이 드러난다.

이와 같은 시기 구분은 그의 문학적 결과물들을 일별할 때 비교적 뚜렷하게

나타나는 것이어서 구분 자체는 크게 문제가 되지 않을 것으로 판단된다.[12]

박세영이 공식적으로 문단에 등장한 것은 1927년이다. 그는 <문예시대> 2호에 「농부아들의 탄식」 등 4편으로 등단을 하는데 기록에 의하면 1923년 <염군> 1호에 「揚子江畔에서」를 실었다고 하나 확인할 수는 없다.[13]

창작된 시기를 고려하면 박세영의 작품은 「海濱의 處女」를 비롯해서 1925년에 5편, 26년에 8편, 27년에 4편, 28년에 1편, 29년에 1편 등으로 분포되어 있다.[14] 그의 문학초기에 해당하는 이 시기의 작품들은 대체로 자연의 풍광을 관찰하고 거기에서 우러나오는 순수서정의 세계가 주를 이룬다.

> 가을을 느끼는 나의 마음을
> 모조리 빼앗아가지고
> 저-산 뒤로 가버리다.
>
> 그는 별같이 번적이는 눈으로
> 이곳을 돌아보고 가다.
> 한마디 말만 남긴 뒤에
> 그는 밀물 들어오는 산밑길로 돌아가다.
>
> 밀물은 더 늘어올 때,
> 산밑길로 돌아가니 작은 어촌이러라,
> 굴껍질이 뗌뗌이 쌓여 있는!

---

12 대부분의 논자들이 시기 구분은 이와 비슷하게 하고 있다.

13 엄호석에 의하면 이 시는 중국 노동자들이 상해를 관류하는 황포강반에 노숙하는 광경을 보고 거기에서 받은 시인의 인상을 읊은 것이라고 한다. 엄호석, 「박세영론」, 『현대작가론2』, 조선작가동맹출판사, 1960. 그리고 시집 『산제비』에 실린 「양자강」은 이와 비슷하거나 개작된 것일 것으로 추정되기도 한다. 김용직, 『한국현대시사1』, 한국문연, 1996, p.556.

14 한만수, 『그들의 문학과 생애 박세영』, 한길사, 2008.

누비옷 입었던 처녀여!
어느덧 분홍저고리에,
모르는 듯이 白沙 우에 앉아
굴만 까고 있었다.

몇 날이 지나 뒷산 너머로 그 마을에 갔었다,
풍랑은 일어날 때,
그는 웃으며 치마로 얼굴을 가리고
외딴집으로 들어갔다,
그러나 문은 닫혀 있기만 하였다.
바다의 소리는 커가기만 하였다.

- 「海濱의 處女」[15] 전문 -

이 작품에서 우리가 볼 수 있는 것은 이념이나 신념, 또는 현실이 아니라 순수한 정서 그 자체이다. 내용으로 본다면 '바닷가 처녀에 대한 사모의 정'을 읊은 정도라고 할 수 있다. '가을', '누비옷', '풍랑', '닫힌 문'을 시대상과 결부시켜 의미를 부여할 수야 있겠지만 큰 의미를 찾기는 어렵다. 이 시에 전반적으로 흐르는 것은 마음을 '빼앗기고', '가버리고', '돌아가고', 문이 '닫힌' 상태, 즉 가버린, 사라진 것에 대한 애틋한 감정, 상실감이 주를 이루고 있다.

그의 초기에 나타나는 시들은 대개 이처럼 이념이 선행하지 않은, 상실감에 젖은 순수한 정서가 우위를 점하고 있다.

그렇게도 고은 봄은
웃음의 빛을 펏드려
누구나 오라건만 나는 다만
한숨을 쉰다
잊히지 않는 지난 날을 생각하고.

15 <문예시대> 2호, 1927.1.

오는 봄날엔 그대와 같이
꽃찾어 가자든 언약도
이제와선 어디론지 날러가
오늘에 남은것이란
폭풍우 끝에 낙수물 소리.

- 「잃어진 봄」16 전문 -

여기서 화자는 웃음을 퍼뜨리는 봄이 유혹을 하지만 과거의 상처로 한숨을 쉰다는 것이고 그 상처란 다름 아닌 님과의 이별이다. 그 님과의 이별이 전제되기 때문에 남은 것은 낙수물 소리뿐이다. 계절이 봄인데도 불구하고 상실감, 슬픔의 감정을 느끼는 것은 그러나 박세영의 개인적인 특별한 감정이 아니다. 낙화를 보고 세월의 무상이나 슬픔을 느끼는 것, 즉 '꽃은 떨어진다. 님은 탄식한다'의 정서는 한시에 있어서 관념화된, 자동기술법의 연장선상에 있는 것이며 1910년대 후반 김억의 「봄」이나 「봄은 간다」에 나타나는 정서와 크게 다른 것도 아니기 때문이다.

때로는 그 봄이 "봄이여, 오라고 부르오니/마을의 따님들은/버들피리만 불어서." (「봄피리」 일부)처럼 비관적인 슬픔의 정조가 나타나지 않기도 하지만 박세영의 초기시들은 대체로 상실감과 비관적 정조로 물들어 있다.

이 마을을 차저올 때마닥
山이 먼저 보이고는 잣나무가 보입니다.
적은 이 後園이나마, 마음에 떠올릅니다.

어느날 이 마을을 차저 山 넘고 밧이랑 도니
잣나무는 나를 먼저 마졌습니다.
그러나 이는 말는지 이미 오래였고,

16 『산제비』, 별나라사출판부, 1946.

새들은 날러들지 않었습니다.

그리고 날이 밝아 올때나 점으러 올때는
안개와 연기는 옛같이
나무 허리에서 떠돌기는 하것만
지금의 이 後園은 슬픔만 가득합니다.

-「後園」[17] 전 6연 중 4~6연 -

여기에서도 나타나는 바와 같이 그의 초기의 시에는 과거에 대한 긍정, 향수가 주조를 이루고 있고 이유 없는 슬픔이 주된 정조로 나타난다. 근거나 원인은 제시되지 않은 채 슬픔의 정조로만 물들어 있다는 것은 역사적 전망을 획득하지 못하고 비전을 제시하지도 못한, 추상적 관념에 물들어 있던 20년대 초기의 시들과 별반 다름이 없다고 할 수 있다. 즉 과거의 긍정은 곧 현실의 부정에 근거를 두고 있는데 그 부정되는 현실에 대한 구체적인 인식이 제시되지 못한 상태에 머물러 있다고 할 수 있다. 일제강점기라는 시대적 상황을 염두에 둔다고 하더라도 현실부정이 곧 현실에 대한 치열한 인식의 결과라고 할 근거는 작품에서 찾아보기 어렵기 때문이다.

박세영의 초기시에 나타나는 것은 이처럼 1920년대 한국시의 주된 기류였던 관념적 현실 인식의 차원, 상실감을 주조로 한 막연한 슬픔의 차원에서 벗어나고 있지 못하다. 다시 말하면 그의 시는 당시 세기말적 조류였던 퇴폐주의, 러시아의 우울문학 등의 영향 아래에 있던 개인적 감상주의 내지는 센티멘탈리즘에 머물고 있었던 셈이다. 물론 당대의 그러한 경향이 식민지 현실에서 배태된 것이었다고 하더라도 그 구체적 동인은 결핍되어 나타난 것, 그것이 곧 20년대의 한국 근대시였고[18] 그 연장선 위에서 박세영의 시도 출발한

---

17 『산제비』, 별나라사출판부, 1946.

18 예를 들면 20년대 초기의 시인들이 거의가 현실부정을 인식의 공통점으로 하고 있었다고 하더라도 그 부정되어야 할 현실의 근거가 식민치하의 정치적·사회적인

다고 할 수 있다.

이러한 사적 감정의 표출은 물론 서정시를 규정짓는 일차적 요소라고 할지라도 후에 공적인 차원을 요구하는 카프의 목적문학에서 본다면 이는 저해요소로 작용하는 것이다. 박세영이 신념에 찬 시인이었다고 할지라도 30년대 후반에도 이러한 사적인 감정의 시들이 쓰여지는 것을 보면[19] 그는 근본에 있어서는 감성에 더욱 충실한 시인이었다는 평가도 가능하다.

박세영은 배재고보를 졸업한 1922년에 중국으로 건너가 진링대학과 혜령영문전문학교에서 수학하고 24년 귀국할 때까지 중국대륙을 주유하였다. 이때 경험한 것들이 귀국한 후에 작품화되는데 이는 나름대로 일정 부분 의미를 부여할 수 있는 것들이다.

흐리고나 바단가 싶은 이 강물은
어지러운 이 나라처럼,
언제나 흐려만 가지고 흐르는구나.

옛날부터 흐리고나, 이 강물은
그래도 맑기를 기다리다 못하여
이 나라 사람의 마음이 되었구나.

해는 물 끝에 다 갈 때,
물은 붉은 우에 또 붉었다,
아즉도 남은 배란 웃물에 나붓기는 돛단배 하나.

- 「양자강」[20] 전문 -

데 그 원인이 있는 것이 아니라 불합리한 인습과 문화적 후진성에 근거하고 있다는 점을 눈여겨볼 필요가 있다. 김은철, 『한국 근대시 연구』, 국학자료원, 2000, pp.66~70, 참조.

19 30년대 후반에 쓰여진 「감국」이나 「이름 둘 가진 아기는 가버리다」 등이 여기에 해당한다. 이 작품들은 개인적 차원에서 사적 감정을 토로한 것으로 개인감정이 극복되어야 한다는 계급시의 요건에서 본다면 극복되어야 할 과제라고 할 수 있다.

이 작품에서 우리가 읽을 수 있는 것은 비단 양자강이라는 이국정조 뿐만 아니라 거기에 스며들어 있는 역사의식이다. '어지러운 이 나라'라든가 옛날부터 강물이 흐리며 그것이 사람들의 마음이라는 인식은 서경에서 찾아내는 또 다른 국면이라고 할 수 있다. 박세영의 중국 기행시는 대체로 이와 같은 역사의식에 기반을 두고 있어서 앞에서 본 감상적인 순수서정의 시들과는 일정 부분 변별적이다.

江寧은 썩어간다.
그대가 묻힌 곳도 헐어진다,
여기서도 城中이 보이지 않는가.

지금도 그대를 지키는 무리는 있어
文武官의 망부석,
앉고 선 巨獸들의 석상은 마주 늘어섰다.

그리하여 城中과 무덤이 무너질 때,
웅덩이도 묻혀지고 어둔 골이 타버리어,
새로운 빛은 흘러오려나.

-「明孝陵」 전 9연 중 7~9연 -

(전략)
清朝의 皇居는 지금 執政者도 없는 總統府가 되었읍니다.
宮門의 하나였든 西安門은 쓰러져가고,
商街의 所用없는 門이 되었읍니다.
그리고 天慶宮은 市民의 집이 되었을 뿐이요.
그것은 잘 되었읍니다.
그러나 놀라운 일이요,

---

20 『산제비』, 별나라사출판부, 1946.

황폐한 都市는 깰날이 언제일까요.

(중략)

오! 悲慘한 燕京!
당신은 터질 때가 왔읍니다.
魔都를 살를때가 왔습니다.

(중략)

그때는 죽엄에서 함께 勝利를 노래합시다.
그대와 나는 기쁨에서 노래합시다.
죽엄을 기다리는 이 古都!
昏睡에 빠진 이 大陸은 깰날이 아득하구료.

- 「北海와 煤山」[21] 일부 -

박세영의 중국 기행시는 거대한 과거 제국의 멸망과 현 정세를 대비함으로써 비참한 민중들의 삶의 모습을 부각시키고 있다. 물론 이 작품들은 앞에서 살폈던 감상적 서정시들에 비한다면 역사적인 전망을 획득했다는 점에서 긍정적이다. 그럼에도 불구하고 우리는 이 작품들이 관념적 현실인식이라는 차원이거나 구호에 머문 혐의를 불식시킬 수는 없다.

먼저 이 작품들은 그 초점이 민중들의 삶에 맞추어져 있는 것이 아니라 거대한 제국의 몰락이라는 허망함과 무능했던 과거 정권의 부정과 부패에 맞추어져 있다. 왕궁이 총통부가 되고 서안문은 쓰러지고 천경궁은 시민의 집이 된 현실, 군벌의 대립으로 불확실하기 짝이 없는 미래 등, 따라서 그는 내가 당신이라면 이 마의 도시를 스스로 불사를 것이라고 목소리를 높이는 것이다. 거기에는 비참한 현실에 직면한 민중들의 구체적 삶의 모습보다는 지금은 멸

21 『산제비』, 별나라사출판부, 1946.

망한, 찬란했던 거대 제국의 모습이 더 크게 부각되고 거기에 대한 뚜렷한 전망이 부재한 상태이기에 토운이 높은 선동적 구호가 나타나는 것이다.

박세영의 중국 기행시는 이런 약점에도 불구하고 몇 가지 의미를 가지게 되는데 그 첫째는 이때부터 그가 소위 역사적, 현실적 문제를 인식하기 시작하였다는 점, 둘째는 당대 중국과 우리의 현실이 비슷하였으므로 이 작품들이 한편으로는 우리의 현실에 대한 것이었다고 해석될 수 있는 점 등이다. 이 점은 예를 들어 비슷한 시기에 중국으로 도피했던 주요한의 경우와 비교해 보면 선명하게 그 차이점이 부각된다. 즉 주요한의 경우 중국 기행시들은 그야말로 이국정조에 머무는 뚜렷한 한계를 보이기 때문이다.[22] 이 경우 우리는 주요한이 외국여행에서 느끼는 이국정조에만 머물었고 반면 이상화의 일본에서의 시들이 투철한 민족의식이 앞섰다고 한다면 박세영의 경우는 관념적 역사인식으로 세계를 보았다고 할 수 있다.

즉 구체적 현실인식이 결여된 상태에서 과거 역사에 대한 감상적 회한, 부정과 무능에 대한 울분, 미래의 비젼이 갖추어지지 않은 상태에서의 격정이 높은 토운으로 나타난 것이 이 시기 그의 작품들의 경향이라고 할 수 있다. 현실인식에 구체성이 점차로 확보되면서 그의 미학적 관점이 보다 구체적으로 선명하게 나타나는 작품은 「타적」이다.

> 「네그로」를 흉보든이들이
> 어느사이에 그들과가티되여서
> 지금은 들, 이삭이곤두슨 들에서
> 훌륭한 人間의 野外劇을 보여주는구나.

---

22 주요한의 중국체류시기의 시들은 외국여행에서 느끼는 이국정조*exoticism* 이상도 이하도 아니다. 이상화의 경우 일본에서 경험한 시편들은 뚜렷한 민족의식이 선행하고 있어서 이와 비교된다. 유학기에 쓰여진 이러한 시편들의 비교 검토는 그 시인들의 의식과 밀접한 관련을 가진 것으로 생각된다. 김은철, 앞의 책, 참조.

절늠바리의 거름과가튼 이가을은
그래도 모든곡식을 염을이고 가는가
울타리와 지붕엔 파란박이 굴늘 듯이 노엿드니만
굴너간는가 터져서 ×가 됏는가
지금은 지붕조차 빨간물이 들엇네

길길이 자란 수수ㅅ대는 이 가을이 다-가도록
기럭이를 불넛스나 한놈도 안와서
얼골을 붉켯네 왼몸이 피에 싈엇네
싈타못하야 기럭이도 못만나보고 주인에게 잘니고 말어
가을은 절늠바리로 왓다가만 가버리나

(중략)

오-해마다 오는 가을이여
건제나 절늠바리로만 왓다가려는가
이해가 다-가서 래년이올젠
우리들의 맘까지 ××(비수;인용자 주)에 찔는 쌍가티 되려나뵈
되고야 말냐나뵈.

- 「타적」(1928.11)[23] 전 8연 중 1~3, 8연 -

이 작품은 박세영시의 전개에 있어서 하나의 큰 전환점이 된다고 할 수 있다. 즉 이 시는 초기에 그의 시에서 나타났던 상실감에 근거한 감상적 색조, 관념적인 역사의식에서 보다 현실감 있는 시각을 획득하는 것이다. 니그로와 같은 노예들에 비유되는 농민들의 삶은 '절름발이의 걸음과 같은 가을', '낮도적에게 빼앗긴 땅', '허제비 꼴과 같은 농민의 모습'으로 형상화되며 더 구체적으로, 수숫대에는 기러기조차 찾아오지 않고 화초들까지 들꽃으로 변하여

23 <조선지광> 81호, 1928.1.

가는 것으로 나타난다.

키만 자란 수숫대는 식민지 수탈에 찌들려 깡마른 농민을 연상시키고 기러기조차 찾지 않는, 극에 달한 궁핍의 현장을 드러내는 것이라고 할 수 있다. 즉 추상적이고 관념적으로 나타나던 그의 세계에 대한 반응이 구체적 삶의 현장성을 획득함으로써 보다 리얼리티에 근접하고 있는 것이다. 이 작품은 1928년경의 암담한 농촌 현실이 그 배경으로 되어 있고 또 한편으로는 그러한 현상의 근원인 일제에 대한 분노와 저항의 정서가 대칭축을 이루며 전개되고 있다.[24]

가을 풍경은 '붉은 물이 든 지붕', '피에 끓는 수숫대', '터진 땅의 심장' 등으로 저항의 정서로 채색되어 있으며 이러한 정서는 '야성의 들꽃'이나 '늑대가 되는 개' '비수에 찔린 가슴' 등으로 더욱 첨예화되어 나타난다. 이러한 이미지는 결국 '일제의 수탈에 시달린 나머지 그에 항거하려는 당시 우리 농민들의 정신자세를 표상'[25]하는 것으로 해석할 수 있다. 따라서 박세영의 「타적」은 궁핍한 농촌 현실이라는 객관적인 현실에서 출발하여 그 근원인 일제 식민지에 대한 분노, 그것을 타개해 나가야 하는 저항과 항거의 결의까지 나타난 것으로서 그의 시문학의 전개과정에 있어서 중요한 위치를 차지한다. 무엇보다도 이 작품은 개인의 구체적 삶이라는 현장성에서 나아가 민족의 현실이라는 공동체적 운명을 담보하고 있어서 당대의 보편적 정서를 획득하고 있는 것이다.

1925~26년 사이의 그의 작품이 상실감에 근거한 감상적 어조, 또는 추상적이고 관념적인 인식에 머물러 있었다고 한다면 「타적」을 쓴 28년부터는 이처럼 구체적인 현실 위에서 현상에 대한 인식의 폭이 넓고 깊어지고 있다. 아마 카프 가입 이후의 그의 사회적인 경험이 그의 현실안을 더욱 구체적이게 하였

24 심선옥, 「박세영시의 현실주의적 성격」, 성균관대학교 대학원 석사학위논문, 1990, p.30.

25 김용직, 『한국현대시사1』, 한국문연, 1996, pp.558~559.

을 것이다.[26]

II-2 현실의 적극적 대응과 행동의 양식

초기에 나타났던 막연한 상실감, 관념적 현실인식은 1930년대에 오면 더욱 현실과 밀착된 형태로 나타난다. 이는 곧 그가 카프 맹원으로서 열성적으로 활동하면서 현장에서 겪고 보는 것들이 더욱 실체적으로 다가왔고 카프의 행동이념에 더욱 충실했기 때문일 것이다. 30년대에 접어들면서 그는 활발하게 작품활동을 하며 그 경향 또한 더욱 뚜렷한 방향성을 제시한다. 이는 곧 20년대 말에 「타적」에서 보여주었던 본격적인 프로문학의 경향, 곧 카프문학의 차원을 보다 공고히 구축하는 것이다.

누나!
그날을 또 엇더케 지내셋수
硫黃가루 어더 마진 것 가튼 세자식을 데리고
돌려가며 밥달나는 굶은 어린것들을 데리고
허나 누나를 보고 오는 나의 마음은
비스듬한 고개가 갑자기 깍가 질너보이고
내려다 뵈는 都市를 向하야 가슴을 멧번이나 두다렷소

누나!
그러게 내가 무어라고 그랫수
가난한 사람은 다 가튼 생각을 가저야 한다고

---

26 1924년 중국에서 귀국한 그는 1925년에 카프에 가맹하고 <별나라>를 편집하였으며 28년에는 송영이 맡아서 하던 은평사범학교에서 빈농의 자녀들을 가르치기도 하고 농민조합을 지도하기도 하였다. 즉 그는 농촌 현장에 뛰어들어 그들의 삶을 체험하면서 프롤레타리아 세계관을 확립하는 동시에 그것을 실천하였던 것이다. 이때의 작품으로 「밤마닥 오는 사람」이 있다.

내몸은 가난의 그물에 걸렷스면서도
생각은 가장 理想境, 文化住宅을 생각하고
재산을 생각하지만 어듸 되는줄 아우
가난한 사람이 누구라 안부즈런 하우만은
돈을 모을 수가 잇습뒷가 그것도 封建時代의 말이유
부즈런이란 무엇 말나 빠진 것이란 말이유

누나!
十年을 공부하고 나온 몸이라
언제나 重病者와 가튼 女工들을 볼때는
개나 가치 생각하지 안엇수 만은
누나도 사흘 굶고 工場에로 안나스셋수
그럴때 ×들은 누나가 늙엇다고 拒絶을 하지 안엇수
나희 三十이 넘은 누나가 늙엇다는 것은
자본주의 시대의 솔직한 말이 아니유
×들은 조금이라도 우리의 힘을 더 ××슬 생각박게

누나!
그러면서도 또 무슨 생각을 하시유
인제는 北平으로 가버린 男便도 기다릴게 없수
그저 새생각을 먹고 나스시유
다른 工場에라도 가보시유
그래 가튼 女工의 ××가 되야
우리들의 ××을 위하야 ××나갑시다

누나!
그래야 가장 훌융한 누나가 아니겟수
머리는 기름박을 되쓴 것 가치 윤이 흘으는 ×들의 녀편네들은
뱃속의 촌맥충이나 무에 다르겟수
누나! 그러면 나는 기다리겟수
누나의 레포를 기다리겟수

- 「누나」[27] 전문 -

이 작품은 대화체 형식으로 된 것으로서 프롤레타리아 계급인 누나에게 계급투쟁에 나설 것을 종용하고 있다. 굶은 세 자식, 공부한 인텔리 누나, 북평으로 가서 돌아오지 않는 남편, 사흘을 굶고는 개 같다고 혐오하던 여공이 되려고 하지만 나이 삼십인데도 늙었다고 받아주지 않는 공장주, 윤이 흐르는 녀석들의 여편네, 그럼에도 불구하고 문화생활과 재산을 생각하는 누나. 이처럼 이 작품은 명백하게 부르조아와 프롤레타리아 계급을 대칭구조로 설정하고 있고 '××[투쟁]을 위하여 ××[싸워]나갑시다'라고 선동한다.

「누나」는 20년대 후기에 그가 보여주었던 궁핍한 식민지 현실에 대한 인식이 계급투쟁이라는 보다 진전된 형태로 나타나, 그의 문학활동이 뚜렷한 목적과 방향을 가지게 되었다는 것을 보여준다. 즉 식민지 현실의 삶의 모습을 단순한 현상적인 궁핍으로만 바라보는 것이 아니라 그 원인을 사회의 구조적인 면에서 찾고 그것을 타개하기 위한 행동을 전제하고 있는 것이다. 「산골의 공장」에는 이러한 모습이 더욱 구체적으로 나타난다.

굴독도 업는 工場
밤낫 문이닷처잇는 工場
工場이랄가 ......이랄가 여보서요 말이안나요
아츰이면 여섯시 밤이면 아홉시
들고날제 처다보면 별과달밧게
해라고는 보지도 못하엿지요

이工場은 털구뎅이
노루털 개털 사슴털 톡기털을 조각쓰는
山ㅅ골의 털工場입니다.
우리들의 몸에선 짐승내가 나고
얼골은 황단이 들엇습니다

27 『카프시인전집』, 집단사, 1931.

여보서요 당신들은 山ㅅ골의 이 工場은
일도 안 하는줄 아시지요
그러나 우리들은 벌서 七年째나 다녓습니다
七年째 ......에 얼켜 다녓습니다
장마때는 무루팍까지 대리를 걷고
工場에를 다녓지만
아는이란 업슬갭니다

- 「산골의 공장 -엇던 女工의 告白」[28] 1~2연 -

이 작품은 당시의 실제 상황을 묘사한 것으로 보인다. 1930년대 초반의 평양고무공장의 파업[29]을 연상하게 하는 이 시는 열악한 근로조건, 폭력적인 임금착취, 자본계급의 부도덕성이 사실적으로 묘사되고 있다. 칠 년 만에 임금을 5전을 올리더니 그것을 도로 깎자 '우리들은 이 소리를 듯고 일을 집어치우고/모두 이러나서 밤낫닷처만잇든/그 공장문을 열어젯드렷습니다' '별장가튼 쥔의 집에선 「라듸오」소리가 흘너나오고/아가씨는 옷을 한묵금 가주고 자동차를 타러 나갈째' 그들은 가슴이 미어지는 것이었다.

그러자 ....의 兄弟들은 쪼차왓습니다
우리의 소식을 듯고 이 山ㅅ골작이로
그리하야 우리는 힘을 모아.....습니다

우리는 깃버서 눈물이 남니다
우리들을위하야 밤낫으로 애써주는
노 ..... 兄弟들의 뜨거운마음씨에

---

28 <신계단> 1호, 1932.10.

29 평양 고무공장 파업은 임금삭감이 주요 원인이 되어 1930년부터 몇 차례에 걸쳐 일어난 것으로 '원산총파업'에 버금가는 '제2의 대파업'으로 불린다.

그리하야 우리들 오십명은
(이하략)

-「산골의 공장」 끝부분 -

「산골공장」은 이처럼 당대 자본주의 현실의 구조적인 모순점을 인과적으로 인식하고 그것을 행동에 의해 극복하고자 하는 신념과 열의가 확연하게 드러나 있다. 앞 작품 「누나」에서는 부조리하고 모순에 찬 현실을 한탄하는 태도에 머물거나 기껏 '우리들의 ××[투쟁]을 위하야 ××[싸워]나갑시다' '누나의 레포를 기다리겟수'와 같은 소극적 권유, 레포를 기다리는 수동적인 태도로 나타나는데 비해서 「산골의 공장」에서는 더욱 적극적인 모습, 행동으로 나타나고 있다. 이제 그들은 그 현실적 모순을 극복하기 위해 공장문을 열어제끼고 노동조합과 합류하여 대단위 투쟁에 나서게 된다.

이 작품들이 가지는 몇 가지 결함[30]에도 불구하고 여기에서 우리는 박세영의 시세계가 어떤 방향으로 전개되어왔는지 명확하게 알 수 있다. 즉 초기에 보였던 순수한 감상적 시세계, 관념적 역사인식에서 시작, 피상적으로 당대 현실을 수용하던 것에서 나아가 그 구조적 문제를 인과적으로 해석하면서 적극적이고 행동적으로 그 구조를 타파해나가려는 의지를 그는 보이고 있는 것이다.

따라서 우리는 시의 작품상의 성공 여부를 떠나서 이 작품에 그의 시 전개사상 일정한 의미를 부여할 수 있다. 즉 그는 관념적, 수동적 인식에서 출발하여 적극적인 현실인식으로, 행동으로 나아간 시인이었던 것이다. 카프의 맹원으로서 그는 처음부터 끝까지 자신의 신념을 버리지 않았고 그 작품세계 또한 거기에서 크게 멀어지지 않았다. 관념과 현실이라는 이 두 세계를 경험하면서

---

30 김용직은 「누나」가 동기설정이 불가능하고 경직된 이데올로기가 점철되었을 뿐 원래 카프시가 가져야 할 목적시로서는 성공하지 못했다고 평가하고 있다. 김용직, 『한국현대시사1』, 한국문연, 1996, pp.563~565.

변증법적으로 이루어진 시세계가 그의 대표작으로 일컬어지는 「산제비」, 「오후의 마천령」이다.

II-3 산제비와 마천령, 관념과 현실의 변증법

주지하는 바와 같이 1930년대는 카프에 각종 탄압이 가해지고 결국 1935년에 카프는 해산된다.[31] 카프에 가담했던 문인들은 대체로 각기 다른 진로를 택하게 되는데, 그 하나는 백철과 박팔양처럼 방향을 바꾸어 정치색을 버리고 순수문학을 취하는 경우, 또 하나는 임화, 김남천과 같이 카프의 대원칙을 포기하지는 않으면서 경직된 이데올로기를 거세하고 예술성을 더해 나가는 절충주의적 경향을 취한 경유, 또 다른 하나는 카프의 이데올로기를 그대로 고수한 채 비전향을 한 경우로 이기영, 한설야, 송영, 박세영 등이 여기에 해당한다.

그러나 비전향파라고 하더라도 계급사관에 입각한 작품을 뜻대로 발표할 수 있었던 것은 아니다. 그 이유는 30년대의 엄격한 일제의 감시와 규제, 검열에서 작품 발표가 결코 자유로울 수 없었기 때문이다.

이런 사정은 시집 『산제비』에 실린 시들에서도 확인된다. 카프 해산과 <별나라> 폐간 후 1937년경에 박세영은 모교인 배재고보에서 교편을 잡게 된다. 그리고 1938년에 시집 『산제비』를 간행하게 되는데 여기에 실린 작품들은 그가 작품활동을 시작한 1920년대 후반의 작품들과 카프 해산 이후의 작품들, 즉 1935년경부터 1938년까지의 작품들만 수록되고 그 중간 시기의 작품들은 수록되지 않았다. 다시 말하면 그가 카프맹원으로 활약하던 시기의 작품들은 이 시집에 하나도 실리지 않았는데, 이는 그의 강렬한 프로문학 성향의 작품들이 일제의 검열에 통과할 수 없었기 때문이었을 것이다. 해방 후 1946년에 그는 이 '전투적이며 혁명적인 시편들'을 묶어서 『流火』를 발간하였다고 하

31 1931년 1차 검거, 1934년 2월 2차 검거, 1935년에 해산계를 냄으로서 카프의 조직활동은 막을 내린다.

나 유실되어 전하지 않으며 박세영 자신도 이를 늘 아쉬워했다고 한다.[32]

이로 미루어 카프 시기의 그의 작품들은 그가 '전투적, 혁명적'이라고 말한 바와 같이 카프의 목적문학에 더욱 충실한 것이었을 것으로 짐작할 수 있고, 결국 시집 『산제비』에 실린 작품들은 카프문학의 경직된 이데올로기 지상주의가 일정 부분 지양된, 또는 해소된 것들이 그 대상으로 선정되었을 것이다.

카프의 경직된 이데올로기 지상주의는 물론 지양, 극복되어야 할 과제로 계속 대두되었고 그것이 자체 내의 분열상까지 보인 것인데 이런 문제점을 해결하기 위한 지점에 박세영의 「산제비」가 있고 이는 카프 문학으로서는 보기 드문 성공작으로 평가된다.

南國에서 왔나
北國에서 왔나
山上에도 上上峰
더 오를 수 없는곳에 깃드린 제비

너이야 말로 自由의 化身 같고나
너이몸을 붓드를者 누구냐
너이몸에 아른체할者 누구냐
너이야 말로 하늘이 네것이요 大地가 네것같구나

綠豆만한 눈알로 天下를 내려다보고
주먹만한 네몸으로 화살같이 하늘을 꿰여
魔術師의 채쭉같이 가로세로 휘도는 山꼭대기 제비야 너는 壯하고나

하로아츰 하로낮을 허덕이고 올라와
天下를 내려다보고 느끼는 나를 웃어다오
나는 차라리 너이들같이 나래라도 펴보고 싶고나
한숨에 내닷고 한숨에 솟치여

---

32 한성우, 『박세영 시 연구』, 대광문화사, 2000, pp.36~37.

더 날을수없이 神秘한 너이같이 돼보고 싶고나

槍을 꼬진듯 희디흰 바위에 아츰 붉은 해ㅅ발이 빛일제
너이는 그 꼭대기에 앉어 깃을 가다듬을 것이요
山의 精氣가 뭉게뭉게 피여올을제
너이는 마음것 휘정거리며 씻을 것이요
原始林에서 흘러나오는 世上의 秘密을 모조리 드를 것이다.

뫼ㅅ돼지가 붉은흙을 파헷칠제
너이는 별에 날러볼 생각을 할것이요
갈범이 배를 채우려 약한 짐승을 노리며 어슬렁 거릴제
너이는 人間의 서글픈 소식을 傳하는
이나라애서 저나라로 알여주는
千里鳥일 것이다.

山제비야 날러라
화살같이 날러라
구름을 휘정거리고
안개를 헷처라

땅이 거북등같이 갈러졌다
날러라 너이들은 날러라
그리하야 가난한 農民을 위하야
구름을 모아는 못올까
날너라 빙빙 가로세로 솟치고 내닷고
구름을 꼬리에 달고 오라

山제비야 날러라
화살같이 날러라
구름을 헷치고
안개를 헷치라

- 「산제비」[33] 전문 -

이 작품은 화자가 존재하는 지상적 개념과 산제비가 존재하는 천상적 개념이 대립적으로 배치되어 있다. 지상은 정상까지 허덕이고 올라가야 하는 낮은 곳이며, 멧돼지가 붉은 흙을 파헤치고 길범이 배를 채우려 하는 곳, 땅이 거북등같이 갈라진 곳, 가난한 농민들이 있는 곳 등 비속한 공간으로 나타난다. 산제비는 천상의 개념으로 등장하는 시적 대상물로서 천상에도 상상봉에 깃을 드리운, 자유의 화신이며 신비한 존재, 원시림같이 순수한 곳을 엿듣는 천리조, 구름을 헤치고 안개를 헤치며 화살같이 나는 성스럽고 존엄한 존재로 묘사된다.

현실과 관념, 즉 지상계와 천상계의 대립적 개념은 이미 한국 고시가에서 원초적으로 나타났던 것이다. 즉 향가를 비롯한 고시가는 '자연과 인간', '천상적인 것과 지상적인 것'의 대립으로 설명할 수 있고, 천상은 시간적 영원성과 공간적 신성성을 갖는 소망스런 세계이며 지상은 시간적 유한성과 공간적 비속성을 갖는 소망스럽지 못한 세계로 인식된다.[34] 이때 소망스런 세계로 설정되는 천상의 개념은 시적 화자가 처한 비속한 현실에 대한 것으로서 그것은 시대와 환경, 화자의 대상인식의 태도에 따라서 달리 설정된다. 따라서 동시대에 동일한 환경에 처한 시인들이라 하더라도 개성에 따라서 현실 인식의 태도가 달라지고 그 인식된 현실이 다르기 때문에 구축되는 이상향도 달라지게 되는 것이다.[35]

천상의 개념으로 등장한 산제비는 결국 지상의 개념이 어떻게 설정되는가

---

33 <낭만> 1호, 1936.11.

34 이숭원,「향가내면구조시고」, 정병욱선생 환갑기념논총2,『한국시가문학연구』, 신구문화사, 1983. 조희웅은 영원·신성의 표상인 천상계와 유한·물질의 표상인 지상계의 대립으로 보고 있다. 조희웅,「한국서사문학의 공간개념」, 한국고전문학연구회,『고전문학연구 1』, 1971. 김은철,『한국 근대시 연구』, 국학자료원, 2000, p.32, 참조.

35 이 경우 우리는 김소월과 이상화를 그 예로 들 수 있다. 김소월의 경우는 그 결과가 소극적이고 내향적인 것으로 나타나고 이상화의 경우는 적극적이고 외향적인 것으로 나타난다. 김은철,「김소월과 이상화의 비교연구」, <비교한국학> 제3집, 국제비교한국학회, 1997.

에 따라 그 의미가 부여된다. 이 작품에 당대 현실이 투사된 것으로는 배고픈 멧돼지와 갈범, 거북등같이 갈라진 땅, 가난한 농민 등이 있다. 작품의 전반부에 제시된 비속한 현실에 더해 시의 후반부에 나타나는 이 상황은 전체적으로 식민지 수탈에 허덕이는 당대 현실을 드러낸 것이다. 산제비는 그러한 현실을 타개하기 위한 소망이 투사된 것으로서 천상계의 매개물이다. 산제비는 그 고귀하고 신성한, 무한한 능력으로써 '화살같이 날며' '구름을 헤치고 안개를 헤치고' '구름을 꼬리에 달고와' 비를 내리게 하고 풍년을 들게 할 수 있다는 염원이 형상화된 것이다.

땅이 갈라지고, 억압을 받고 있는, 그리고 굶주림에 허덕이는 농민에게 구름을 몰아다 줄 수 있는 제비, 해방의 비를 몰아올 제비로 형상화된 '자유의 화신'은 시인의 간절한 소망의 표현이다.[36] 이 작품의 전반부에 나타나는 산제비의 이상은 후반부의 구체적 현실에 의해서 굳건한 토대를 형성함으로써 관념적 이상화의 한계를 극복하고 미래지향적인 의미를 획득한다.

이 시가 카프문학에서 보기 드문 성공작이라고 할 때 기실 위와 같은 내용만으로 성공작이라고 하지는 않을 것이다. 먼저 이 작품은 카프문학에서 우위를 점하던 이데올로기가 현저하게 상쇄되어 있고 다른 작품들에 비해서 언어감각이 뛰어나며 객관적 상관물로서 산제비를 상징적으로 처리한 점, 그리고 '화살같이'에서 드러나는 언어의 속도감 등이 이 작품의 장점이다. 현실에 바탕을 두면서도 구호나 이데올로기가 선행하지 않고 오히려 그것을 후퇴시킴으로써 작품으로 성공할 수 있었다는 점은 역설적이게도 일제에 의한 검열과 통제로 가능한 것이었다. 즉 이 작품은 객관적 상관물과 상징화의 수법에 의해서 이데올로기의 전파에 함몰되지 않고 그것이 이면으로 후퇴함으로써 문학성을 담보할 수 있었던 것이다. 결국 문학은 현실을 드러내는 것이 목적이 아니라 드러내는 방식에 목적이 있는 셈이다.

---

36 윤여탁, 「사상 우위의 문학관과 작품 행동으로서의 실천」, 윤여탁·오성호 편, 『한국현대리얼리즘 시인론』, 태학사, 1990, p.39.

이 작품에서는 식민지 현실이라는 구체적 현장성이 직접적으로 드러나지는 않는다. 그것보다는 '원시적인 자연의 생명력 또는 야성적인 건강성'이라든가 '초극의지'[37] 등이 강하게 부각되고 있고 다른 많은 부분은 이면에 감추어져 있다. 즉 자신의 구호나 이념을 직접적으로 토로하지 않고 간접화의 방법을 통해 드러내는 방식을 택함으로써 이 작품은 카프문학이 가지고 있었던 한계를 극복한 것이다. 그러나 그것이 관념 일변도로 떨어지지 않은 것은 물론 후반부의 지상계에 해당하는 이미지들이 단서를 제공하고 있기 때문이다.

따라서 「산제비」는 그가 경험했던 관념과 현실이라는 두 축을 통합함으로써 현실에 바탕을 둔, 문학적 형상화까지 달성한 작품인 셈이다. 이와 비슷한 성과를 이룬 작품으로 우리는 「午後의 摩天嶺」을 들 수 있다.

장마물에 파진 골작이
토막토막 떠러진 길을
나는 홀로 걸어서
屛風같이 둘린 높은 山 아래로 갑니다.
해 질낭이 멀엇건만
벌서 灰色장막이 둘려집니다.

나의 가는길은 조그만 山기슭에 숨어 버리고
멀리 山 아랫말에선 煙氣만 피여오를때
나는 摩天嶺을 넘어야 됩니다.

(중략)

그러나 나는 지금은 갑옷을 입은 戰士와 같이
性난 이리와 같이
고개를 쿵쿵울리고 올라갑니다

37 김재홍, 「신념파 프로시인, 박세영」, 『카프시인비평』, 서울대학교출판부, 1990.

거울같은 푸른 湖水는 나의 마음을 비처보는 듯
올라가면 올라갈수록 怯나든 마음이야 옛일 같습니다.

나는 摩天嶺위에서 나의 올느든길을 바라봅니다
이리꼬불 저리꼬불 W字, I字, N字
이리하야 나는 勝利의 길 WIN자를 그리며 왔습니다.

모든 山은 엎듸고
왼세상이 눈아래서 발버둥칠때
지금의 나의 마음은 나를 내려다보든 이 山이 되었읍니다.

이 壯快함이여
이 偉大함이여
나는 언제나 이 마음을 사랑하겠읍니다.

-「午後의 摩天嶺」[38] 전 10연 중 일부 -

이 시의 화자가 처한 현실은 시간적으로는 해가 질 무렵이며 공간적으로는 험한 준령을 넘어야 하는 곳이다. 즉 현실은 객관적으로 모든 불리함을 조건으로 하고 있고 그것을 극복하는 것이 과제로 주어져 있다. 망설임과 두려움이 밀려오지만 화자는 '갑옷을 입은 전사와 같이', '성난 이리와 같이' 쿵쿵 올라 정상에 도달한다는 내용이다. 현실의 어려움 속에서 갈등을 극복하는 자세는 미래가 예측 불가능한 당대에 우리가 요구하는 바, 선지자들의 가장 필요한 덕목이었을 것이다. 그 길을 되돌아보니 W자, I자, N자처럼 꼬불꼬불한 역경의 길이었으나 결국 그것은 '승리의 길'이었음을 확신하고 있다.

이 작품에서 우리는 현실을 극복하고 이상을 향해 의지를 불태우는 시인의 모습을 볼 수 있다. 그는 상실감에 물든 감상주의나 퇴행적인 낭만에 머무는 것이 아니라 미래지향적인 굳건한 의지를 항상 지니고 있었던 시인이었다.

---

38 <학등> 23호, 1936.3.

그것은 곧 현실을 인식하고 그것을 시적으로 형상화한다고 할 때, 그 현실을 현상으로 제시하는데 그치는 것이 아니라 그 현실을 극복하고 희망찬 미래를 견인하려는 의지가 밑받침되기에 가능한 것이었다. 이 점은 당대 유이민들의 삶이나 식민지의 현실을 형상화하였으면서도 현실묘사에만 그친 많은 다른 시인들과 변별되는 박세영의 특장이다. 즉 그의 시에는 승리에 대한 자신감과 미래의 전망이 강하게 드러나는 것이다.

「산제비」가 관념과 현실이라는 절묘한 통합을 내면적으로 형상화한 수작이라고 한다면 「오후의 마천령」은 그것을 보다 외면적으로 형상화한 작품이다. 이 작품은 고난하고 열악한 현상계와 달성하여야 할 대상, 즉 마천령 정상이라고 하는 천상계가 대립적으로 설정되고 그 천상계를 작중 화자가 '갑옷을 입은 전사와 같이' 직접 극복한다는 점에서 보다 적극적이고 진취적이다.

「산제비」가 객관적 상관물을 제시하며 은유나 상징의 수법으로 의지를 내면화하여 표현했다면 「오후의 마천령」은 현저하게 외면화된 상태로 자신을 드러내는 것이다. 올라온 꼬불꼬불한 산길을 W, I, N자로 형상화하고 그것을 '승리의 길'이라고 확신하는 곳에서 그것은 명백하게 드러난다.

「산제비」에 나타나는 천상의 개념은 부자유와 억압, 인간의 한계성을 초월하는 것, '자유의 화신', '신비한', 지상계와는 거리가 먼 것으로 설정되어 있었다. 산제비는 화자가 허덕이고 올라간 山上의 위, 上上峰에 존재하고 있어서 사실상 구체적 현실에서는 도달할 수 없는 경외의 대상으로 존재하며 따라서 그것은 희망과 염원의 형태로 나타날 수밖에 없었다. 반면 「오후의 마천령」은 천상의 개념이 화자의 의지와 용기, 실천으로 도달할 수 있는, 극복가능한 공간으로 설정되어 있기에 그것은 구체적으로 실현해 나가는 것으로 형상화될 수 있었다. 즉 「오후의 마천령」은 「산제비」보다 더욱 구체적이고 현실적이며 실천이 뒤따름으로 해서 더욱 강한 의지를 확인해 주는 작품인 것이다. 해방 이후의 그의 작품들에는 그의 이러한 신념이 더욱 외면화되어 나타난다.

II-4 신념과 실천으로서의 양식

1938년 시집 『산제비』를 상재하고 절필한 후 해방이 되자 약 10년만에 박세영은 다시 문단에 모습을 드러낸다. 당시 무질서와 혼란 속에서 임화가 주도한 '문학건설본부'에 반하여 구 카프계의 비해소파들은 '조선 프로레타리아 문학동맹'을 결성하고 임화 등의 수정주의적 기회주의를 비판하면서 카프의 전통을 그대로 계승하고자 하였다. 그는 예맹의 문학분과 중앙위원으로서 그들의 행동강령 속에서 창작활동을 재개하게 된다.

해방 이후의 그의 작품들은 대체로 그간 억압되었던 울분과 좌절이 강한 어조로 직접적으로 토로되는 공통점을 가지고 있다. 그만큼 카프문학이 추구하던 혁명이나 선동에는 가까워졌을지 모르나 그 한계로 지적되던 문학성, 예술성과는 더 멀어졌다고 볼 수 있다. 이런 점에서 그가 해방 전 카프 맹원 시절의 작품들을 모은 '전투적이며 혁명적인' 시집 『流火』의 성격은 아마도 해방 이후의 작품들과 유사했으리라고 짐작된다.

이 시기의 작품들은 해방의 감격과 새로운 사회라는 미래에의 확신, 해방이 되었는데도 해소되지 않는 일제 잔재의 구조적인 모순, 노동운동을 통한 진보적 민주주의 국가 수립이라는 명제에 초점이 놓여져 있다.

> 이리하여 우리는 오늘 팔월 십오일에
> 기쁨에 넘치는 눈물을 머금고
> 희망에 가득찬 기쁨을 안고
> 조국이 만세를 부른다.
> 민족 해방의 만세를 부른다.
>
> -「팔월 십오일」[39] 전 8연 중 8연 -

---

39 <예술운동> 1호, 1945.12.

해방이 된 기쁨은 새로운 미래에의 기대로 들뜨지만, 그는 곧 냉철한 인식으로 현실을 직시하게 된다. 그는 '동아 민족의 해방은 진실로 이제부터다. 노동자, 농민의 해방도 이제부터다.'라고 하여 해방이 최종 목적지가 아니라 이미 미·소·영·중 등이 주축이 되어있는 당시의 주변 환경을 염두에 두고 있고 해방이 곧 새로운 출발점임을 인식하고 있다.

서울은 거칠고나
한때는 왜놈들을 덩그렇게 살리더니
지금은 팔도에서 쫓겨난
반역자들의 안식처가 되다니

팔은 것은 양심이요
얻은 것은 돈과 지위라고
외치는 자만이
그리고 물욕에만 미친 자들이
활갯짓하는 서울이여!
얼마나 가려느냐.

- 「서울의 俯瞰圖」[40] 전 5연 중 2~3연 -

그러나 너, 내 사랑하는 순아,
집을 돌보려는 너의 뜻 장하구나,
낮과 밤, 거리거리로
입술에 분홍칠하고 나돌아다니는
오직 행락만 꿈꾸는 시악씨들보다야.

왜놈의 턱찌끼를 얻어먹고 호사하며,
침략자와 어울리어 민족을 팔아먹으려던

---

40 <신문학> 3호, 1946.11.

반역자의 노리개가 아닌 너 순아,
차라리 깨끗하구나,
조선의 순진하고 참다운 계집애로구나.

- 「순아」[41] 전 11연 중 10~11연 -

「순아」의 시적 화자는 해방이 되자 돌아온 독립운동가이며 동생 순아는 생계를 위해 공장생활을 하다가 병든 몸으로 귀향하였다. 해방은 기층민중들에게는 삶 그 자체에 큰 의미가 없는 것이면서 수도 서울은 오히려 반역자인 친일행위자들의 안식처가 되고 말았다는 것이다. 이러한 반민족, 반역사적인 행태에 대해서 그는 '거짓 신사'(「민족반역자」)라거나 '대체 너희들도 사람이더냐...해적선보다도 더한 멸망의 배와 더불어/물결 속으로 들어나 가거라!/영-영 나오지를 말아라.' (「너희들도 조선사람이더냐」)라고 고발하며 단죄를 주장한다.

그러나 그는 이러한 모순점에 대해서 격정적으로 울분을 토로하는 것만이 아니라 그것을 극복할 새로운 방향을 찾아 그것을 실천하는 곳으로 나아간다.

밤마닥 오는사람
하루종일 들에서 일하는 그사람
거머리에 뜻기고 배암에 물리고
나좋에는 지주에게 모조리 뜻기는
巨人갓튼 그 사람과
하로라도 못맛나면 섭섭하고나.

(중략)

내가 말하기도 전에
동무의 말은 잘알엇다

41 <여성공론> 1호, 1946.1.

며칠 안남은 메-데에
우리들 농민조합은 데-모를 하고야 말겟다는 말을
이리하야 우리들은 밤을 새우며 삐라를 박는다
그날의 읍내를 련상해 가면서

지금쯤은 넙적다리까지 거더제치고
내ㅅ물을 또 건너갈터이지
아-밤마닥 오는 그사람 우리의 동무
이번 첫일에 성공을 맹세하자.

- 「밤마닥 오는 사람」[42] 전 6연 중 1연, 5~6연 -

하루 종일 들에서 일하는 사람, 거머리에 뜯기는 그 사람은 사실은 지주에게 뜯기고 있는 것이고 따라서 그러한 구조적인 모순을 타파하기 위해서 지주와 자본가에 대한 조직적인 저항, 곧 메이데이 파업을 준비하는 실천의지가 두드러지게 나타나 있다. 한밤에 다리를 걷고 냇물을 건너는 그 동무의 모습에서 우리는 그의 건강한 투쟁의지를 읽을 수 있고, 그것은 곧 박세영의 미래에 대한 확고한 신념이 밑받침되었다고 할 수 있다.

이 시기 그의 신념과 실천적 행동, 앞으로 그가 나아갈 사상적 진로를 집약적으로 드러내면서도 차분한 어조로 비장한 의지를 나타낸 작품이 「위원회에 가는 길」이다.

비는 오고
날은 어두어
咫尺이 않보이는 논ㅅ길로
나는 지금 委員會에 간다.

雨傘도 없이

42 <신문학> 1호, 1946.4.

燈불도 없이,
다만 바람에 섞인 비ㅅ소리
또랑물 소리만이 요란히 들릴때!
그옛날 戀人과가치 이길을 거를때보다도
나의 마음 기쁘고나

지금 同志들은
나를 기다릴게라
지나간날 놈들은 독사와도 같이
우리를 무러띄었지!
이밤엔 비 바람이 또 해살을 노는거냐
그러나 가자
비는 오고
바람은 부러도

나는 이밤에 同志들과 가치
우리가 行動할 것을 그려보면서 간다.
동지들의 번쩍이는 그 눈瞳子들이
어쩐지 이밤엔 내길을 밝혀주는 등불과도 같고나

가자 어둠의 밤
비는 오고
바람은 부러도

-「委員會에 가는 길」[43] 전문 -

이 작품은 그가 월북하기 직전에 발표한 것으로서 그의 사상적, 문학적 진로를 확실히 해 준 것으로 받아들여진다. 물론 그것은 사회주의 노선이며 프롤레타리아트 문학전선에 서는 일을 뜻한다.[44]

43 <우리문학> 1호, 조선문학가동맹, 1946.1.

여기에서는 해방 직후의 그의 시에 나타나던 격정적이거나 울분, 증오의 심경이 거세되어 있고 차분하면서도 이지적인 목소리가 드러난다. 나를 방해하는 조건으로 설정된 '비바람이 부는 어두운 밤'에 동지들이 기다리는 위원회에 논길을 따라가는 화자의 태도는 '그러나 가자/비는 오고/바람은 부러도'가 두 번이나 반복어 나타남으로써 비장한 결의를 나타낸다. 그 결의는 일시적인 흥분상태에서 나온 것이 아니라 이 작품이 가지고 있는 차분한 어조로 인해서 더욱 비장미를 더하는 것이다. 그의 시에 나타나는 미래에의 확신, 확고한 신념은 비단 이 시기에 한정된 것은 아니지만[45] 이 작품에서 나타나는 것처럼 이 시기에 더욱 확고해져 가고 있었다고 볼 수 있다. 그의 월북은 이와 같은 확고한 신념의 연장선상에 있었던 것이다.

III. 결론

박세영의 시의 형성과정과 그 변모 과정은 그의 시력을 4기로 구분하였을 때 각 시기에 비교적 뚜렷하게 나타난다. 그의 초기의 시는 상실감에 근거한

44 김재홍, 『카프시인비평』, 서울대학교출판부, 1990, p.68.

45 예를 들면 신념에 찬 그의 목소리는 초기를 제외한 그의 문학활동 전 시기에 걸쳐서 나타난다. 예를 들면,

> '甘菊은 다만 가을아 오라, 가을에 보자 바르르 떠네/훗날의 이김은 오-나의 것이라고,'(「甘菊」)
>
> '나는 늬들이 돌아오기를 기다리겠다./늬들이 올 때까지 지키고야 말겠다.'(「花紋褓로 가린 이층」)
>
> '이김이여 있거라,/굽힘이여 없거라,/나어린 하랄의 용사여!'(「하랄의 용사」)
>
> '북극의하늘이 너를 기다리고,/매운 바람이 너를 기다린다,/오-그리하여 너는 그 곳에서 참삶을 찾으리라.'(「다시 또 가는가」)

등에서 그의 신념에 찬 목소리가 지속적으로 나타난다. 그를 신념의 프로시인이라고 부른 김재홍의 지적은 그런 면에서 매우 적절하고 타당한 것이다. 김재홍, 앞의 책.

순수한 감상적 정서가 드러난 것으로서, 이는 박세영만의 특별한 시세계는 아니었다. 식민지 현실이라는 분위기에 그것은 일반적 현상이었으며 관념적 현실인식이라는 당대의 보편적 정서, 보편적 세계관이었기 때문이다. 근거나 원인은 제시되지 않은 채 슬픔의 정조로만 물들어 있다는 것은 어떠한 역사적 전망을 획득하지 못하고 비전을 제시하지도 못한, 추상적 관념에 물들어 있던 20년대 초기의 시들과 별반 다름이 없는 것이다.

그의 중국 기행시는 대체로 역사의식에 기반을 두고 있어서 감상적인 순수 서정의 시들과는 일정 부분 변별적이지만 초점이 화려했던 거대한 제국의 멸망에 대한 감상적 회한, 부정과 무능에 대한 울분에 강하게 맞추어져 있음으로 해서 구체적 현실인식이 결여된 상태, 미래의 비젼이 갖추어지지 않은 상태에서의 격정이 높은 토운으로 나타난 것이었다.

「타적」은 그의 시경향상 일대 전환을 이루는 것으로 평가할 수 있다. 이 작품은 궁핍한 농촌 현실이라는 객관적인 현실에서 출발하여 그 근원인 일제 강점에 대한 분노, 그것을 타개해 나가야 하는 저항과 항거의 결의까지 나타난 것이기 때문이다. 무엇보다도 이 작품은 개인의 구체적 삶이라는 현장성에서 나아가 민족의 현실이라는 공동체적 운명을 담보하고 있어서 당대의 보편적 정서를 획득하고 있다.

초기에 나타났던 막연한 상실감, 관념적 현실인식은 1930년대에 오면 더욱 현실과 밀착된 형태로 나타나며 그 경향 또한 더욱 뚜렷한 방향을 제시한다. 이는 곧 20년대 말에 「타적」에서 보여주었던 본격적인 프로문학의 경향, 곧 카프문학의 차원을 보다 공고히 구축하는 것으로서 「누나」에서는 소극적이고 수동적인 모습으로, 「산골공장」에서는 적극적인 행동의 모습으로 나타난다. 즉 그는 관념적, 수동적 인식에서 출발하여 적극적인 현실인식으로, 행동으로 나아간 시인이었다.

관념과 현실이라는 두 세계를 경험하면서 변증법적으로 이루어진 시세계가 그의 대표작으로 일컬어지는 「산제비」, 「오후의 마천령」이다. 두 작품은 천상의 개념과 지상의 개념이 대칭적으로 구축되어 있는데 두 작품은 자신의 구호나 이념을 직접적으로 토로하지 않고 간접화의 방법을 통해 드러내는 방식을 택함으로써 카프문학이 가지고 있었던 한계를 극복한 것으로 평가된다.

「산제비」가 객관적 상관물을 제시하며 은유나 상징의 수법으로 의지를 내면화하여 표현했다면 「오후의 마천령」은 현저하게 외면화된 상태로 자신을 드러내어 더 적극적이고 진취적이다. 즉 「산제비」가 관념과 현실이라는 절묘한 통합을 내적 형상화로 이루어졌다고 한다면 「오후의 마천령」은 그것이 보다 외면적으로 드러난 작품이다. 따라서 그는 관념과 현실을 변증법적으로 조화시키는 데 그치지 않고 외면화의 방식으로, 실천의 방식으로 나아간 시인이다.

해방 이후의 시적 결과물들은 결국 이러한 그의 현실지향, 외면화의 방식이 선택된 것으로서 미래에의 확신과 확고한 신념이 그 바탕이 되어 월북 이후에까지 이어졌다고 할 수 있다.

7. 정치적 현실과 설정식(薛貞植) 시의 대응양식

Ⅰ. 서론

한국 근·현대문학사에 가장 격동의 시기를 보낸 것은 해방 이후 정부수립까지 3년간의 해방공간이라고 할 수 있다. 그 시기는 한 마디로 표현하면 '정치시대'이며 그만큼 개개인은 다른 어느 때보다도 더 역사의 현장에 노출되어 있던 시기이기도 하다. 백철이 지적한 바와 같이 이 시기는 모든 것이 정치논리에 압도됨으로 해서 '문화예술이 신흥 성장하는 데 적합지 않으며, 문학운동의 성과도 기대하기 어려'[1]웠다는 뜻이다. 정치적 좌우익의 대립은 문단에도 그대로 적용되고 그에 따라 문단도 거대한 힘의 논리에서 벗어날 수 없었던 것이다.[2]

---

1 백철은 이 시기를 '정치시대'로, '문학의 특권을 정치 쪽에 양도하여 문학은 버림을 당한 시기'라고 규정하였다. 이는 곧 이 시기가 다른 무엇보다도 정치 논리가 선행했음을 뜻하는 것이다. 백철, 『신문학사조사』, 신구문화사, 1982, p.591, 참조.

2 문학에 있어서 그것은 구체적으로 해방된 다음 날 좌익진영의 '조선문학건설본부'가 결성되고 12월 13일에는 '조선문학동맹'으로 개칭, 46년 2월 8일에 '조선문학가동맹'으로 확대 개편되는 것으로 보아 정치적 노선에 따른 조직화에 전력하고 있음을 알 수 있다. 그에 대응한 민족진영에서는 45년 9월 8일 '조선문화협회'의

이는 문학이 현실을 반영한다는 명제에서, 각 개인은 결국 당대의 거대한 정치적 흐름에서 자유로울 수 없었고, 두 진영에서 제시하는 이론과 노선에 따라 작품 활동을 할 수밖에 없었음을 의미한다. 그럼에도 불구하고 이 해방 공간은 우리 현대사에 있어서 '이데올로기 및 체제 선택의 가능성이 열려 있던'[3] 극히 드문 역사공간이었다. 즉 해방공간에서 만큼은 개인이 이데올로기나 체제를 선택할 수 있었다는 측면에서 자유로울 수 있었다는 것이긴 하지만 그렇다고 하더라도 정치논리가 선행하는 시기에 명실상부한 자유로운 개성은 존재하기 어려웠을 것이다.

그러므로 '문제적 개인'[4]으로서의 설정식의 삶과 문학적 결과물을 추적해 나가는 것은 의미있는 일이라고 생각된다. 왜냐하면 일제강점기에서 시작하여 해방공간을 거치며 자신이 최종적으로 선택한 북에서 사형을 당한 그의 삶 자체가 우리의 왜곡된 현대사를 적나라하게 보여주는 것이며 한문학과 유교적 가풍, 기독교와 영문학, 중국과 미국유학, 미군정청과 조선문학가동맹, 보도연맹과 인민군 입대, 휴전 협정시 북측 통역원 장교였다가 간첩혐의로 사형당하는 등 그의 파란만장한 삶은 우리의 비극적인 산 역사이기 때문이다. 정치 논리가 우위인 시대, 문학·예술도 그 예속에서 벗어날 수 없는 시대, 개인은 이데올로기에 함몰된 시대, 선택은 자유였지만 선택하는 순간 그 속박에서 절대로 벗어나기 어려운 시대를 시창작으로 대변한 설정식은 그러므로 '문제적 개인'으로서의 대표적 성격을 갖는다고 할 수 있다.

이러한 그의 삶의 역정과 관련, 그의 문학적 전개과정을 통해 그의 삶과

발족, 9월 18일 '중앙문화협회'로 확대 개편, 46년 3월 13일 '전조선문필가협회'로 개칭, 47년 2월 12일 '전국문화단체연합회'로 재구성되는 등의 일련의 과정에서 좌·우익 문단이 힘의 우위를 점하기 위한 구체성을 확인할 수 있다. 백철, 『신문학사조사』, 신구문화사, 1982, p.583, 이하 참조.

3 김윤식, 『한국현대소설비판』, 일지사, 1981, p.167.

4 김윤식, 위의 책, p.169. 여기에서 김윤식은 '문제적 개인'으로 정지용, 이태준, 임화, 설정식을 들고 있다.

문학을 가능케 한 저변은 무엇인가를 고찰하여 그 시사적 의미를 부여하는 것이 이 글의 목적이다.

II. 삶과 세계관의 문제

설정식(1912~1953)은 1912년 9월 18일 함경남도 단천의 선비 가문에서 태어났다.[5] 그의 아버지는 진보적 유학자였던 모양으로, 이는 토지개혁의 필요성을 암시한 글이 일제에 의해 압수되기도 하고[6] 홍명희가 자주 찾았다고 하는 것으로 미루어 짐작할 수 있다. 이러한 가정환경으로 그는 아마도 일찍 한학을 접하면서 주자학적 세계관을 접하였을 것이고 이것은 그의 시에 자주 나타나는 어려운 한문투, '하늘' 사상의 의식을 형성하는 기반이 된 것으로 보인다.[7] 7세가 되던 1919년에 그는 서울로 이주하였고 17세가 되던 1929년 11월에는 광주학생사건에 가담했다는 이유로 서울 농업학교를 퇴학하고 곧 만주 봉천으로 가서 학업을 계속하지만 1931년 7월의 '만보산사건'[8]으로 북경에 잠시 피신하였다가 귀국하였다.

이렇게 보면 그의 유년기와 10대는 한학과 유교적 세계관, 민족의식이 정서적 기반을 형성한 것으로 보인다. 광주학생사건과 만보산사건은 우리 민족과

---

5 연보는 김영철과 하정숙의 글을 참고로 하였다. 김영철,「설정시의 시세계」, <관악어문연구> 제14집, 서울대학교 국어국문학과, 1989. 하정숙,「설정식 시 연구」, 영남대학교 대학원 석사학위논문, 2003.12.

6 '나의 아버지는 이른바 '선비'였다. 혁명가는 못 되었지만 그의 농업에 관한 저술에서 그는 토지개혁의 필요성을 암시한 바 있기 때문에 일본 정부는 그 저서를 몰수하였다.' 티보 메레이,「한 시인의 추억」, <사상계> 10권 9호, 1962.9, p.224.

7 박윤우,『한국현대시와 비판정신』, 국학자료원, 1999, p.230.

8 만보산사건은 1931년 7월 한·중 농민들간의 충돌사건을 말한다. 만보산사건에 대한 자세한 연구는 박영석,『만보산사건 연구』, 아세아문화사, 1978, 참조.

일본, 또는 중국이라는 타민족과의 갈등 구도에서 결과된 것이기 때문이다.

만주에서 귀국한 그는 20세가 되던 1932년에 연희전문 영문학과에 입학하여 성경과 미국문학에 심취하였는데 이때 아나키스트인 이영진과 교제한 것으로 나타난다. 그는 1~2학년까지는 문과 20여명 중 수석으로, 3~4학년 때는 2석의 성적이었으며 미션 스쿨답게 4년간 성경 과목 이수에다 영문학, 미국문학, 국문학, 한문학도 공부한 것으로 되어 있다.[9] 1936년에 연희전문을 졸업하고는 곧바로 미국으로 유학, 오하이오주 Mount Union 대학에서 2년간 영문학을, 콜럼비아 대학에서 2년간 셰익스피어를 전공하고 1940년에 귀국하였다.

그가 영문학을 공부한 20세에서 28세까지라는 20대는 결국 10대 때와는 또 다른 경험, 즉 기독교적 세계관과 미국의 자본과 자유 민주주의를 경험한 시기이다. 특히 미국에서 보낸 4년간의 유학 생활은 당시 미국유학이 흔하지 않았던 점에 비추어 특이하다고 할 수 있다.

그는 일제강점기에 제3의 계보[10]에 속하는 지식인으로서 당대에는 그 존재성이 미미한 것이었다. 그 결과 그는 귀국하고 4년 동안은 일자리도 구하지 못하고 농장에서 일하며 독서와 번역으로 시간을 보낸다. 그가 취직을 하게 된 것은 연희전문 때의 지도교수의 권유로 1945년 미군정청 공보처 여론국장으로 일을 하면서부터이다. 당시에 미국유학을 마치고 영어를 하는 사람이 귀하였을 것이므로 미군 측에서도 그가 필요하였을 것이다. 이에 대해 그는 "나는 미국인이 나를 쌍수를 들어 받아들인 것이 당연하다고 생각한다. 나로 말하자면 오하이오주의 대학을 나왔고, 영어를 잘 하고, 무엇보다도 그들이 나를 필요로 하였던 것..."[11]이라고 술회하고 있다. 여기에서 우리는 그의 미국

---

9 김윤식, 『한국현대소설비판』, 일지사, 1981, p.181.

10 김윤식은 일제강점기 지식인의 계보를 제1계보 ; 국혼적 민족주의 사상가(박은식, 신채호, 장지연), 제2계보 ; 문화적 민족주의 사상가(최린, 최남선, 이광수, 김동인), 제3계보 ; 일본 아닌 해외유학파(주요섭, 피천득, 변영로, 한흑구, 설정식)로 분류한다. 김윤식, 위의 책, pp.174~175.

11 티보 메레이, 「한 시인의 추억」, <사상계> 10권 9호, 1962.9, p.224.

유학에 대한 자부심과 자만감, 우월감 또는 자기과시를 느낄 수 있는데 미국 본토 유학을 거친 그의 지식인으로서의 우월감은 이후 그의 시작에 있어서도 현학적인 선지자의 모습으로 지속되어 나타난다.

그는 미군정청에서 일을 하면서도 33세가 되는 1946년 2월에 조선문학가동맹 외국문학위원으로 등장한다. 그리고 그해 9월에는 조선공산당에 입당하게 되며 이듬해 2월에는 미군정청을 사임하고 입법의원 부비서장으로 일하면서 문학가동맹 외국문학부 위원장을 맡고 첫 시집 『종』(1947)을 발간한다. 1948년 2월에는 영자신문 <서울 타임즈> 주필을 하면서 시집 『포도』(1948)와 『제신의 분노』(1948)를 발간한다. 이후 그 다음 해인 49년에 『제신의 분노』가 판금 처분되어 체포령이 내리자 '할 수 없이' 보도연맹에 가입하여 전향을 하면서 「붉은 군대는 물러가라」라는 반공시를 발표하였고[12] 1950년 전쟁이 발발하고 서울이 함락되자 다시 문학가동맹에 가입하고 인민군에 자진하여 입대한다. 1951년 휴전협정 때는 소좌 계급으로 인민군대표단 남일의 통역관으로 모습을 나타냈다가 1953년 8월 남로당계 숙청의 일환으로 간첩혐의로 임화, 김남천 등과 함께 41세의 나이로 처형된다. 재판에서 그는 자신의 간첩 사실에 대해서 '46년 5월 미군정 공보처 소속 미군장교 로빈슨과 결탁, 그에게 당내 비밀자료를 수집 제공, 반동적 문학작품을 창작했다.'고 자술하였고[13] 결국 사형을 당하였다.

이상에서 확연하게 드러나는 것은 그의 삶에서 두 가지의 축이 공존하고

---

12 이 작품의 내용에 대해서 설정식은 "38선을 가로막는 자는 누구이며 3천만 조선 민족의 분열을 획책하는 자는 누구인가, 이것은 소련군대이다...."라는 내용이었다고 스스로 진술하고 있다. 김남식, 『남로당 연구』, 돌베개, 1984, p.496.

13 구체적으로 그는 '미국의 침략정책에 협조하려는데 있었으며 신문기사 중에서 매일 4,5건 내지 10여건의 좌익기사 자료를 번역하여 미군정에 제공하였으며... 46년 6월 조선공산당 기관지 <정로>와 토지개혁해설집을 주었고, 46년 7월 민전 조직체제, 46년 8월 작가대회 회의록, 그 뒤 3당 합당 자료 등 4회에 걸쳐' 자료를 제공하였다고 자술하고 있다. 김남식, 위의 책, p.497.

있으며 그는 그것을 모두 다 극한적 상황까지 경험하였다는 것이다. 즉 한학으로 대표되는 동양적인 것과 영문학으로 대표되는 서양적인 것, 주자학적인 것과 기독교적인 것, 공산주의 사상과 민주주의 사상, 중국적인 것과 미국적인 것 또는 소련적인 것과 미국적인 것, 미군정청과 인민군 전선사령부 등의 상반되는 요소들이 그의 삶의 양극단에 존재하고 있는 것이다.

결국 설정식은 이 양극단에서 문제적 개인으로 존재하면서 시류에 따라 갈등하고 변신을 거듭하는 비극적 인생을 살았다. 그가 경험한 비극적 삶은 비단 설정식 개인에 국한되는 것이 아니라 그 시대, 우리 민족 누구에게나 적용 가능한 운명이었다는 점에서 그 비극은 개인사로 끝나지 않고 지금까지도 이어지고 있다고 할 수 있다.

Ⅲ. 시경향의 구체적 양상

Ⅲ-1 습작기 시에 나타난 경향

설정식의 작품활동은 1931년부터 시작되지만 해방 전 습작기를 제외하면 본격적인 시창작은 해방 이후부터라고 할 수 있다. 해방 후에 그는 기다렸다는 듯이 『종』(백양당, 1947), 『포도』(정음사, 1948), 『제신의 분노』(신학사, 1948) 등 세 권의 시집을 상재, 일단 양적인 면에서 어느 시인보다 단연 앞서고 있고 또한 소설과 번역에 이르기까지 활발한 활동을 전개한 해방공간의 대표적 시인이었다.[14] 해방 후 3년간에 걸쳐서 그는 세 권의 시집과 5편의 소설을 발표

---

14 소설로는 장편 「청춘」(1946.5.), 「해방」(1948.1.), 단편 「프란시스.두셋」(1946.12.), 「한 화가의 최후」(1948.4.), 「척사제조자」(1948.1.)가 있고, 번역으로는 헤밍웨이의 「불패자」, 「햄릿」, 「로미오와 쭈리엣」, 「멕베드」(미간) 등이 있다. 판결문에서는 자기 스스로 좌익소설 「난류」와 「한류」를 발표하였다고 진술하였다.

젊은이는 꼴단에 비껴앉어
소방울에 고요히
장단을 놓으며
언덕길을 굽이돌제
품아시 베아리꾼 젊은 주인을 마지하는
삽사리는 싸리문 밖으로 내다르며 짖나니

- 「여름이 가나보다」[17] 일부 -

처녀야
하로의 물레 손을 그만 쉬고
이제 쉬일 때가 되었다
어머니의 그 질항아리를 이고
어서 너의 집에서 나오너라
모도들 불노리 간다는 저녁이다.
나와 함께 너는
저 숲으로 가보지 않으려느냐
별빛이 총총 내려 뿌리는 저기
아무도 다치지 않은 평화가 있다는 그 곳으로
우리들의 마른 풀포기에 끼언질
샘물 길으러 가지 않으려느냐

- 「샘물」[18] 전문 -

이 작품들의 지향점은 대체로 안온하고 평화스러운 곳으로 제시되며 회상의 정서에 머물고 있으므로 해서 20년대의 시들이 지향했던 퇴보적 공간에서 벗어나지 않는다.[19] 할머니와 할아버지, 처녀, 조카가 등장하는 평화로운 유년

17 <동광> 38호, 1932.10.

18 시집 『종』에 수록.

19 이는 20년대 민요시들의 공통적인 지향점이었다. 오세영, 『한국 낭만주의시 연구』, 일지사, 1982. 김은철, 『한국 근대시 연구』, 국학자료원, 2000, 참조.

의 고향은 세계를 축소시켜서 동일화를 구하려고 하는 소극적이고 수동적인 작가의 태도일 것이다.[20] 퇴행은 현실에 대응해서 일어나는 것이지만 결국 그것은 소극적인 도피라는 혐의에서 벗어날 수 없기 때문이다. 물론 「샘물」에서는 '아무도 다치지 않은 평화'를 제시함으로써 퇴보적 감상에만 머물지 않음을 보여준다. 역으로 '현재, 여기'는 평화가 다친 곳이라는 전제가 성립되기 때문인데 그것은 일제 식민지하라는 평화스럽지 못한 공간이 전제되었으리라고 짐작할 수 있다. 그럼에도 불구하고 습작기 설정식의 단형 서정시에서 우리는 「거리에서 들려주는 노래」에서와 같은 구체적 현실인식과 그 현실을 타개하려는 적극적인 태도를 찾아보기 어렵다.

따라서 습작기에 있어서 그의 시의식은 어느 경향으로 확고한 것이 아니었던 셈이다. 즉 그는 순수 서정시의 형태에서 카프의 단편서사시의 경향까지 당대의 양극단의 시경향을 경험하면서 유년과 고향에 대한 향수, 순수세계에의 동경, 서정적 목소리와 선지자적 목소리까지 동시에 시험하고 있었기 때문이다. 그가 10대에 연루된 사건들은 민족에 대한 의식이 저변에 있기에 가능한 것이었고 그것이 일정 부분 작품화되었다고 하더라도 의식적인 면에서는 확고하지 않았던 것이다.

III-2 해방공간의 현실인식

설정식은 1932년과 1933년에 집중적으로 습작기 작품들을 쓰고 미국 유학 후 1947년, 48년에 세 권의 시집을 상재하는데 이는 습작기 이후 10여 년의 공백기를 거친 후로서 이때 그의 시경향은 구체적인 방향성을 획득하게 된다.

시집 『종』은 1947년 4월에 발간되었는데 거기에는 1930년대 습작기의 작

20 동일화*identification*의 방식에는 동화*assimilation*와 투사*projection*가 있다. 자아는 개성에 따라 세계를 축소시켜 안정을 취하는 방법을 취하기도 하는데 이 경우 작품의 세계는 수동적이거나 퇴보적인 모습으로 드러난다.

품 네 편을 제외하고는 거의 다 1946년이라고 부기되어 있다. 그리고 대체적으로는 해방공간의 현실적 내용이 드러나면서도 습작기에 있었던 서정적 감상이 혼합되어 있는 모습을 보여준다. 그가 연희전문시절에 사귄 것으로 알려진 이영진의 죽음을 두고 쓴 「死」는 추모 작품이긴 하지만 계급이나 사상보다는 개인적 정서가 더 우위에 있다.

신촌 숲속에
그 때도 아마 장마가 졌든가 보
이렇게 곰팡내 나는 데서
兄은 가로 나는 세로 누어도
한창 물이 올으든
우리들의 살내음새에 엉겨
곰팡내가 그 때는
얼마나 구수했오

(중략)

나보다 몇 해 年長이든가
그것도 모르고 지내왔구려
얼마전일이오 어느 신문사에서
「카드」를 보내고 友人欄을 두었기
단 한 줄 李英珍이라 적었드랬는데
이제
내 손으로 가서
붉은 줄을 그어내려야 하겠구려

- 「死」 일부 -

죽은 선배에 대한 추모의 글이지만 거기에는 슬픈 감정이 표면에 짙게 드러나고 '『빵의 搾取』를 읽고' '진정한 「볼쉐비키」와 握手할 것을/部落運動을 農民組合을/「테크노크라시」/그리고 農村電化까지 꿈꾸고/雜誌 일흠은 「黑

旗」라 하자커니' 하면서 '朝鮮은/우리들 理想대로 될 수 있다 하였'던 이상적 젊은 혁명가의 모습은 보이지 않는다. 이러한 감상 우위의 태도는 "네가 손발을 잎사귀처럼 버리고 떠러질 때/아무도 받들어 주지 않드란 말이냐//네가 간지 넉달바께 되지 않는데/나는 웨 벌서 네 얼골이 상막하냐//어느 門이고 열면 문턱마다 야직하다/아까샤 바람이 휭 지나가는 방들이다"(「卿아」 일부)와 같이 죽은 딸에 대한 시에도 그대로 나타나는 것이다.

첫 시집인 『종』에는 전술한 바와 같이 1930년대의 습작기 작품들과 함께 이와 같은 자신의 회고적 성격의 작품이 다수 들어있다. 대개 첫 시집은 과거의 작품을 정리하는 성격이 강하기 때문에 회고적인 내용, 습작기의 작품들이 수록된다는 점을 염두에 둔다고 하더라도 해방정국을 고려한다면 개인적 감상에 치우쳐 있다는 점을 간과할 수는 없다.

이 작품들을 쓰던 시기는 설정식 개인에게 있어서는 미군정청 여론국장에 부임하여 정치활동을 하는 시기이면서 그와 상반되는 성격의 문학가동맹에 참여한, 말하자면 양가적 가치관이 맞물리는 지점이다. 그가 1945년 10월부터 1년간 미군정청 공보처 여론국장을 지낸 것은 당대의 실정으로 보아 당연한 귀결이었던 것으로 보이는데 그럼에도 불구하고 그는 문맹에 깊이 관여하고 있었던 것이다.[21] 즉 그는 해방공간에서 미·소 또는 남·북 양 진영을 동시에 넘나들면서 상반된 가치관을 경험하고 구체적 현실을 접하는가 하면 한편으로는 습작기에 보여주었던 순수 서정과 연관된 감상도 아울러 표출되었으리라고 보이는 것이다.

그러나 이 시기 시대적 상황을 염두에 둔다면 개인은 절대로 자유로울 수

---

21 이미 그는 1945년 12월에 조선문학가동맹 외국문학 위원장으로 되어 있으며, 46년 8월에는 문학대중화운동 위원으로 이름이 올라 있고, 문맹기관지인 <문학> 창간호에 「종」을 발표, 7월에는 수해 구제 문예강연회에서 시 「死」를 낭송하였다. 또한 8월 29일 국치일 기념 대문예 강연회에서도 시 「또 다른 태양」을 발표하고 있다. 그해 9월에 그는 조선공산당에 입당한다. 김윤식, 『한국현대소설비판』, 일지사, 1981, p.198, 참조.

없었으며 시대적 요청이 거셀수록 서정적 개인은 존재하기 어려웠을 것이다. 그것은 그 시기가 일제강점기가 끝난 벅찬 감격이 있는가 하면 이데올로기의 혼란, 구체적으로는 미·소의 입장을 대변한 남북의 분단과 대치가 심화되던 시기이기도 하며, 한편으로는 새로운 현실에의 기대와 함께 거기에 수반되는 실망과 우려가 동시에 존재하는 시기이기 때문이다. 따라서 문학의 경우 자아의 서정성보다는 대사회적인 것에 더 치중되는 것은 자명한 이치이다. 마치 개화기의 시가처럼 거대한 사회적 이슈가 선행될 때 서정적 개인은 존재하기 어렵고 개인은 민족 또는 국가적 차원의 개념과 상응하게 되는 것이다.

그렇기 때문에 해방공간에 있어서 서정적 개인은 곧바로 민족적 차원으로 확산되어 민족의 보편정서를 표출하게 된다.

社稷 덮세운 무슨 껍데기
질그릇 깨어지듯 와직근 하든 날
차라리 차라리 하고
어미 가슴 헤치고 총부리 받든 날

장거리 수레는 피를 흘리고
팍팍 찍은 먹은 또 무슨 旗
끊어진 다리 깨어진 머리
산 屍體 가득 실고 느리기도 하드니
울기만 하면
補助員 온다는 자장가
어미나들 피리 속에서 자란 少年
아하 처음 흘리는 긴 눈물
일곱 살이든가 너는 두려웠드냐

萬歲소리 쓰러간뒤
길은 넓었고 길드라 해서 그랬나
용현고개에 올라가서 또 울었드라

구름은 드리우고
바람은 이는 늡다리벌 내려다 보면서
짜듸짠 눈물 미음같이 삼키며
외롭지 안음을 알었드라

그 봄이 가도록 피리를 이젔고
피수레는 고을마나 구으렀든가
겻드리[22] 무렵되면 고개에 올라가
멀리 *汝海津* 바다에
큰 배 무수히 떠오르기만 기다렸드라

-「피수레」 전문 -

이 작품은 한 소년의 성장 과정을 통하여 해방의 기다림을 형상화한 것이다. 젖 대신에 총부리를 받고 태어난다는 탄생 자체가 이미 비극을 잉태하고 있는 것이며 유년의 세계마저 보조원에게 빼앗긴 상태, 피리 소리를 듣고 자라는 화자에게 일곱살 때 경험한 만세소리로 사회화의 과정은 더욱 진척된다.

처음 흘리는 긴 눈물은 바로 그 만세소리의 두려움 때문이었고, 용현고개에서 또 울었지만 그러나 이제는 '외롭지 않음을 알'게 된다. 즉 여기에서 화자는 이미 사회화*socialization*의 과정 속에서 공동체 의식을 체험하였다는 뜻이며 피수레로 대표되는 일제강점하 피지배 민족의 고난과 수난의 역사를 인식하였다는 뜻이 된다. 그는 이제 자신을 키운 피리소리를 잊고 멀리 바다에서 '큰 배가 무수히 떠오르기만 기다'린다. 이때 큰 배는 물론 새로운 시대, 새로운 역사를 뜻할 것이다. 고난과 수난의 역사의 결과물로 해방이 되었지만 기쁨은 잠시일 뿐 사정이 그리 낙관적이지 않았다. '피수레'로 상징되는 바, 고난과 수난의 역사를 지내왔지만 '큰 배가 떠오르기를 기다'린 결과로서, 사실상 해방은 세계 강국들의 세계정세 재편과정에서 부산물로 주어진 것이었기

22 '겻드리'는 '곁드리' 또는 '곁두리'로서, '새참'을 말한다.

때문이다. 설정식은 그 비극적 모습을 간파하고 있다.

表情이 힛슥 물러앉은
民族이 지나가고 지나오고
수레는 壓迫보다 무거운 貧困을 실고
더 큰 어둠 속으로 들어갈 때
또 하로의 敗北를 가르고
外國車는 제 方針대로 疾走하다

(중략)

샛바람이 이렇게 저무도록 일면
접친다리 도지듯
記憶 마듸 마듸
푸른 멍이 아프다
누가 이리 疲勞하게 하였는지
아 解放이 되었다 하는데
하늘은 웨 저다지 흐릴까

- 「原鄕」 일부 -

일제강점기를 지나온 수레는 이제 그 압박보다 더 무거운 빈곤을 싣고 더 큰 어둠 속으로 들어가고 있으며 그 패배를 가로질러 외국차가 '제 방침대로' 질주를 하고 있다. 결국 기다리던 해방이 왔지만 상황은 더 나아진 것이 없고, 강대국들은 민족의 현실은 고려하지 않은 채 자기들의 뜻대로만 질주한다는 현실을 고발한다. 그러하기에 식민지 현실에 대한 멍든 기억들이 다시 도지는 것이며 결과적으로 해방은 되었지만 하늘은 흐리기만 하다.

해방정국에 대한 그의 인식은 다음과 같은 시에서 더욱 구체적으로 드러난다.

그러나 그대는 들었는가
楊貴妃 난만한 동산

「白人의 負擔」이란 寓話를
그리고 「얄타」會談으로 몰아가는
「캬디락」바퀴소리를
흰손이 닷는 「틱욷」문소리를 그리고
「샴펜」酒 터지는 소리를

黑風이 불어와
소리개 自由는
비닭이 解放은 그림자 마자
따우에서 거더차고 날러가련다

- 「寓話」 일부 -

해방정국은 결국 우리 민족의 염원과는 상관없이 미소를 중심으로 한 강대국의 놀음판이 되고 말았고 캬디락 바퀴소리와 샴펜주 터지는 소리로 그들만의 잔치가 되고 말았으며, 따라서 소리개와 비둘기는 그림자조차도 사라질 판이 되고 말았다는 것이다. '얄타'는 곧 얄타회담을 말하는 것일 터인데 이는 곧 또 다른 식민 정치의 연장이기에 그 신탁통치안은 격렬한 저항에 부딪히게 된다.

그러나 나는 또 보았다
골목에서 거리로
거리에서 世界로
꾸역 꾸역 터져나가는 시커먼 示威를
八月에 해바라기 滿發한대도
다시 고지 안 듯는
민족은 潮水같이 밀려나왔다.

- 「寓話」 마지막 부분 -

이처럼 설정식이 간파한 해방정국에 대한 인식은 그 기쁨도 잠시, 곧 비관적인 색채로 물들게 된다. 이는 해방에 대한 기대치가 큰 만큼, 미흡한 후속

조치들과 기대에 못 미치는 미군정의 정책 때문이었다고 할 수 있다.[23]

첫 시집 『종』에는 이러한 현실에 대해서 비판적 안목은 드러나지만, 그것은 추상적인 것에 그칠 뿐 구체적 인식과 비전을 제시하는 데까지는 나아가지 못했다. 그것은 전술한 바와 같이 첫 시집이라는 특수성, 양가적 삶에서 나오는 미분화된 의식, 그리고 해방에 대한 큰 기대치로 대 사회적인 태도가 강했던 당대의 필요성에 의해 개인과 민족이 분리되지 않은 상태에서 공적 정서에 더 치중할 수밖에 없었기 때문일 것이다.

설정식의 시에서 주도적으로 나타나는 이미지는 태양과 해바라기이다. 해바라기는 자신의 유년과 동일시되며 해방정국을 주도하는 힘과 희망의 상징으로 등장한다.

> 해바라기 꽃이 피면
> 우리들은 항상
> 해바라기 아희들이 되었다
>
> 해바라기 아희들은
> 어머니 없어도
> 해바라기 아희들은 손이 붉어서
> 슬픈 것을 모른다
>
> 붉은 주먹을 빨기도 하면서
> 다리도 성큼 들면서
> 아희들은

---

23 구체적으로 전재민의 방치와 귀속재산의 불공평한 처리는 미군정의 커다란 실정이었는데 일본인들이 수탈한 재산은 그 연고자나 일본인 소유자와 미착된 관리자, 또는 친일세력에게 헐값으로 매각되었다. 이를 계기로 좌익진영에서 토지와 적산의 무상분배를 정치이슈로 들고나와 대중적 공감대를 형성하게 된다. 이에 관한 것은 강만길, 『고쳐 쓴 한국현대사』, 창작과 비평사, 2000, '식민지 유제 처리와 경제발전' 항목 참조.

누런 해바라기와 같이 도라간다

太陽은 해바라기를 처다보고
해바라기는 우리들을 처다보고
우리들은 또 붉은 太陽을 처다보고

해가 저서
다른 아희들이 다 집에 도라가도
너하고 나하고는
해바라기 가까이 잠이 들자

-「해바라기 少年」 전문 -

해바라기는 나와 또래집단*they-group*과 동일시된 동반자이기에 '어머니가 없어도 슬픈 것을 모르'고 붉은 주먹을 빨거나 다리도 성큼 드는, 결손을 모르는 평범한 삶을 영위케 해주는 동력인 셈이다. 그 동력은 우리와 해바라기와 태양의 일체감에서 온다. 즉 '어머니가 없어 슬픈' 결핍상태는 강렬한 에너지의 태양과 그것을 매개하는 해바라기가 있으므로 해서 해소되는 것으로 그만큼 해바라기는 태양을 대신하는 매개물로서 희망과 동경, 낙관적 미래를 담보하는 것으로 그려진다.

그런데 이 해바라기는 다음과 같이 역사적 의미와 결합됨으로써 추상적인 동경이나 희망이라는 곳에 머물지 않고 보다 구체성을 확보한다.

삭은 歷史 꾸레미와
(모든 偶像과 年代表도 包含하자)
비루하게 흘린 땀에 저른
아버지의 襤褸를
形像과 다리만 달린 산 송장들과
그들이 다시 흘린 기름을
살르기 위하야
견디지 못 하는

우리들의 스스로 산 卑怯을 또한
贖罪하기 위하야

그리고 풍성한 배를 어르만질 수 있는
새로운 안해들을 마지하기 위하야
쑥을 버히고
새나라 머리 둘 곳
바로 그 뒤에서부터
해바라기 불을 질으리라

- 「해바라기(1)」 전문 -

여기에서 해바라기는 개인적 차원의 희망이나 동경이 아니라 역사적 의미와 결합하면서 민족 단위로 확산된다. '삭은 역사, 우상, 산 송장, 비겁'으로 표현되는 구시대를 청산하고 '풍성하고 새로운' 나라를 건설하기 위하여 해바라기 불을 지르자는 것으로서, 이는 해방정국에 대한 적극적이고 능동적인 의미를 획득하게 된다. 그 불은 새 나라 머리를 둘 곳 바로 뒤에서 지르게 됨으로써 앞으로의 전진만이 남는 것이다.

해바라기 꽃이 드높이 펴서

도라오라 白丁
좋다 묵은 터에서 쌀밥 먹든 생각을 할 놈도
가치 八月 새 하늘
무당 안진뱅이 유걸이 판수
아
막대는 짚어 무얼하느냐
아모데 엎어저도 우리들의 黃土
싫건 한 동이 먹으러 가자

- 「삼내 새로운 밧줄이 느리우다 만 날」 일부 -

여기에서 해바라기는 8월 해방을 뜻하는 것으로 더욱 구체화된다. 그리고 그것은 강점기하 질곡의 상황을 겪어 온, 천민까지 포함한 민족 모두에게 차별없는, 동일한 가치의 축제의 장이 되어야 함을 역설하고 있다. 어디에 엎어져도 결국 우리들의 땅이라는 인식에는 민족 공동체의 삶이 전제되어 있고 따라서 여기에는 미래에 대한 낙관적 기대가 배경이 되면서 들뜬 분위기가 형성된다. 이러한 낙관적 인식은 가령 '가까이 이리 가까이/그리고 땅에 흐르는 것을 근심하지 마라'(「해바라기(2)」)에서도 확인된다.

결국 해바라기가 등장하는 시편들에서 그는 해방의 기쁨과 새로운 미래에 대한 기대를 민족의 단위에서 표출하고 있지만, 그것은 냉철한 인식이 전제되지 않은 상태에서 드러난 열정과 환상, 그 이상이 아니었던 셈이다. 왜냐하면 해방정국을 체험해 나가면서 곧이어 발표되는 시편들에서 그는 실망과 분노, 나아가서는 예언자적인 목소리를 낼 수밖에 없는 현실에 직면하게 되기 때문이다.

Ⅲ-3 현실인식의 변모와 그 양상

결국 습작기에 보여 준 설정식의 시세계는 해방정국을 맞이하면서 개인보다는 민족적 염원을 담아낼 수밖에 없었고 거기에는 투철한 현실인식보다는 관념적 열정이 우선하고 있었다고 할 수 있다. 그러나 1947년부터 이러한 그의 인식은 변모하기 시작한다. 그것은 구체적으로는 미군정에 몸담고 있으면서 군정의 실체를 파악하고 거기에 실망하면서부터 시작된다.

> 종전과 해방은 나에게 새로운 삶을 가져다 주었다. 남한에 미국이 들어왔을 때 나는 희망과 낙관에 가득 차 있었다. 나는 우리 민족의 처지가 마침내 나아지리라 믿었다...(중략)...그러나 나는 그들 미국인에 실망하였던 것이다. 나는 그들이 자기네 군사기지가 있는 나라에 대한 관심보다 미군기지 자체에 더 많은 관심을 가지고 있음을 보았다. 나는 농민과 노동자들이 전과 다름없는

비참한 생활을 하고 있으면서 아무러한 경제적 향상도 없음을 알았다. 나는 또 그들이 부패와 인권의 억압을 못 본 체 하고...[24]

미군정 공보처 여론국장으로 있으면서 그는 미국의 실체를 누구보다 깊이 꿰뚫어 볼 수 있었을 것이다. 유학을 하면서 경험한 미국, 해방 초창기에 가졌던 '희망과 낙관에 가득찬' 막연한 기대감은 결국 무위로 돌아가고 말았다. 위의 글에 등장하는 '희망과 낙관', '실망'이라는 것이 그 당시 그의 심정을 고스란히 나타내고 있다. 그 실망감으로 인하여 현실적 안정과 민족이라는 양자택일의 갈등에서 '그의 양심은 결국 민족을 선택'[25]한 것이다. 그가 뒤늦게 미국의 실체를 파악하고 실망과 분노를 표하는 것은 4년간의 유학기간 동안 그가 미국의 피상적인 면만을 보았던 것으로 보아야 할 것이다. 그렇기 때문에 그는 해방정국에서 막연한 기대와 환상, 미래에의 낙관적 세계관을 피력하였던 것이다.[26] 결국 '그가 미국을 안다고 자부한 것은 지적 오만이거나 허위의식임을 우리는 알아차릴 수 있다.'[27]

그가 가지고 있었던 민족의 개념 또한 추상적인 것으로서 '일종의 신비사상, 혹은 메시아주의적인 민족 관념의 신봉자'[28]로서 바라본 것이었고 따라서 해방공간이라는 거대한 사회적 변혁기에서 개인과 민족은 굳이 구분될 필요가 없이 개인이 곧 민족으로 확산되었으며 이는 강점기에서 경험한 피지배자로서의 민족의 개념이 그대로 계승된 것이라고 볼 수 있다. 어떤 형태로든 그에게서 민족의 개념이 청소년기부터 인식되어 이어져 왔고 이제 그의 양가

---

24 티보 메레이, 「한 시인의 추억」, <사상계> 10권 9호, 1962.9.

25 김미정, 「설정식 시 연구」, 서강대학교 대학원 석사학위논문, 1990, p.46.

26 그가 당시의 세계정세나 강대국들의 실체에 대한 인식이 피상적이었음은 미국에 대한 이해뿐만 아니라 소련과 북한에 관해서도 마찬가지였다. 그 결과로 그는 전향에 전향을 거듭할 수 있었던 것이다.

27 김윤식, 『한국현대소설비판』, 일지사, 1981, p.190.

28 김윤식, 위의 책, pp.190~191.

적(兩價的) 세계관에서 미국에 절망과 분노를 느꼈다면 다음 수순은 바로 반미친소일 것이며 문맹의 선택만이 남게 될 것이었다. 미국유학에서 귀국한 이래 그는 거의 동시적으로 미군정과 문맹에 가담하고 있었기에 후에 문맹에서 적극적으로 활동하게 되는 것은 조금도 이상하지 않다. 이런 사정으로 그는 1947년에는 미군정청을 그만두게 되고 그의 문인활동과 정치적 행위는 크게 전환한 것으로 보인다.

그는 민족을 위해서라면 양가적 가치를 구분하지 않은 상태에서 미군정청과 문맹, 조선공산당에서 동시에 역할을 하는 것이 당연하였을 것인데, 그 한 부분이 소멸되므로 해서 다른 한쪽만 남게 된 것이라고 볼 수 있다. 이때 쓴 그의 시는 이러한 배경에서 미국에 대한 실망과 분노로 이어진다.

「파씨쓰타」의 무리여
너의들 까닭에 나는
「휘트맨」의 곁에 가차이 설 수 없고
또 이 날에도
讚歌로써 하지 못 하고
두 폭 넓은 비단 青褓에 「怨望」을 싸는도다
-「帝國의 帝國을 圖謀하는 者」 일부 -

미국 독립기념일을 위하여 쓴 이 작품에서 그는 너희들 파시스트의 무리들 때문에 미국의 민중시인이자 민주시인인 휘트먼에게 가까이 갈 수 없음을, 이날에도 찬가를 하지 못 하고 원망을 하고 있음을 토로한다. 그러면서 그는 '아 내 어찌/이렇게 恩惠 모르게 되었느냐/슬프도다'라고 탄식하는 것이다.

이러한 사정은 해바라기를 소재로 한 다른 작품에도 명확하게 드러난다.

해바라기는 차라리 견디기 위하야
해바라기는 차라리 믿음을 위하야
너의들의 未來를 건지기 위하야

無心한 太陽이
사슴의 목을 말리고
숲을에 불을 질르고
바다 千尋을 짜게 하여도

해바라기는 호올로
너의들의 墮落을 拒否하였다
(중략)
해바라기는 호올로
太陽에 匹敵하였다

- 「해바라기(3)」 일부 -

여기에 등장하는 해바라기는 「해바라기 少年」에 등장하던, 태양과 해바라기와 소년이 일체가 되어있던 것과는 다르다. 태양은 이제 목을 말리고 불을 지르는 가해자로 등장하고 해바라기는 타락한 '너의들' 위에 존재하면서 믿음을 지키고 미래를 위하여 홀로 태양과 필적하는 선지자로 나타난다. 이때 '너의들'이란 유년의 또래집단의 소년들이거나 백정, 무당, 안진뱅이, 유걸이, 판수... 등 민족의 일원으로 등장하던 부류이다. 즉 그는 '타락한 너의들'로 묘사되는 민중과, 이제는 가해자로 등장하는 태양, 즉 미국과의 사이에 중재자로 존재하면서 홀로 필적하는 선지자의 역할을 맡게 되는 것이다.

이러한 태도는 결국 그가 생각하고 있는 민족, 해방, 미래 등이 철저한 현실 인식에 바탕하고 있는 것이 아니라 다분히 관념적이고 추상적이었음을 말하는 단서가 될 수 있다. 국제 정세의 재편에 따라 우리의 역사가 재단되고 있다는 것도, 미국의 실체에 관한 것도 피상적 인식에 그쳤기 때문에 그는 해방의 열정에 들떴던 것이고 후에 그 실체를 파악하고는 민족을 위한 길을 선택하였지만 사실상 문학에 있어서 그의 작품은 일반 민중과는 그 거리가 점점 더 멀어져 갔던 것이다. 그것은 곧 그의 선지자로서의 태도에서 비롯된 것으로서 작품에 수도 없이 등장하는 외래어와 한자어 등은 자신의 현학과 과시욕을

드러낼 뿐, 그것이 가지는 시적 장치로서의 역할은 전혀 고려되지 않았기 때문이다.[29]

태양에 대한 이미지는 '無慈悲한 太陽이어/나는 네가...權力을 가지고 있는 것도 잘 알었다 하나/나는 네가 네 自身밖에 태우지 못 하는 슬픔인 줄은 몰랐다'(「또 하나의 다른 태양」)로 나아가 태양에 대한 기대치는 더 이상 나타나지 않고 적개심만 더욱 강화된다. 이는 곧 그의 시가 정치 변화에 따른 사회적 문맥에 더욱 충실하였다는 것을 뜻하다. 이러한 인식의 변화에 따라 그는 「太陽없는 땅」에서 '곡식이 익어도 익어도 쓸데없는 땅/모든 人民이 등을 대고 돌아선 땅'이라거나 '땀을 흘여도 흘여도 쓸데없는 땅/太陽 없는 땅'이라는 비관적 세계관에 직면하게 된다.

따라서 그의 시는 해방정국의 막연한 기대와 열정에서 시작하여 미군정의 실체를 파악하면서 크게 변모하게 되었고 이는 한편으로 자신의 정치적 진로와도 밀접하게 관련된 것이었음을 알 수 있다.

III-4 선지자의 예언적 목소리

설정식은 1948년 1월에 시집 『포도』, 8월에 시집 『제신의 분노』를 출간한다. 시기적으로 보면 이 시집의 작품들은 1947년에서 1948년 초기에 쓴 것들로서 설정식 개인적으로는 미군정을 그만두고 정치적으로나 문학적으로 크게 방향을 선회한 시기이다. 따라서 이 시집들에는 당대 정치적 변혁에 따른 인식이 강하게 드러나는 한편, 예언자적 목소리가 표면화된다.

먼저 앞에서 예견된 그의 현실인식의 변모는 어떠했던가? 그의 시작업이 자신의 정치적 궤적에 충실히 부합되었다고 본다면 이 시기는 당대 좌익의 변혁운동이 가장 극에 달하던 시기이며 남한의 단독정부가 수립되던 시기였

29 이는 곧 설정식 스스로 자랑하던 '미국식 지식'에 불과하며 그런 까닭에서라도 독자들의 이해와는 상관이 없다. 박윤우, 『한국 현대시와 비판 정신』, 국학자료원, 1999, p.244.

으므로, 시의 변모 또한 크리라는 것을 짐작할 수 있다. 결과적으로 그의 현실 인식은 더욱 부정적으로 바뀌고 시사성은 더욱 강화되는 방향으로 나아간다.

> 내 이제 무엇을 근심하리오
> 强함과 弱함이
> 하나인 領導權이오 또
> 領導者인 그대여
> 그 말이 있거늘
> 다만 주검 直前까지
> 服務 있을 뿐이외다
>
> -「내 이제 무엇을 근심하리오」 일부 -

그의 진술에 의하면 이 작품은 그가 남로당의 박헌영을 수령으로 추대하여 쓴 시이다.[30] 해바라기로 은유되던 민족은 인민으로 변하며 그의 시는 그러한 인민들의 변혁의 열정과 그들의 현실을 묘사하는데 중점을 두게 된다.[31] 이제 시의 목적은 더욱 뚜렷해졌으므로 은유에 의한 간접적 표현이 아니라 직접적이고 강한 어조가 선택된다. 그 영도자가 세우는 나라는 '泰山, 泰山같이 큰/저 偉大한 主權의 恩寵'이며 따라서 그 나라를 건설하는데 있어서 나는 '내 몇 방울 피를 아껴 무삼하리오/...내 아들/아들의 아들에게 돌아갈 것을 믿고/눈감아도 좋을' 것이라는 것이다.

해방 직후의 '새나라' 건설을 '태양'으로 은유하며 낙관적 전망과 열정을 보여주던 시인의 열정은 이제 구체적인 표현을 얻어 새로운 '새나라'를 향해 나아가기 시작하는 것이다.[32] 물론 이때 '새나라'는 당대 좌익이 내세운 '인민민주주의 공화국'일 것이다. 미군정의 실체를 파악한 이후의 설정식은 미군정

---

30 김남식, 『남로당 연구』, 돌베개, 1984, p.504.

31 한용국, 「설정식 시 연구」, 건국대학교 대학원 석사학위논문, 1996, p.49.

32 한용국, 위의 글, 같은 곳.

을 일제 식민지의 연장으로 보고 있으며 이는 당시 좌익의 시각과 동일한 것이다.

포프라로 오는 길은 마름의 길
自轉車탄 巡査部長과
精米所主人과 殖銀支店長의길
支店長이 署長을 모시고
二等車타고 서울로 가고 없으면
잠시 故鄕같은 하늘이 트이기라도 하는 新作路

-「스켓취」 일부 -

즉 일본제국주의가 미국제국주의로 바뀌었을 뿐 변한 것은 없다는 것이다. 해방 정국에서 희망에 부풀어 열정적으로 민족을 노래하던 것과 비교하면 그에게 있어 모든 것은 다시 일제강점기로 원위치를 한 셈이다. 따라서 그 원위치에서 그때까지 해 온 시행착오를 피하면서 모색되는 것이 진보적 리얼리즘에 근거한 프롤레타리아 당파성을 문학론에 수렴하는 것이다.[33]

정말 親日派 때문이라고 웨쳐도
革命家에게는
시다 避해야 될 暗黑이 있어야 하겠대도
고지 안 듣는 해괴망칙한 곳이
南部 朝鮮이라면
너는 그래도 알 것이 아니냐

33 진보적 리얼리즘의 구체적 항목은 반제, 반봉건, 반국수의 형상화였다. 설정식은 이를 그의 시창작의 덕목으로 삼고 있었다. 김영철, 「설정시의 시세계」, <관악어문연구> 第14집, 서울대학교 국어국문학과, 1989, p.50.

오는 해
리라꽃이 滿發할 때에
하늘을
아 너를 치어다 보던 얼골이
다 보이지 않거던 진달래 붉은 넋은
勤勞하다 쓸어진
생주검인줄만 알고

쓸어져도 쓸어져도 그러나
杜鵑이 울거던
구비치는 진달래
波濤는 무덤들이 아니라
눌리고 짓눌려서
한데 엉긴 붉은 人民의
心臟인줄만 알어라

-「기르기를 즐긴다는 五月 太陽과」일부 -

작중 화자는 친일파가 엄존하고 있는 남부 조선에 대해서 울분을 표하고 있으며 새나라 건설을 향해 나아가는 강한 신념을 드러내고 있다. 이 작품에 등장하는 '친일파, 혁명가, 해괴망칙한 남조선, 생주검, 붉은 인민의 심장' 등의 시어는 그가 예전에 보여준 감상적인 어조, 막연한 기대나 열정에서 벗어나, 보다 진취적인 인민의 투쟁을 이끌어 낼 투지를 형상화하기 위한 것이다. 여기에 등장하는 친일파는 당대 민족진영을 포괄하는 것이고 혁명가는 좌익진영을 뜻한다. 그 배경은 물론 이 시기가 해방 정국에서 남북이 분단되는 위기에 처한 때이며 좌익에서는 더욱 노골적이고 격렬한 노선운동을 전개한 시기라는 것과 분리될 수 없다. 그의 경우 그가 처한 정치적 입지와 작품활동은 밀접하게 연관되어 동일한 궤적을 밟기 때문이다. 미군정을 그만두고 문맹에 적극적으로 가담하게 된 이후 그의 작품은 이처럼 울분과 투지에 찬 목소리를 직접적으로 드러내는데 위 작품에서처럼 '주검'이나 '붉은', '심장' 등의 시어를 사용함으로써 피끓는 투지를 고취하고자 하였다.

얼마나 많은 주검들이기에
이렇게 山으로 하나 가득
祭物을 바치었더냐

우리 애기 머리같이
말랑말랑한 착한 果實일지라도
罪를 九代에 저리게 할
단한 잇발 앞에서는
하로밤 사이에
소곰으로 變하는 叡智

葡萄는
肉體와 靈魂 사이에 서서
危殆로이 떤다

-「葡萄」 전문 -

여기에서 포도는 육체와 영혼 사이에서 위태로이 떠는, '애기 머리' 같이 부드럽고 연약한 착한 제물에 불과하지만, 그를 탐내는 '단한 이빨' 앞에서는 침범을 허용하지 않고 단호하게 '소금'으로 변하고 마는 결단력을 갖춘 것으로 묘사된다. 물론 여기에서 '포도'는 힘없고 착한, 그러나 자신을 지키기 위해서는 결단력을 갖춘 부패하지 않는 인민일 것이며 그를 탐하는 '단한 이빨'은 그가 처한 정치적 환경에 비추어 볼 때 미군정과 친일파들을 일컫는 것일 것이다. 포도가 산 하나에 가득 찬 주검들로 이루어진 제물이라고 한 것은 결국 '새나라' 건설을 위해서는 엄청난 희생도 각오해야 한다는 뜻이 내포되어 있다. 이 시는 당시 설정식이 쓴 강하고 직접적인 목소리를 서사적으로 풀어쓴 대부분의 작품들에 비하면 서정시가 갖추어야 할 덕목들이 잘 구비되어 있는 셈이다.

『종』과 『제신의 분노』에서 더욱 특징적인 것은 이스라엘의 메시아사상에서 보이는 예언자적 목소리와 단편 서사시의 유형이 전면에 등장한다는 것이다. 해방의 열정이 민족이라는 단순한 관념의 추상성에서 비롯한 것이었다면 현실의 구체성을 확인한 『종』의 세계에서 그는 분노를 느끼며 새나라 건설을 위한 희생을 감수한다. 그러나 실질적 현실은 그의 뜻과는 다르게 진행되고 있었다. 남북은 분단으로 치닫고 남한에서는 단독정부 수립이 진행되고 있었기 때문이다.

'그 관념에의 열정이 불가항력에 의해 좌절되면, 그 열정의 강도에 비례하여 恨으로 응축되든가 점진적 개혁으로 나아가든가 환상 속에 파묻히고자 열망한다.'[34]면 설정식의 경우 그 결과는 이 세 항목 중에서 환상 속으로 빠져드는 결과로 나타날 것이다. 그것이 곧 그를 예언자적 위치에서 민족의 미래를 예언하게 한 것이었다고 할 수 있다.

이스라엘의 處女는 넘어졌도다
넘어진 사람은 다시 일어나지 못 하리니
祖國의 저버림을 받은 아름다운 사람이어
더러운 祖國에 이제 그대를 일으킬 사람이 없도다(舊約 아모스 5장 2절)

(중략)

그러므로
헛된 수고로 혀를 간사케하고 또 돈을 모으랴 하지 말며
異邦人이 주는 꿀을 핥지 말고
原來의 머리와 가슴으로 돌아가
그리로 하여 가난하고 또 義로운 人民의 뒤를 따라
사마리아山에 올라 울고 또 뉘우치라

34 김윤식, 『한국현대소설비판』, 일지사, 1981, p.204.

그리하면
비록 허울 벗기운 너의 祖國엘지라도
이스라엘의 處女는 다시 일어나리니
이는 다 生産의 어머니인 所致라

-「諸神의 憤怒」 일부 -

이 작품의 내용은 해방정국을 이스라엘의 아모스 시대처럼 카오스 상태로 판단하고 인민의 뒤를 따라 뉘우치면 구원을 받을 수 있으리라고 예언하는 것이다.

메시아 사상이란 신이 인간을 통해 말하는 것을 들을 수 있다는 믿음에서 성립되는 것으로서 이스라엘의 민족해방사에서 유래된 것이다.[35] 물론 그 예언자는 선지자로서의 특별한 인간이다. 신의 목소리를 대신하는 것이기에 거기에는 어떤 불신도 저항도 있을 수 없고 따라서 왕도 민족도 그 비판의 대상이 될 수도 있었다. 이때 예언자로서의 중개자는 절대적으로 유일하고 진실한 존재이며, 신을 세계에, 세계를 신에 연결시키는 존재이다. 인간이면서 동시에 인간 이상인 이 존재는 자기가 의식한 신념에 의해 神聖의 영원히 증명할 수 없는 실재를 확인하고 창조한다. 비극적 의식은 이 중개자를 가장 확실하고 직접적인 방식으로 알고 있으며 비극적 의식이 바로 그 중개자이다.[36]

예언자적인 목소리가 우리 시사에서 전무하였던 것에 비추어 설정식의 이 작품은 그 자체가 특이한 현상으로 보일 수밖에 없다. 그러면 이러한 작품이 가능했던 것은 어디에 연유하는 것일까? 이는 두말 할 필요 없이 그가 체험한 기독교적 세계관에 연유하는 것이면서 그의 현학적이고 선지자적인 태도에서 비롯된 것이라고 할 수 있다. 이미 그는 「해바라기(3)」에서 태양과 타락한 '너희'들과의 중간에 선 해바라기의 모습으로 중개자 역할을 자임한 바 있으

35 김윤식, 『한국현대소설비판』, 일지사, 1981, p.207.
36 루시앙 골드만, 『숨은 신』, 송기현·정과리 역, 연구사, 1986, p.109, 참조.

며 누차에 걸쳐 지적되는 바와 같이 그의 현학적인 태도는 작품에서 흔하게 발견되는 것들이다.[37]

일제강점기에 미국유학이라는 드문 경력의 소유자로서의 자부심과 자만심은 대단한 것이어서 그는 "나는 미국인이 나를 쌍수를 들어 받아들인 것이 당연하다고 생각한다. 나로 말하면 오하이오주의 대학을 나왔고, 영어를 잘하고, 무엇보다도 그들이 나를 필요로 하였던 것[38]이라고 말하고 있다. 이런 자부심과 현학적인 태도, 자만심이 곧 그를 신의 목소리를 대신하는 중개자로 나서게 했을 것이다.

따라서 해방정국에서 좌절된 그의 선택은 곧바로 환상으로 기울었으며 자신이 진단한 바 그 카오스 상태를 해결하기 위한 후일에의 기약으로 예언자의 목소리가 나오게 된 것이다. 하물며 그가 처음부터 끝까지 지고의 가치를 부여한 민족이라는 개념이 관념과 추상에 빠진 것을 염두에 둔다면 그가 이렇게 예언자적 중개자로 나선 것은 전혀 이상하지 않다. 왜냐하면 그것을 그는 '보이지 않는 숨은 신의 목소리로부터 영원히 듣는다고 생각하는 메세지, 의심 속에 확신을, 두려움 속에서 낙관을, 비참 속에서 위대함을, 긴장 속에서 휴식을 가져다 주는 메시지'[39]라고 생각했을 것이기 때문이다.

---

37 구체적으로 예를 들면 지나친 한문투나, 출처가 불분명한 외래 인명이나 지명 등을 나열하는 것이 그에 해당한다. 이는 작품성과는 크게 관련이 없는 경우가 많아 그의 현학적인 자만심의 발로로 보인다.

38 티보 메레이, 「한 시인의 추억」, <사상계> 10권 9호, 1962.9.

39 루시앙 골드만, 『숨은 신』, 송기현·정과리 역, 연구사, 1986, p.123.

Ⅳ. 결론

설정식의 삶은 해방공간을 지나온 우리 민족의 운명적 삶을 대신하는 것이었다. 그에게서 세계관으로 자리 잡은 양가적 가치관은 일제강점기를 거치고 해방정국을 헤쳐나온 우리들의 비극적 세계관을 압축해서 보여주고 있다. 그가 광주학생운동과 만보산사건에 연루되었다는 것은 그에게 민족주의 사상이 자리 잡고 있었다는 것을 뜻한다. 그러나 그것은 일종의 관념적이고 추상적인 것에 머물러 있어서 구체성은 결여되었고 따라서 시기별로 현실적 대응에는 현실감각이 떨어질 수밖에 없었다.

그 결과로서 그는 미군정에 대해 환상을 가졌으며 그 실체를 알고는 문맹에 적극 가담하게 되고 보도연맹에 가입해서는 「붉은 군대는 물러가라」는 작품을 쓰다가 다시 인민군에 입대하기도 한 것이다. 그의 이러한 행로는 세계정세와 민족에 대한 구체적 인식, 확고한 현실 인식이 결여된 상태에서 나타난 결과라고 할 수 있다. 우리 역사에서 선택의 자유가 허용되었던 유일한 기간인 해방공간에서 몇 번에 걸친 그의 정치적 변신은 그 바탕 위에서 가능한 것이었던 셈이다.

습작기에 그는 카프의 영향으로 현실인식이 강한 작품들을 썼는가 하면 유년과 고향에 대한 향수를 주제로 한 서정적 작품들도 써서 시적 세계관이 뚜렷하게 확립되어 있지는 않았다는 것을 알 수 있다. 미국 유학 후에 쓴 시집 『종』에는 해방의 환희와 열정, 환상에 젖은 것들이 있는가 하면 미군정의 실체를 파악하고 나서부터 비판과 분노의 목소리가 높아져 가고 있다. 그러한 비관적 목소리는 결국 조국의 현실이 일제 식민지시대와 조금도 나아진 것이 없다는 인식에 이르게 되는데 이는 결국 남로당의 정책 노선이었던 것이며 따라서 그는 새나라 건설이라는 명제를 앞세우고 어떤 희생이라도 감수해야 한다는 투지를 불태우게 된다.

그의 기독교적 세계관과 미국유학을 거쳤다는 자만감, 자부심, 현학적인 태도는 정치적 현실의 좌절을 맞으면서 민족의 미래를 예언하는 신의 중개자로서의 역할을 자임하는데 『제신의 분노』는 바로 그의 삶과 세계관의 최종 결정판인 셈이다. 『제신의 분노』 이후 작품활동은 사실상 중단되고 정치적 전향을 거듭하던 그는 자신이 최종적으로 선택한 정치세력에 의해서 41세의 나이로 죽게 된다.

세계 질서의 재편이라는 거시적인 안목을 갖추지 못한 채, 미시적인 시야로 해방정국을 맞이한 결과로 그는 정치적 변신을 거듭할 수밖에 없었고 이데올로기와 민족이라는 관념에만 충실했던 탓에 시의 의장은 무시되었으며 그 결과로 오히려 그의 문학은 인민대중과는 더욱 멀어져 갔다. 정치적 격동기에 정치적 삶을 산 시인과 정치에 예속된 문학의 모습을 설정식은 우리에게 보여주고 있는 것이다.

8. 김조규(金朝奎) 시의 현실과 시적 대응

Ⅰ. 서론

김조규(1914~1990)는 1930년대에 다양한 시작활동으로 자신의 영역을 뚜렷이 하면서 한국문학의 새로운 가능성을 제시한 시인이다. 그의 문학경력은 17세가 되던 1931년부터[1] 광복 이후 북한에서의 활동에 이르기까지 평생 동안 계속된 것으로 알려져 있다. 그러나 문학사에서 그에 대한 평가는 1931년 등단 이후부터 시작하여 <단층>을 중심으로 한 동인시절과 간도체재 시절 등 광복 이전에 거의 한정되고 있다. 그 이유는 광복 이후 북한에서의 문학활동은 온전한 자아의식의 발로라고 보기 어렵기에 '그의 자발적이면서도 자유로운 시창작 작업은 해방과 함께 끝났다고 보아도 무방할 것'[2]으로 인식되고 있기 때문이다. 결국 한국 시사의 측면에서 볼 때 김조규에 대한 논의는 광복 이전의 활동에 논의의 초점이 놓일 수밖에 없고 그에게 부여된 의미는 1930년

1 그의 문단데뷔는 1931년 10월 5일 <조선일보>에 「戀心」을 발표하면서부터이다. 그해 10월 16일에 <조선일보>에 「歸省詠」, <동광> 10월호에 「검은 구름이 모일 때」를 발표하였다.

2 조규익, 『해방전 만주지역의 우리 시인들과 시문학』, 국학자료원, 1996, p.188.

대 모더니즘과의 연관성 속에서의 위상과, 일제강점기 간도라는 공간에서의 그의 정신적 궤적 등이라고 할 수 있다.

따라서 지금까지 그에 대한 연구는 주로 30년대의 모더니즘을 논하면서 <단층> 시절의 초현실주의에 대한 것[3]과 만주 체재기의 작품들 중심으로 언급되다가[4] 최근에 와서 다방면으로의 접근이 이루어지고 있으나[5] 아직까지도 문학사에서는 그다지 중요하게 취급되지 않았다고 해도 과언이 아니다.

그에 대한 평가가 이처럼 소극적이었던 이유는 다음과 같은 몇 가지 이유 때문이다. 첫째, 그의 생애와 관련된 문제로서 그가 북한의 문인이었기 때문이다. 김조규는 일제강점기인 1914년에 평안남도 영원의 기독교 집안에서 태어나[6] 평양의 숭실중학교와 숭실전문학교를 다녔고 1939년 말에 간도로 건너가 광복 직전까지 머물었으며 1945년 3월경 고향으로 돌아온 이후 생을 마칠 때까지 북한에서 일생동안 시작활동을 하였다. 월북시인이 아니었음에도 불구하고 그에 대한 논의가 활발하지 못했던 것은 결국 북한에서의 활동 때문일 것이다. 냉전체제하 남북의 정치적 이데올로기에 의해 그는 남한에서 운위되기 어려웠을 것이기 때문이다.

---

3 대표적인 것으로는 구자황, 「'단층'파 문학의 성격과 의의」, <상허학보> 제4집, 1998. 김정훈, 「'단층' 시 연구」, <국제어문> 제42집, 국제어문학회, 2008. 이성혁, 「1940년대 초반 식민지 만주의 초현실주의 시 연구」, <우리문학연구> 제34집, 우리문학회, 2011. 등이 있다.

4 권영진, 「김조규의 시세계」, <숭실어문> 제9집, 숭실어문학회, 1992. 이후 거의 대부분의 연구가 이에 해당한다.

5 예를 들면 김훈겸, 「재만조선인 시문학의 디아스포라적 양상, <한국언어문화> 제28집, 한국언어문화학회, 2005. 윤향기·이경영, 「김조규 기행시에 나타난 디아스포라 여성들의 변모양상 고찰」, <비평문학> 제31집, 한국비평문학회, 2009. 신선옥, 「근대시론에 대한 김조규의 인식 연구」, <어문논집> 제60집, 중앙어문학회, 2014. 이주열, 「김조규 시의 철도 공간과 시어의 매개성」, <국어문학> 제60집, 국어문학회, 2015. 등이 대표적이다.

6 아버지 김명덕 목사의 7남 5녀 중 2남으로 출생하였다. 숭실어문학회, 『김조규시집』, 숭실대학교출판부, 1996, p.205.

둘째는 그의 문단경력과 관련된 것이다. 그는 평양에서 문학 활동을 하다가 간도로 건너갔으며 광복 이후에도 북한에만 머물러서 남한 중심, 서울 중심의 우리 문학사에서는 소외되어 있었다. 그런가 하면 그의 시 경향이 당대의 주류에서 일정한 거리를 유지하고 있었기 때문이기도 하다. 그가 시작활동을 시작한 1930년대는 20년대의 낭만주의와 카프를 거쳐 모더니즘이 태동되던 시기로 정지용의 「유리창」, 김기림의 「기상도」와 같은 한국현대시를 대표하는 작품들이 생산되던 시기였다. 따라서 이들 주류 경향과 일정한 거리를 가진 김조규의 경우 1930년대 시문학사에서 존재감이 그렇게 크지 않았던 것이 사실이다.

다행히 숭실대학교에서 김조규를 집중 조명한 이후[7] 다방면으로 업적이 축적되어 연구를 위한 토대는 마련되었다고 할 수 있으나 아직도 텍스트를 확정하기가 어려운 점[8], 북한에서의 작품들을 온전하게 고려하지 못 하는 점 등은 앞으로의 과제로 남아 있다.

김조규의 시세계는 광복 전후로 크게 구분되며 광복 이전의 경우는 다시 평양에서의 초기, <단층> 전후, 간도 시절 등으로 다시 세분화된다.[9] 광복 이전을 이와같이 세 시기로 구분하는 것은 무엇보다도 자신이 처한 환경이 바뀔 때마다 작품 경향이 크게 달라지기 때문이다. 그의 시세계는 그의 삶의 변환기를 따라 큰 변화를 보여주고 있어서 그 자체가 당대 우리 민족의 삶의 모습

7 1991년 숭실대에서 강형철의 「재북시인 김조규 연구」란 강연과 권영진의 「김조규의 시세계」, <숭실어문> 제9집, 숭실어문학회, 1992. 숭실어문학회의 『김조규시집』, 숭실대학교출판부, 1996. 등이 대표적이다.

8 자료로는 숭실어문학회의 『김조규시집』, 연변대학 조선문학연구소의 『20세기 중국조선족 문학사료전집』, 연변대학 조선언어문학연구소의 『김조규전집』 등이 있으나 저자의 육필 원고를 판단하는 문제, 한 작품이 여러 편으로 존재하는 등의 문제 등이 있어 정본을 확정하기는 쉽지 않을 것으로 보인다.

9 광복 이전을 세 시기로 나누는 것은 권영진(1992) 이후 대부분 논자들의 공통된 견해이다. 김조규의 경우 광복 이전의 시 경향은 뚜렷하게 구분되므로 논란의 여지는 없다고 보아도 무방할 것이다.

과 당대 문단의 경향을 고스란히 보여주고 있다. 즉 그의 초기시에는 20년대의 감상적 낭만주의와 경향문학적 성향이, <단층>기에서는 초현실주의적 경향이, 만주 시절에서는 당대 유이민들의 삶이 적극적으로 반영된 현실주의의 경향이 나타나고 있어서 환경에 따른 그의 세계관의 변천이 뚜렷하게 제시되고 있다. 특히 1939년 말부터의 그의 간도시절의 시작품들은 민족의 암울한 현실과 당대 이주민들의 삶의 모습을 사실적으로 보여주고 있어서 암흑기로 불리는 우리 문학사에서 중요한 의미를 가진다.

이런 관점에서 지금까지 논자들은 각 시기별 특성을 감안하여 김조규의 문학을 논의하여왔고[10] 그 결과 '전체적으로 모더니즘을 바탕으로 하면서 초기에 보여 준 감상적 실향의식이 지속된 것'[11]으로 보거나 '주된 시적 경향이 로맨티시즘이었다'[12]는 것으로 대별되고 있다. 이런 서로 다른 견해가 가능한 것은 김조규의 작품이 다양한 변모를 거쳤다는데 기인하고 있어서, 사실상 어느 한 경향만이 지속된 것이 아니라 보는 시각에 따라서 그만큼 결과도 달라질 수 있음을 의미한다. 그런데 이런 현상은 비단 김조규에게만 해당될 성질의 것은 아니다. 우리 근대시문학의 경우 근대시의 형성기라고 할 수 있는 1920년대와 모더니즘이 형성, 전개되는 1930년대를 거친 시인들은 거의 모두 다양한 변모를 보였으므로 서구의 시각으로 어느 하나의 사조로만 설명될 수 없기 때문이다.[13]

---

10 대표적인 논문으로는 조규익의 앞의 글, 우대식, 「김조규 시 연구」, <숭실어문> 제14집, 숭실어문학회, 1998. 구마끼 쓰또무, 「김조규의 초기시에 대한 일고찰」, <숭실어문> 제14집, 숭실어문학회, 1998. 김정훈, 「김조규 시 연구」, <한국시학연구> 제13집, 한국시학회, 2005. 김경훈, 「김조규의 해방 전 시작품 연구」, <비평문학> 제23집, 한국비평문학회, 2006. 등이 있다.

11 조규익, 『해방전 만주지역의 우리 시인들과 시문학』, 국학자료원, 1996, p.191.

12 김정훈, 「김조규 시 연구」, <한국시학연구> 제13집, 한국시학회, 2005, p.246.

13 이러한 점에서 출발하여 필자는 서구의 문예사조적 시각에서 벗어나 한국시가의 지속과 변모를 현실주의와 관념주의라는 범주로 이해하고자 하였다. 김은철, 『한국 근대시 연구』, 국학자료원, 2000.

시의 존재방식을 세계에 대한 시인의 반응양식이라고 한다면 결국 문제가 되는 것은 시인의 세계인식의 방법이다. 거기에는 필연적으로 시인의 현실인식 태도가 수반되는 것이고 그 반응양식인 작품은 각 시인의 개성에 따라 다를 수밖에 없다. 여기에는 크게 두 가지의 양식이 존재하는데 먼저 작가가 살고 있는 '객관적' 현실의 시대정신을 반영하면서 그것을 통하여 현실을 극복하려는 현실중시의 경향, 즉 현실주의가 있다면 다른 한 편에는 당대 현실과 일정한 거리를 유지하면서 내면의 세계를 구축하는 '주관적' 이상세계를 추구하는 작가정신, 곧 관념주의가 있게 된다.[14] 이 두 양식은 인간의 존재양식과 밀접하게 연관되어 있으며 모든 시작품은 이 양 극단의 어느 지점에 존재하고 있고 각자의 개성에 따른 일생의 작업은 총체적으로 문학사에서 다시 어느 특정한 지점을 부여받는다.[15] 특히 일제강점기 식민지배를 받은 우리의 경우 당대 지식인의 현실인식 태도는 민족의 역사에 있어서 가장 중요한 준거가 되어왔고 문학가들에게도 이는 예외가 아니다. 왜냐하면 문학작품은 당대 현실에 반응한 작가의 현실인식 태도의 결과물이기 때문이다.

이러한 점에 착안하여 여기에서는 광복 이전의 김조규의 시에 나타나는 변모양상을 현실인식의 측면에서 살펴보고자 한다. 당대 현실에 반응한 인식의 결과가 곧 작품이므로 그 변모의 동인을 이해할 때 작품은 전체적 맥락에서 그 위상을 부여받을 수 있기 때문이다.

14 김은철, 『한국 근대시 연구』, 국학자료원, 2000, p.27.

15 이 경우 우리는 관념과 현실을 변증법적으로 통합해간 김소월과 이상화를 예로 들 수 있다. 두 시인은 개성에 따라 그 결과가 달리 나타났다고 볼 수 있는데, 김소월의 경우 그 결과가 내면화로 나타났다면 상대적으로 이상화의 경우는 외면화로 나타났다고 할 수 있다. 김은철, 「김소월과 이상화의 비교연구」, <비교한국학> 제3집, 국제비교한국학회, 1997.

II. 초기시에 나타난 경향

II-1 등단기 ; 몇 가지 예후

김조규는 1931년 10월 5일 <조선일보>에 「戀心」을, 10월 16일에 「歸省詠」을 발표하고, <동광> 10월호에 「검은 구름이 모일 때」를 발표하면서 문학활동을 시작하였다. 등단기의 이 작품들에서 우리는 김조규의 문학적 성격을 어느 정도 가늠할 수 있다. 이 작품들은 상실감에서 오는 막연한, 이유 없는 슬픔이라고 하는 다분히 감상적인 곳에 머물러 있음을 지적하지 않을 수 없다.

오늘 나는 거리로 헤매엿나니
사람이 물ㅅ결치는 밤의 거리를
그대도 함께 비틀거린단 말을 들었습니다.
(중략)
아아 동무 찻는 마음에 그리움이여
찻든 이 못찻는 가슴의 애닯흠이여
이 맘 이 가슴에 차고 찬 슲은 생각을
이러케 어느 곳에서 알어나다우.

- 「戀心」[16] 전 4연 중 2,4연 -

당신이 업섯더면 무엇 보고 차젓으리
이곳은 골 깊으고 길 험악한 곳이어늘
내 무엇 바라보고서 이 山 길을 걸었으리

당신을 만낫슬 때 아득함을 늣겻나니
그동안 가슴 속에 싸힌 설음 북바쳐와

---

16 <조선일보> 1931.10.5.

눈물이 앞을 가리워 벙어리가 됏엇노라

- 「歸省詠」[17] 전 3연 중 1~2연 -

등단할 때의 이 두 작품에서 공통적으로 나타나는 것은 상실감에서 오는 비극적 세계관과 눈물에 젖은 감상이다. 화자는 떠나간 '님'을 찾아 헤매며 슬픔과 눈물로 얼룩져 있다. 그런데 여기에 설정된 상실감의 근원은 구체적이지 않고 다만 막연한 슬픔만이 시 전편에 부각되어 있어서 시인이 자신만의 감정에 치우쳐 이성으로 그 감정을 통제하지 못하는 낭만주의적 세계관을 고스란히 보여주고 있다. 즉 감정을 적절하게 통제하지 못하고 일방적으로 자신의 감정에만 충실하여 오로지 소극적, 내향적으로 자기 위안에만 몰입하고 있는 것이다.

현실을 슬퍼하며 눈물에 겨운 이런 모습은 1920년대 초반의 시적 현실을 경험한 우리들에게는 매우 익숙한 것이다. '님'이 떠났다고 하는 막연한 상실감에서 화자가 슬퍼하고 있다는 점에서 이 작품들은 20년대의 '님'을 노래한 작품들과 크게 다르지 않다. 여기에서 과거의 '님'은 떠나고 현재에 존재하지 않으며 미래도 긍정적으로 제시되지 않는다. 이 경우 '님'의 부재를 당대 현실에 비추어 잃어버린 조국으로 치환할 수도 있지만, 보다 구체적인 현실인식이 전제되지 않은 채 막연한 슬픔만을 제시함으로써 결국 관념주의의 혐의를 벗어나기 어렵다. 즉 이유없는 슬픔이라는 관념적 측면, 미래에 대한 부정적 인식, 작품 전반에 흐르는 감상적 정서 등으로 인하여 이 작품을 20년대의 어느 한가운데 두더라도 전혀 어색하지 않은 것이다. 차이가 있다면 20년대 초기의 감정의 과잉상태와, 퇴폐적인 경향에서는 어느 정도 벗어나 있다는 점이다. 즉 이 작품들은 감정에 격해 감탄사를 연발하며 밀실과 죽음을 찬미하던 감정의 과잉상태에서는 벗어나 있지만, 전체적인 시의 구도에 있어서는 감상적 낭만주의라고 부르는 20년대 관념주의의 지점에 머물러 있다고 보아도 틀린

17 <조선일보> 1931.10.16.

말이 아니다.

그런가 하면 다음의 작품은 그의 또 다른 단면을 보여주고 있다.

개미 떼가 이곳 저곳에서 슬금슬금 기여 오르고
몇 세기 동안을 뭉치고 쌓인
검은 구름의 커다란 진군(進軍)이
멀리 저 멀리 검은 산마루에서 머리를 들고 움직일 때
가슴에 얽힌 붉은 핏줄이
급한 가락으로 용솟음치나니
친우여 우렁찬 노래 부르러 가두로 뛰여 나오라.

험한 바람 거친 비가 산천을 휩쓸 때에는
가난한 무리가 삶의 뿌리를
깨뜨러진 력사 위에 박으려 하고

사나운 짐승의 부르짖음 같은 우뢰 소리가 나는 곳에서
헐벗은 무리의 잠든 생명이
싸움의 터전으로 행진하려니
친우여 새 ×× 건설하려 가두로 뛰여 나오라.

-「검은 구름이 모일 때」[18] 전 6연 중 4~6연 -

이 작품은 <동광>의 현상응모에서 1등상을 받은 작품으로서 앞에서 본 두 작품과 함께 1931년 10월에 거의 동시에 발표되었다는 점에서 동일한 시기, 동일한 시인의 또 다른 측면을 엿볼 수 있다. 이 작품에서 가장 먼저 드러나는 것은 시적 화자가 강인한 남성적 목소리로 민중을 선도하는 지도자의 모습이다. 화자의 태도는 적극적이고 외향적이면서 시어는 모두 거칠고 투박한, 전투적인 것으로 나타나며 각 연은 '~하라'는 강한 명령형 서술어로 되어있다.

---

18 <동광> 26호, 1931.10.

즉 이 작품은 시적 화자가 우렁찬 목소리로 민중을 선도하며 강하게 무언가를 요구하는 형식으로서, 자신의 의지를 강하게 드러내고 있다는 특징을 가진다.

배경이 되는 시대적 상황은 암울한 현실로 설정되어 있다. '검은 구름', '임종', '잿빛 하늘', '거친 바람과 굵은 비', '음산한 분위기', '검은 구름', '험한 바람 거친 비' 등 시 전편에 등장하는 배경은 암울하고 두려운, 절망적인 상황이다. 이런 현실에 대하여 시적 화자는 '소낙비 쏟아지는 가두로 뛰여 나오라.' '폭풍우 맞으러' '우렁찬 노래 부르러' '새 ××(나라;필자 주) 건설하려 가두로 뛰여 나오라.'고 부르짖고 있다. 화자는 암울한 시대 상황에서도 결코 좌절하거나 물러서지 않고 강력하게 투쟁할 것을 주장하는 것이다. 이 작품은 암울한 시대적 현실을 직시한 결과, 모순된 현실을 적극적으로 극복하고자 했다는 점에서 현실에 대한 직접적 반응이라는 의미를 가진다.

그러나 여기에서는 암담한 현실이 추상적으로만 제시되어 있을 뿐 현실 및 미래에 대한 전망은 구체적이지 못하다. 구체성이 결여된 채로 현실의 극한 상태가 암울하게 제시되어 있으므로 상대적으로 '뛰여 나오라'는 과도한, 우렁찬 목소리가 강조된다. 거창한 구호를 위해서 그 원인이 되는 배경은 더 참혹하게 제시되며 구호와 배경의 간격이 크면 클수록 굵고 허황한 목소리만이 남게 되는 것이다. 현실에 대한 철저한 인식이 전제되어야 거기에 대한 대응과 미래에 대한 전망이 구체적으로 제시될 수 있을 것인데 여기에서는 전혀 그렇지 못하기 때문이다. 이러한 양상은 20년대 후기의 카프계열 작품에서 공통적으로 나타난 현상이었다. 현실의 모순에 대한 철저한 인식이 미흡하였으므로 구체적인 방향이 설정되지 못하고 각종 구호만이 선동적으로 나타난 것이 당대 시작품들의 공통적인 현상이었기 때문이다. 물론 식민치하라는 시대적 배경을 염두에 두면 시의 배경과 원인, 대상은 일제 식민정책 때문임이 명확해지지만 암담한 현실에 내재된 구조적 모순을 파악하지 못하였기 때문에 거기에 대응할 구체적 방법론을 찾기 어려웠으며, 막연한 울분만이 공허하게 남게 된 결과 감성우월주의에서 벗어나지 못한 것이었다.

따라서 그 결과가 현실도피로 나타났든, '~하자'는 선동적인 구호로 나타났든, 원인에 대한 진단이 추상적이고 관념적이었다는 데에는 이 둘의 차이가 없었던 것이며 다만 차이가 있다면 자극에 대한 반응양식이 소극적으로 눈물로 점철되었는가, 보다 적극적으로 울분으로 나타났는가 정도였다고 할 수 있다. '현실에 대한 관념적, 추상적 반응은 실천적인 현실 변혁운동으로 나아가지 못하고 개인적 차원의 신념토로에 머물고 일종의 윤리적 결단으로서의 의미만 가지며 민중과의 연대성을 확보하지 못하기 때문에 쉽게 좌절하게 된다.'[19]

이 작품이 당대 경향문학 내지 카프의 영향을 받았음은 부인할 수 없을 것이다. 현실을 극한 상황으로 제시한다든지, 선동적 목소리, 선구자적 명령형, 새나라 건설 등은 이 시기 카프 시에서 상투적으로 나타나는 경향이기 때문이다. 그러나 김조규의 시를 카프와 연관시키기는 어려운데 그 이유는 '김조규의 시에서 계급성에 기초한 시편이 많지 않다는 점에서 사회주의적 리얼리즘이라는 용어는 일정한 한계를 지니'[20]며 제시된 현실이 계급의 문제이거나 계급을 타도하자는 것과도 거리가 멀기 때문이다. 따라서 전기적 측면에서 김조규가 사회주의 서적을 가까이 하였다고 하더라도[21] 그의 이런 경향의 시들이 사회주의 사상이나 카프문학과의 연관선상에 있다기보다는 척박한 현실을 바탕으로 한 소박한 민족주의의 발로로서[22] 현실주의의 한 측면으로 보는 것이 타당할 것이다.

---

19 김정훈, 「김조규 시 연구」, <한국시학연구> 제13집, 한국시학회, 2005, p.250, 참조.

20 우대식, 「김조규 시 연구」, <숭실어문학> 제14집, 숭실어문학회, 1998, p.205.

21 그의 장서 중에는 마르크스, 엥겔스의 서적들이 많았으며 아버지에게 적대적인 반선교사적 정서도 여기에서 연유된 것으로 추정하기도 한다. 김태규, 「나의 형님 김조규」, 숭실어문학회 편, 『김조규시집』, 숭실대학교출판부, 1996, p.202.

22 김조규의 시에 전반적으로 흐르는 사상을 민족주의 또는 조국애로 설명할 수도 있다. 그는 성장과정에서부터 민족주의적인 성향을 가지고 있었고 이것은 전 시기를 통하여 그의 작품의 근저에 공통적으로 나타나기 때문이다. 1929년 광주학생사건으로 체포되어 평양감옥에서 미결수로 복역한 것, 이후 재학시절에 광주사건 기념일과 메이데이(노동절)를 전후하여 1주일씩 예비검속이 되기도 하였다는 것, 이것이 원인이 되어 일본유학도 좌절된 것 등을 그 예로 들 수 있다. 김태규, 위의 글, p.198, 참조.

김조규에게 있어서 일제강점기라는 부정적 현실에 대한 이 두 반응양식은 외관상으로는 20년대의 관념주의와 현실주의라는 두 측면의 일단을 보이고 있어서 변별적이며, 이후 전개되는 그의 시작품의 변모를 이해하는 유력한 근거가 된다. 즉 김조규는 암담한 시대적 현실을 인식하고 있으되 그 인식은 추상적·관념적이었으며, 그 반응은 소극적이며 내향적인가 하면 적극적이고 외향적인 방식으로도 나타났던 것이다.[23]

그런가 하면 다음 작품에서는 김조규의 내면에 자리한 민족의식 내지는 역사의식을 볼 수 있다.

> 나는 지금 枯木을 부둥켜 안고 처참한 옛 일을 더듬어 보나니
> 지나간 날 맞이막 숨을 끊는 兵士의 悲鳴이
> 이 城 밑 저 담 아래서 들리는 것 같으며
> 삶의 脈搏이 뛰는 사나희의 발거름이
> 骸骨의 그림자가 되어 날뛰는 것 같구나
>
> 아아 落葉을 歎息하는 슬픈 枯木아
> 무너진 城壁우에는
> 너의 맥없는 그림자가 비취엿나니
> 젊은 가슴을 아프게 하는 廢墟의 夕陽이여
>
> -「廢墟에 비친 가을 夕陽이여」[24] 전 4연 중 3~4연 -

이 작품은 그가 등단하던 해에 발표된 것으로서 앞의 두 경향의 작품들과는

---

23 김조규에게서 나타나는 이 두 경향은 암울한 식민지 현실에 대한 반응이라는 점에서 공통점을 지닌다. 낭만주의에서 현실과 이상의 괴리에서 오는 부정적 인식이 감상적 낭만주의로 나타났다면 경향문학은 민족주의 계열의 이상주의라고 할 수 있다. 즉 20년대의 유미주의와 계급주의문학은 표면상으로는 대립된 것으로 보이지만 밑바닥은 동질성을 가지고 있다. 김윤식, 『근대 한국문학 연구』, 일지사, 1983, p.266.

24 <비판> 8호, 1931.12.

또 다른 일면을 보여준다. 시인은 무너진 옛 성터에 서 있는 고목을 보고 처참한 역사의 장면을 슬픈 감정으로 떠올리고 있다. 등장하는 시어들은 모두가 참혹한 역사의 현장을 재현하기 위해 선택된 것들이다. 작가는 폐허가 된 성터의 고목에서 역사의 현장을 되새기면서 감정에 격해 있다. 과거 역사가 참혹하게 인식된다는 것은 현재의 비극적 상황이 반영된 결과임은 물론이다. 따라서 이 작품에서 우리는 그의 시가 비극적 세계관에 물들어 있고 역사의식 내지는 민족의식이 밑바탕에 있으며 그 반응은 감상적이라는 사실을 알 수 있다.

위에서 본 바와 같이 등단기의 몇 작품들에서 우리는 이후 전개되는 김조규의 시문학을 이해할 몇 가지 근거를 파악할 수 있다. 먼저 이 시인이 1920년대의 연장선상에서 당대의 문단시류에 일정 부분 편승하고 있다는 것이다. 일제 식민치하에서 오는 상실감을 '님'의 부재로 인식하는 점, 현실에 대한 인식은 다분히 관념적이고 추상적이어서 좌절과 울분이 우세하다는 점, 거기에 대한 반응이 소극적이고 내향적이며 감상에 젖은 20년대 관념주의의 방식으로 나타났는가 하면 또 다른 한편으로는 적극적이고 외향적이며 울분에 찬 현실주의의 방식으로 나타났다는 점 등이 그것이다. 또한 그의 시에서 주된 정조는 감상적이면서 민족의식 또는 역사의식의 단면도 나타나고 있음을 알 수 있다. 이후 전개되는 그의 작품들은 등단 초기의 제 경향이 자신이 처한 환경에 따라 적극적으로 반응한 결과라고 할 수 있는 것이다.

II-2 고향시편 ; 현실인식과 그 한계

김조규의 초기시에는 고향을 소재로 한 작품들이 많다. 고향은 이미 1920년대부터 무수하게 등장한 시의 소재였으며 민요시에서는 특히 퇴행의 공간적 대상으로 나타나는 특징을 가진다.[25] 한국 근대시에서 고향은 여러 가지 의미를 가지는데 그 하나는 자신이 처한 장소가 타향인데 대하여 단순한 향수의 대상으로 나타나는 경우이며, 다른 하나는 그것이 조국으로 확대되는 경우이다. 전자의 경우는 공간적으로는 고향을, 시간적으로는 유아기를 그리워하는 심리적 방어기제의 수단으로서 현실도피의 일환으로 선택되었다.[26] 그러나 퇴행의 수단으로서 단순한 향수의 대상이었던 고향은 식민지 현실에 대한 구체적 인식이 수반되면서 조국의 의미로 확대된다.[27] 이는 곧 당대 일제강점기의 수탈정책의 결과 삶이 더욱 피폐해지고 삶의 바탕인 농촌, 고향이 황폐화된 현실을 인식하고 그것이 반영된 결과였다.

그리워, 그리워 예 살든 내 故鄕이 그리워
오늘도 버들가지 푸른 언덕에 앉아
슲이, 슲이 코노래를 부르네
그리운 曲調, 말조차 닞어버린 옛날의 그 노래를

아아 닞어버린 옛날의 노래 가락이여
흔들리는 피리의 애닯은 音響이여
오늘도 나는 창문에 외로이 앉아
붉은, 붉은 저녁 하늘을 바라보네
그 하늘 밑에서 뛰놀던 때를 머릿속에 그리며-

- 「懷鄕曲」[28] 전 3연 중 1,3연 -

이 작품은 단순한 향수를 노래하고 있다는 점에서 20년대 민요시의 범주에 머물러 있다. 외로운 타향이라는 부정적 현실에서 고향과 옛날의 어린 시절을 그리워하는 곳에서 우리는 고향과 유년의 과거를 긍정하는 단순한 감상 이상

25 오세영, 『한국낭만주의시연구』, 일지사, 1982.

26 20년대의 시인들이 현실의 부정 위에서 이상적 공간으로 설정한 고향, 밀실, 동굴, 죽음 등은 현실로부터의 심리적 방어기제 역할이라는 점에서 동일한 선상에 있다. 김은철, 『한국 근대시 연구』, 국학자료원, 2000, pp.107~109.

27 1920년대의 국가 상실감의 대응물이 '님'이었다면 1930년대에는 그것이 고향상실감으로 변주된다. 최두석, 『시와 리얼리즘』, 창작과 비평사, 1996, p.69.

28 <신동아> 9호, 1932.7.

을 찾아보기 어렵다. 시대적 아픔이나 현실적 슬픔의 근원이 부정적 현실의 근거로서 제시되어 있지 않은 채 막연한 감상적 차원에 머물러 있기에 이 작품은 20년대 초기의 관념주의에서 벗어나 있지 못하다.

이와 같은 예는 다른 작품들에서도 다수 발견되는 현상으로서, 예를 들면

> 그러나 나는 이곧을 잊을 수 없어
> 마을의 山川이 그리울 때면
> 하늘을 우러러 슬픈 曲調로 피리를 불고
> 故鄕의 어머니가 생각키우면
> 구슲은 밤 落葉 소리에 눈물짓읍니다.
>
> 아아 걷고 싶은 마을의 좁은 걸이여
> 높은 山이여 그리고 흘으는 시내여
> 늘어진 버드나무여
> 故鄕은 팔질하며 나를 불읍니다
> 그러나 나는 멀리 故鄕을 등진 나그내외다.
>
> -「故鄕」[29] 전 4연 중 3~4연 -

여기에서 고향은 그리움의 대상일 뿐이다. 그 근거는 내가 '故鄕을 등진 나그내'로 설정되어 있어서 단지 타향에서 느끼는 향수 이상으로 확산되지 않기 때문이다.

「故鄕 사람」에서는 고향 사람들의 순박하고 소 같은 모습에 대해 '不純한 音響과 濁流가 골목 골목에 여울져 흘으는/都市 사람들은 코웃음칩니다.'라고 하여 '불순', '탁류'로 대표되는 도시문명에 대하여 고향사람의 때묻지 않은, 순박한 이미지가 대비되어 있다. 따라서 이 경우 고향은 식민지 현실에 바탕을 둔 '조국'으로 치환되는 현실적 확장성을 가지는 것이 아니라 현대

---

29 <신동아> 15호, 1933.1.

도시문명에 대비되는 전통적 농경문화의 세계를 뜻하는 일종의 퇴행의식의 소산이므로 구체적인 현실인식이 전제되어 있다고 보기 어렵다. 김조규에게 있어서 고향은 이처럼 향수나 퇴행의 공간이었지만 그리워하던 고향이 비극적 공간임을 마침내 인식하게 된다.

歸鄉者-
그는 지금 외아들 잃은 寡婦와 같이 넋잃은 가슴을 안고
고향의 거리 우를 울며 헤매인다
(중략)
怒濤 같이 거칠어진 머리에도
오히려 창백한 鄕愁에 눈물짓나니
故鄕의 높은 山과 늘어진 버들-
이는 나그네의 아름다운 하나 幻像이엇나
(중략)
(얼어붙은 땅아 두 갈래로 찢어지라
파리한 女人이여 얼굴을 돌리라)
창백한 달빛 아래 우는 歸鄕者
그는 지금 터진 心臟의 피를 눈길에 띄우며
낯설은 故鄕의 거리를 울며 헤매인다. 울며 비틀거린다.

- 「歸鄕者」[30] 전 4연 중 1,2,4연 일부 -

여기에서 시인은 그간 타향에서 그리워하던 고향이 하나의 환상이었음을 깨닫는다. 타향에서 그리던 고향은 유년시절과 결합된 안온하고 평화로운 곳이었으나 실상은 그렇지 못했던 것이다. 귀향자에게 고향은 낯설고 서러운 곳이어서 울며 헤매고 있지만 작품 전면에 부각되어 있는 슬픈 상실의 이미지로 상황을 추측할 수 있을 뿐 구체적인 현실은 전혀 나타나지 않는다. 그런 가운데 화자는 얼어붙은 땅을 보고 두 갈래로 찢어지라고 하고 파리한 여인에

30 <조선중앙일보> 1934.2.16.

게는 얼굴을 돌리라고 말한다. 구체적인 현실이 전제되지 않은 상태에서 극단적인 처방만이 제시되는 것은 슬픔과 울분이 선행된 감정의 과잉상태임을 뜻한다.

아아 내 사랑하는 누이 새날의 딸아
아하, 누이야 이 날에 農村은 喜悅을 잃었단다
(이하 5行削除)
누이야 네가 만일 故鄕에 돌아가며는-
녹아날이는 물빛을 등지고
大地에 엎드려 우는 마을의 痛哭을 들을 수 있다며는-
그리고 참혹한 故鄕의 얼굴을 볼 수 있다며는-

- 「누이야 故鄕 가면은」[31] 전 4연 중 4연 일부 -

아아 이 가을에 눈물짓는 이 얼마이며
무너져 오는 가슴에 몸부림치는 자 얼마이냐
기럭 기럭 흘러가는 기러기의 울음이
北쪽 하늘에 구슬픈 譜表를 지어놓으니 외로워라
둘 곳 없는 내 마음 갈내갈내 찌저지는구나

- 「가을의 歎息」[32] 전 4연 중 3연 -

여기에서 고향은 마을이 대지에 엎드려 통곡하는 참혹한 얼굴, 희열을 잃어버린 비극적 대상으로 인식되고 있어서 20년대의 시들처럼 막연한 그리움의 대상으로서, 일종의 퇴행의 공간으로 자리하고 있었지만 실상은 그렇지 못한 데 대한 상실감이 컸음을 알 수 있다. 그 상실감이 감상적 흥분상태에서 벗어나지 못한 것은 당대의 농촌 현실에 대한 인식이 객관적이고 논리적인 차원이 아니라 심정적, 감정적 차원에 있음을 뜻한다.

---

31 <조선일보> 1933.10.12.

32 <조선중앙일보> 1933.7.14.

그런가 하면 다음과 같은 작품에서는 상실감과 슬픔의 근원이 궁핍한 농촌 현실에서 비롯되었다는 것을 인식하고 있었음을 보여준다.

草家 우에 박꽂이 창백한 웃음을 던지고
山기슭을 돌던 파리한 煙氣가 흩어지기 시작하니
슬프구나 슬프구나 이 저녁도 주린 저 창자엔 쌀알이란 하나도 없는 '감자'
만이
메이겠구나

물동이에 가득 담은 아낙네의 눈물이리라
졸아드는 장찌개는 타드는 마음이리라.
-일즉 넘치는 法悅로 쌀알을 쥐어보지 못한 마음
-일즉 고요한 安息과 慰撫를 맛보지 못한 이 저녁
하거늘 아아 내 마음이 期待가 없는 저 歸路가 무에 그리 가벼울 거냐

悲哀를 실고 黃昏은 흐른다.
어둠을 가지고 구름은 떼진다
내 사랑아 젖 달라 보채는 아기의 울음마저 맥이 없으니
호박 넉쿨 흩어쥐고 울고 싶은 黃昏이다.

- 「農家의 黃昏」[33] 전 6연 중 4~6연 일부 -

아아 저긔 저 山 비탈 조약돌 바테
구슬땀 흘리며 풀 뽑는 저 女人은 누구인가
녹아 흘으는 綠陰을 바라보며 기쁜 노래 부를 이 날이거든
밭기슭 흐릿한 나무 그늘 아래서
빨간 주먹을 떨며 느껴우는 저 어린애는 웬말인가

가슴 압허라 참혹하게도 빼았긴 저들의 명절이여

---

33 <동아일보> 1934.8.29.

오날도 薰風은 초록색 白楊木 잎에서 노래를 하고
꾀꼴새 욱어진 숲 속에서 나래를 흔들건만은
아아 이날도 저들의 뼈짬의 기름은 말으는구나
아아 이날도 저들의 염통엔 고름이 고이는구나

- 「이날도 저들의 가슴엔 –端午ㅅ날」[34] -

언제나 맥물 같은 희멀검한 죽으로 쫄아든 뱃가죽을 넓힌 후
가을 날 생길 悲劇을 모르는 바 않이엇만은
힘없는 다리로 이슬방울을 밟는 저들에게도
이날의 아침을 노래해야 된단 말이냐?

- 「이날의 農村은」[35] -

고향시편에 나타나는 비극적 세계관은 이제 당대의 궁핍한 농촌 현실에서 비롯됨을 알게 된다. 쌀알 하나 없이 감자로 주린 배를 채우며, 젖 달라고 보채는 아기의 울음마저 맥이 없다. 참혹하게 명절 단오를 빼앗긴 채 풀을 뽑아도 뼈 기름이 마르고 염통엔 고름이 고이며 맹물 같은 죽으로 연명하는 현실이 곧 고향의 현실이었던 것이다. 문제는 고향에서 느끼는 이런 현실인식이 좀 더 구체적이지 못하고 추상적이며 관념적인 데 머물러 있다는 것이다.

그의 고향시편이 퇴행적인 도피공간으로서 유년과 결합된 향수에서 출발하였다고 할 때 거기에는 이미 상실감이 예정되어 있다고 볼 수 있다. 왜냐하면 유아기로의 퇴행은 물리적으로 시간을 거슬러 유년으로 돌아갈 수 없다는, 물리적으로 불가능한 자연의 이치가 전제되어 있기 때문이다. 그러한 감정이 '희열을 잃은' 슬픔으로 표현되었으며 그 배경으로 설정된 것이 이러저러한 농촌의 현실이었다. 즉 김조규에게 있어서 농촌 현실은 철저한 천착에 의해서 귀납적으로 도출된 것이 아니라 현상적 차원의 슬픈 감정이입의 대상으로 존

---

34 <조선일보> 1932.7.2.
35 <농민> 38호, 1933.8.

재하는 것이었다. 농촌시편의 거의 전 작품에 흐르는 감정우위의 현상은 곧 농촌현실에의 접근방법이 다분히 감정적이고 감상적 차원에서 다루어졌음을 의미하는 것으로서, 각각의 이미지들은 구체성을 가지고 체계적으로 드러나지 않고 현상적 차원에서 관찰의 대상에 머무는 한계를 가진다.

그런가 하면 다음과 같은 작품은 비극적인 현실을 바라보는 그의 시각이 다분히 계급적 성향으로 나타나기도 하여 그의 세계관의 또 다른 단면을 드러낸다.

> 남들은 집에 개(犬) 한 마리가 죽어도
> 꽃다발로 장식을 하여 동산에 묻어두거늘
> 가난한 몸이라 弔辭드리는 사람 없는 屍體를
> 장식없는 棺 속에 넣어둠이여
> 홀로 따라가는 당신의 悲憤한 가슴이 아하 가슴속이...
>
> -「어버이 잃은 당신 가슴이」[36] 전 4연 중 4연 -

> 그렇다 아아 모즈락스럽게 깨여지는 저네의 뱃노래여
> 철썩 철썩 山더미 같은 고기를 埠頭에 나려놓을 때
> 그것이 마지막이엿구나, 탐스럽던 보배도 줄기차던 뱃노래도
> (드르르 貨物車의 뒷모양 바라보는 얼빠진 눈동자)
> 아하 빈 손 씻고 돌아서는 바다의 사나이야
> 白銅貨 네 닢이 피 흘리며 쌓은 오늘의 代償이란 말인가?
>
> -「달빛 흘으는 浦口의 밤」[37] 전 5연 중 4~5연 -

이 작품들에서 시인은 궁핍한 삶의 원인을 빈부의 대결적 국면으로 해석한다. 개와 부모의 죽음을 비교함으로써 부자와 빈자를 대비시키는가 하면 하루의 노동의 댓가로 백동화 네 잎을 받고 돌아서는 어부의 모습을 통해 노동자

---

36 <동광> 35호, 1932.7.

37 <조선문학> 1933.1.

의 핍진한 삶을 제시한다. '탐스럽던 보배', '줄기찬 뱃노래'로 표현되는 성스러운 노동의 댓가는 일과 후의 '파리한 돛대', '깨어진 수심가', '흐느껴 울던 별', '울부짖던 아우성', '피비린내 나는 정경' 등으로 대비됨으로써 노동자들의 수탈의 현장이 부각되고 있다. 그럼에도 불구하고 이런 계급모순의 현실은 피상적인 접근의 대상이 되고 있어서 현상에 대한 진단이 구체적인 현실의 공간이 아니라 관념 속에서 이루어졌음을 알 수 있다. 왜냐하면 여기에는 부르주아와 프롤레타리아의 대립이라는 현상적인 구조만이 대립적으로 제시되었을 뿐, 자본주의 사회의 본질적 모순을 드러내지는 못하였기 때문이다. '이들 시에서 드러나는 계급간의 갈등에는 구체적인 접점이 없으며'[38] 이는 시인이 관념적으로 피지배계층의 현상적 국면만을 이해했음을 뜻한다.

즉 김조규가 꿈에 그리던 고향의 비참한 현실을 인식하였다고 하더라도 거기에는 근본적인 한계가 있었다고 볼 수 있다. 그는 현실의 구조적 모순의 원인이 식민지의 수탈정책에 기인한다는 것, 또는 카프에서처럼 그것이 계급적 모순에 기인한다는 점에까지는 이르지 못하였던 것이다. 그러기에 각 작품에 나타나는 궁핍한 삶의 모습은 피상적인 곳에 머물고 그것을 슬퍼하는 감상과 울분에 치우치게 된 것이다.

사회모순을 구체적으로 인식했을 때 그에 대한 해결책이 가능할 것인데 이처럼 관념적 현실인식에 머문 결과로 미래의 비전을 제시할 수 없었으며, 따라서 그는 당대 무력한 지식인들이 그랬던 것처럼 고향의 비극적 삶에 대하여 연민의 정을 토로하는 것에 머물고 말았던 것이다. 그 자신이 삶의 현장의 일부가 되지 못하였기에 비극적 현장에 있던 사람들은 관찰의 대상, 슬픈 감정의 대상으로 존재한 것이었으며 이 점은 그가 직접 삶의 현장에 있던 간도 시절과 크게 비교되는 것이다.

그러나 다음과 같은 작품은 그가 등단기에 보여주었던 또 다른 국면, 즉

---

38 김정훈, 「김조규 시 연구」, <한국시학연구> 제13집, 한국시학회, 2005, p.253.

현장에 바탕을 둔 진취적인 모습을 보여주고 있다.

바퀴의 구으는 强烈한 音響과 깨여지는 「레일」의 창백한 優秀
거세인 動力과 푹푹 쏟아놓은 굴뚝의 검은 呼吸-
電信柱도 달린다 山도 움직인다 大地도 地軸을 잃엇다.
들들들 먼 大野와 끝으로 달리는 우리들의 억세인 行軍
소나무도 춤을 추고
언덕 우엔 내 어린 겨레들이 高喊치며 두 팔을 벌린다.

새벽을 찢으며 달리는 우리들의 行軍 앞엔
卑怯도 없다, 哀憐도 感傷도 모두 죽엇다.
보라, 저기 平原萬里에 붉은 情熱의 太陽 덩어리가 불숙 머리를 내밀엇고
悲歌의 作者, 가마귀의 一群이 등성이 넘어 일제이 退却을 開始햇다.

- 「汽車는 지금 이슬에 젖은 아침 平原을 달린다」[39]
전 4연 중 2~3연 -

이 작품에서 우리는 시인의 미래에 대한 확신과 뜨거운 열망을 읽을 수 있다. 이슬에 젖은 아침 평원을 달리는 기차의 모습은 미래를 향해 돌진하는 억센 동력을 상징한다. 그 힘은 산을 움직이고 대지의 지축을 흔들 만큼 강렬해서 부정적인 요소들, 비겁, 애린, 감상을 모두 물리치며 마침내 비가를 부르는 까마귀들을 일제히 퇴각시킨다. 새벽 평원을 달리는 기차의 모습은 어둠을 뚫고 새 시대를 준비하며 나아가는 사람들과 동일시되어 있고 미래지향적인 성격은 '내 어린 겨레들이 고함치며 두 팔을 벌린다.'는 곳에서 명확하게 나타난다. 화자의 목소리는 굵고 강하며 미래에 대한 확신에 충만한 지도자나 선각자의 것으로서 등단기의 「검은 구름이 모일 때」의 모습과 다르지 않다. 「검은 구름이 모일 때」와 다른 점이 있다면 전자의 경우 거창한 구호를 위해서

39 <동아일보> 1934.5.12.

그 원인이 되는 배경을 구체성이 결여된 채로 더 참혹하게 제시했다면, 여기서는 현실을 이슬 젖은 어둠으로 처리하면서 강인한 미래지향적인 의지가 더 크게 부각되어 있다는 것이다.

시인은 확신을 가지고 미래의 승리를 예단하지만 우리는 여전히 현실적 실천력은 미흡한 것으로 느낀다. 그 이유는 지금까지 보아온 바와 같이 김조규에게는 현실에 대한 철저한 인식과 그 현실의 모순에 대한 구조적 분석, 거기에서 추론되는 방법론 등이 결여되어 있다고 보이기 때문인데, 이는 곧 카프의 시인들이 그랬던 것처럼 정치적·사회적 관점에서 당대 현실을 파악한 것이 아니라, 개인적·감성적 차원에서 파악한 결과이다.

그러므로 김조규의 시에서 드러나는 비극적 현실의 원인은 일제나 지주, 또는 부르주아 등으로 해석이 가능하지만 막상 그 실체는 명확하지 않다. 이는 곧 김조규가 카프를 비롯한 어느 특정한 사조 또는 단체에 적극적으로 가담하지 않고 주변에 머물면서 시류에 편승하고 있었음을 의미하는 것이기도 하다. 즉 그는 이론적으로 무장되지 못하였으므로 현실의 모순에 대한 인식이 미흡하였고 그 결과 현실 그 자체를 피상적으로 슬퍼한 것에 머문 것이다. 현실의 모순에 대한 인식이 결여된 상태에서 한계를 드러내게 된 결과 감정이 선행되어 울분에 찬 큰 목소리가 나온 것이며 논리적 근거가 희박하기에 울분과 저항은 쉽게 좌절되고 그 결과는 이후 자폐적 공간이라는 퇴행으로 나타난 것이다.

Ⅲ. <단층>기 전후 ; 현실도피와 자폐적 공간

등단기나 이후의 고향시편에서 본 바와 같이 김조규의 현실인식은 관념적이어서 당대 사회의 구조적 모순을 이해하는 데까지는 이르지 못했고 현실변혁의 강한 의지로 큰 목소리로 울분을 나타내지만 논리적 근거가 허약하였기 때문에 실천으로 이어지는 데는 한계를 가질 수밖에 없었다. 따라서 여기에는 필연적으로 좌절이 수반되며 그 결과는 <단층>[40]지를 중심으로 동인활동을 한 시기에 나타나게 된다. 구체적으로 1934년 말부터 김조규의 시적 경향은 사회적인 문제보다는 개인적 정감의 세계, 자폐적 내면세계로 빠져드는 모습을 보인다.[41]

1934년 가을에 쓴 「黃昏의 거리」에는 '나 젊은 「인텔리」의 고백'이라는 부제가 붙어 있어서 당시의 자신의 모습을 토로한 것으로 보인다.

> 黃昏의 電線이여 市民의 枯渴한 넋이여
> 그 중에 외로운 내 그림자가 흐리여진다
> 鄕里에선 異端兒라 追放 當하엿고
> 동무들은 卑怯하다 旅程을 멀리 하엿느니
> 구으는 歷史의 私生兒-
> 그렇다 누가 피없는 내 노래에 伴奏할거나
>
> -「黃昏의 거리」[42] 전 6연 중 3연 -

이 시기 김조규의 주변 여건이 어떤 상황이었는지 구체적으로 알 수는 없지만 여러 작품들에서 나타나는 정황을 보면 그 대강은 짐작할 수 있다. 그는 고향에서 이단아라 추방당하고 동무들이 비겁하다고 멀리하는 자신을 역사의 사생아라 자학한다. '회색빛 내 노래가 길을 잃고 헤매'며 피 없는 노래에 반주할 이도 없으며 그리하여 그는 '가슴 아파라 흐르는 歲月은 온갖 희망을 좀먹고/마음은 落葉지는 거리에서 한없이 떨고 잇다/(저 구름도 아침 太陽을

40 <단층>은 평양에서 1937년부터 1940년에 걸쳐 4호를 낸 모더니즘 성향의 문학동인지로 대표적 시인은 김조규와 양운한이었다. 김정훈, 「단층 시 연구」, <국제어문> 제42집, 국제어문학회, 2008, 참조.

41 이 시기에 김조규는 모더니즘 경향의 작품을 발표하기 시작하는데 이는 구인회의 결성과 맞물린 것으로, 이는 김조규가 당시 문단에 민감하게 반응하고 있음을 뜻한다. 구마끼 쓰또무, 앞의 글 참조.

42 <태평양> 1호, 1934.11.

그리여 自殺하거든, 피를 뿌리거든-)/'이라고 절망 속에 있는 자신을 드러내며 '久遠의 懷疑哲學者 - 無氣力한 英雄主義者,/아아 憂鬱이다, 灰色이다/'(「黃昏의 거리」 5~6연 부분)라고 자신을 회의철학자, 무기력한 영웅주의자로 부른다. 이런 정황으로 보면 그는 이 시기를 전후하여 악화된 사회관계 속에서 '희망은 좀먹고' 절망, 무기력, 우울 등에 시달리고 있었던 것으로 보인다.

> 사랑하는 사람아
> 너는 네 끓는 情熱과 억센 生活을 가지고
> 郊外로 미끌어진 나 自身의 無力을 꾸짖는다지
> 變節者!
> 그렇나 나는 아하 蒼白한 知識밖에 가진 것 없거니
> 뾰족한 에나멜 구두끝이 生活의 鋪道 위엔 너무 弱트구나
>
> -「蒼白한 市外路」[43] 전 8연 중 4연 -

> 나는 외로운 묏길이 좋더라
> 山 허리를 베고 길게 누은 좁다란 山路
> 그곳엔 너울거리는 街路樹의 憂鬱이 없고
> 쇼윈도우의 해맑은 虛榮이 없고
> 약빠른 人間의 눈알이 없고
> 軋轢과 애스팔트의 뼈아픈 屈從이 없다더라
>
> -「藏書없는 書齋에서 季節의 나히를 헤여보리라 -心境의 告白-」[44]
> 전 5연 중 3연 일부 -

사랑하는 연인은 창백한 지식인인 나의 무기력한 모습에 실망하고 떠나갔으며 주변은 온통 우울과 허영, 약삭빠른 변절, 알력과 굴종이 만연한 곳으로 묘사되어 있다. 작품들은 전반적으로 비관적이고 퇴폐적인 정서가 압도하는

---

43 <조선문학> 2권 1호, 1936.5.

44 <신동아> 48호, 1935.10.

가운데 절망 속에서 우울과 자학에 빠진 자신의 모습을 그리고 있다. 비극적 농촌 현실이나 참혹한 삶의 현장에서 느끼던 울분이나 목소리를 높인 강인한 선구자의 모습은 사라지고 나약한 지식인의 좌절과 절망만이 팽배해 있으며 노동현장에 있던 헐벗고 굶주린 여인들 대신에 자신의 서글픈 노래를 들어주며 자신을 구원할 여인, 변심해서 떠난 여인이 나타나 있다. 이러한 정황에서 우리는 식민지의 나약한 지식인으로서의 한계에서 오는 절망감, 인간에 대한 회의, 연인과의 이별, 고향에서 느낀 배신감 등이 복합적으로 작용하여 이 시기 시인의 세계관에 큰 변화를 주었을 것으로 짐작할 수 있다.

이 시기의 시들은 배경이 바깥 현실에서 방안으로 옮겨져 있고 농촌 현실의 민중이 아니라 나 개인의 문제, 사회적 문제가 아니라 나의 퇴폐적 관념세계를 다루고 있다. 「藏書없는 書齋...」에서 그는 '나는 쓸쓸한 것이 좋더라', '나는 슬픈 노래가 듣기 좋더라', '나는 외로운 뫼길이 좋더라', '아아 나는 홀로 핀 野菊이 좋더라'라고 하여 스스로를 사회와 단절시키면서 소외된 자신만의 공간을 추구한다. 당대의 현실과 고통받는 민중, 역사는 더 이상 작품의 대상이 아니며 자신의 심리적 갈등과 고통이 주된 대상이 되어있다. 이 시기에 '창', '벽', '실내' 등이 빈번하게 등장하는 것은 밀폐된 공간에서 자신만의 세계를 구축하는 저간의 사정을 잘 말해준다.

> 想念의 沙丘를 넘는 까마귀 한 마리가 있다
> 지터오는 黃昏-
> 夜霧에 떠오르는 市外路처럼 어떤 鄕愁가 부푸는데
> 어둠에 젖어드는 퍼어런 物象들이
> 壁,
> 壁을 향하여 나에게 등을 돌린다.
>
> -「孤獨」[45] 전문 -

45 <조선중앙일보> 1936.2.6.

친구를 背反하고
戀人을 속인 나는
透明한 나의 思想까지 속이다가
엊저녁은 나의 휘파람마저 속였다

- 「欺瞞의 欺瞞」[46] 전문 -

사회 현실을 떠나 자기학대와 자기혐오로 자신만의 공간을 구축하고자 하던 시인의 태도는 벽으로 밀폐된 공간에 자신을 가둠으로써 가장 완벽한 세계를 꿈꾼다. 벽 속에 갇힌 나는 외부로부터 철저하게 격리되고 있다. 물상들이 나에게서 등을 돌리고 친구를 배반하고, 연인을 속이고, 나의 사상까지 속이고 내 휘파람까지 속임으로써 시인은 자신을 사회에서뿐만 아니라 자신에게서도 철저히 격리시키는 것이다. 이때 자신은 철저한 배신의 대명사로서 자기모멸의 주체이자 대상으로 인식되고 있다. 그리하여 그는 '그러면 나를 지극히 사랑하는 사람아/너는 내 寢室을 푸른 담벽과 灰色 커-틴으로 장식하여 주렴'(「장서없는 서재...」)이라고 하며 외부와 철저하게 격리된 자신만의 공간을 설정하고는 '장서없는 서재에서 계절의 나이를 손꼽아 헤아리'리라 말한다.

窓, 窓, 窓, 朦朧한 바라지 窓,
海岸線은 오늘도 안개같이 멀어지고
바다는 遼遠한 鄕愁에 부푸러오르는데
헐고, 쌓고, 無秩序한 思念의 重複에
窓은 바뀌는 季節을 전연 잃어벌였다

- 「窓」[47] 전문 -

憂愁의 긴- 喪服이 미끄러지고

46 <조선중앙일보> 1936.4.3.
47 <조선중앙일보> 1936.4.3.

失明한 琉璃窓들이 虛無를 어루만지고
그리고 立體的인 構圖위에 褪色한 過去가 허물어지고
感情의 잿빛 속으로 나로부터 나갔든 내가 들어오고.

- 「追憶」[48] 전문 -

벽으로 격리된 나와 세계를 이어주는 통로는 오직 바라지 창 하나뿐이다. 그런데 그 창은 바깥세계로 연결하는 적극적인 소통의 매개체가 아니라 '몽롱한', '요원한', '무질서한'으로 인식됨으로써 겨우 목숨을 연명하는 최소한의 수단이 되고 있다. 여기에서 나는 우수의 긴 상복, 허무를 어루만지는 실명한 유리창, 허물어지는 퇴색한 과거, 감정의 잿빛 공간 속에서 '나로부터 나갔던 내가 들어오는' 자아분열을 경험한다.

현실을 부정하고, 외부와 철저하게 격리된 세계에서 자신의 이상향을 꿈꾸는 이런 모습은 이미 1920년대에 밀실과 동굴, 죽음의 세계를 거쳐 온 우리에게 낯선 모습은 아니다. 즉 박종화나 박영희, 이상화를 비롯한 20년대 초기의 시인들이 밀실, 동굴, 죽음의 세계를 찬미한 것은 낭만적 이분법에 의한 현실의 부정적 인식에 근거한 관념으로의 도피처였던 것[49]인데 김조규가 부정적 현실에 근거하여 설정한 벽으로 막힌 이 공간도 현실세계에서 패퇴하고 자신의 심리적 방어기제를 위한 수단으로 선택된 퇴행적 공간이라는 점에서 그것과 크게 다르지 않다. 그런데 김조규의 시세계는 밀실이라는 관념상의 폐쇄적 공간으로 도피하는 것에 그치지 않고 거기에서 더 나아가 변태성욕 내지는 성도착증까지 보이게 된다.

사랑하는 女人의 모가지를 비틀어 침상에 누피고 싶다
창백한 月光이 들창 넘어 白布 우에 드리울 때
파라케 질린 屍顔에 내 입술을 비비리라

48 <조선중앙일보> 1936.2.6.
49 김은철, 『한국 근대시 연구』, 국학자료원, 2000, pp.100~103.

日常性과 平凡의 倦怠는 神經의 安靜을 빼서갓다

- 「倦怠」[50] 전문 -

사랑하는 여인을 목을 비틀어 죽여 침상에 눕히고 달빛이 드리우는 시체에 입술을 비비는 것은 부정적 현실에서 선택한 관념상의 퇴행공간을 넘어서서 그 자체를 목적으로 삼고 탐닉하는 변태성욕자 내지는 정신이상자의 모습이다. 그런데 그런 행위가 일상성과 평범의 권태 때문이라고 말함으로써 극단적인 자아파탄 현상을 충격적으로 보여주고 있다.

밤이면 室內에 毒蛇와 같이 웅크리고 담배를 피우는 것이 나의 불상한 習性이다. 젊은 나의 벗들은 밤한울을 우러러 流星觀測을 하는데 紫煙이 고불꼬불 올으는 室內에서 머얼리 갓가이 찬 氣流가 흘으는 들窓밖을 들어다 본다...(중략)...

내가 원숭이와 더부러 클 때 나는 원숭이의 戀愛를 양지 바른 가을날 葡萄園에서 하였다. 나의 戀人의 터질 듯싶은 裸像의 乳房은 成熟한 葡萄알이였다. 氣球와 같이 明朗한 나의 戀人은 나의 입술이 너무 엷고 나의 樹幹이 너무 細軟타 하여 한 女人이 한 사나히만을 사랑한다는 倦怠로운 倫理를 깨트린 賢明한 動物이였다. 그날 밤 고양이의 울음을 밤새 江岸에서 듣고 돌아왔을 때 내 生을 詛呪하며 피를 물고 걸렸든 西天의 반쪽달...(중략)... 안해의 貞操를 貿易하였고 修女의 寢室에 闖入하였고 오오 이렇게 室內에 毒蛇와 같이 웅크리고 앉어 담배만을 피우는 나는 獰惡한 動物이다. 猫도 아닌 나의 思考가 時間의 配列을 凝視함은 진실로 醜惡한 習性이다. 그러기에 나는 사랑한다. 共同便所의 壁畫.

- 「猫」[51] 일부 -

이 작품에서 우리가 읽을 수 있는 것은 철저하게 소외되고 고립된, 자폐적

50 <조선중앙일보> 1935.12.3.

51 <단층> 3호, 1938.3.

현대인의 자아분열의 모습이다. 세계와 단절된 화자는 실내에서 독사처럼 웅크리고 앉아 담배만 피우는 습관에 젖어있으며 들창 밖을 들여다보는 정도로만 외부와 연결되어 있다. 현실세계와 단절되어 있기에 외부의 현실적 판단이나 기준은 무시되고 소멸되며 자신의 관념세계만이 부각된다. 세계와 절연되어 현실이 소멸되었으므로 더 이상 역사나 전통, 관습, 도덕은 존재의 의미가 없는 것이며 그 자리에 자기만족이라는 원초적인 탐닉세계만이 자리잡게 된다. 즉 자아와 세계의 균형 감각은 이미 의미가 없으므로 오로지 자기의 관념세계만이 충만한 것이 이 작품의 배경인 셈이다.

밀폐된 공간에서 자기의 관념이 곧 세계의 전부이므로 갈등이 있을 수 없고 갈등이 없으므로 시인은 한없이 만족하며 행복을 느낀다. 거기에서는 입술이 너무 얇고 수간이 세연타고 연인이 떠날 수도 있고 떠나는 한 여인이 한 남자를 사랑해야 한다는 현실의 윤리도 의미가 없는 권태로운 것일 뿐이다. 아내의 정조를 파는 것도, 수녀의 침실에 틈입하는 것도 별로 죄스럽지 않은 세계이며 그리하여 공동변소의 벽화를 사랑한다고 말한다. 따라서 현실세계의 가치기준은 철저하게 외면되어 무시되고 충동적이고 원초적인 관념세계를 추구하는 것이 이 작품의 내용이다.

문제는 이러한 모습이 실상 자기 자신의 정상적인 만족의 방식이 아니라 자기혐오와 냉소, 자학과 자조와 연결되어 있다는 점이다. 이런 현상은 곧 현실에 적극적으로 대응하지 못하고 끊임없이 도피한 데에서 파생되는 일종의 죄의식의 발로일 것이다. 이 경우 우리는 앞의 작품들에서 나타난 도피의 원인들, 즉 이단아, 비겁, 역사의 사생아, 변절, 회의철학자, 무기력한 영웅주의자 등의 이미지들이 자신을 모멸하고 학대하는 방식으로 사용되었음을 상기할 필요가 있다. 즉 식민지 현실에서 느끼는 지식인으로서의 자괴감과 무력감, 좌절에서 오는 정신적 공황은 결국 시인을 철저하게 파괴된 내면의 자폐적 관념세계로 빠져들게 하였으며, 그것이 당대 문단 조류와 결합[52]한 것이 이 시기 그의 작품의 배경이 된 것으로 보인다.

작품상에 나타난 시적 자아는 사회와 철저하게 단절되고 가치판단의 균형을 모두 상실한 상태이며 동물의 근원적인 욕망인 성욕마저 변질되어 있어서 이상과 현실을 모두 상실한 상태, 더 이상의 새로운 가능성을 기대하기는 어려운 상태에 직면해 있다고 할 수 있다. 이러한 현상이 당대 식민지 현실에 대한 죄의식의 발로라면 이 상태에서 벗어날 수 있는 유일한 출구는 곧 현실에 적극적으로 대응하는 방식일 것이다.

Ⅳ. 간도 시절 ; 비극적 현실의 재인식

김조규는 1939년 말경에 만주로 건너가 조양천농업학교 영어교사를 거쳐 <만선일보> 편집국 등에서 일하며 광복직전까지 거기에서 생활하였다.[53] 이때부터 그의 시세계는 <단층> 동인 시절에 보인 자조와 자학, 자기혐오와 성적 탐닉이라는 관념세계에서 벗어나 다시 현실주의 경향을 띠게 된다. 간도에서의 체험은 벽과 창이라는 밀폐된 공간에서 그를 다시 바깥세계로 인도하고 비극적인 민족의 현실을 재인식하는 계기가 되었던 것이다.

문학은 현실을 반영한다는 측면에서 어느 시인이든 당대 식민지 현실을 외면할 수 없었으며 김조규의 경우 그 계기가 된 것이 간도에서의 체험이었다. 일제의 식민지 수탈정책에 의해 국내의 농민들의 삶이 극도로 핍박해지자 수많은 유이민이 발생하여 간도로 이주해 갔지만 실상 간도로 건너간 이들의 황무지에 던져진 삶도 핍진하기는 마찬가지였다. 중요한 것은 이 시기 김조규의 현실을 보는 세계관이 고향시편의 방식과는 사뭇 달랐다는 점이다. 고향시

---

52 한국의 초현실주의는 서구 초현실주의가 가지고 있었던 사회성과 정치성을 탈각시킨 것이었음을 주목할 필요가 있다. 이성혁, 「1940년대 초반 식민지 만주의 초현실주의 시 연구」, <우리문학연구> 제34집, 우리문학회, 2011, 참조.

53 그는 1943년 3월경 고향에 돌아와 은거를 하다가 광복을 맞았다고 한다. 숭실어문학회 편, 『김조규시집』, 숭실대학교출판부, 1996.

편에서 그는 비참한 농촌 현실을 추상적인 인식하에서 슬픔의 대상으로 바라보았다면, 간도의 시편들에서는 슬픔의 대상으로 현실을 보는 것이 아니라 그 슬픔을 자기의 것으로 동일시하는 민족적 동질감이 바탕이 되고 있다.

유이민들의 경험은 두만강을 건너는 것으로 시작되는데 이 강이 곧 고국과 타국의 경계선이며 실제 유랑이 시작되는 지점이다. 따라서 두만강에 대한 느낌은 간도로 이주해 가는 이들이 다 같이 공유하는 두려움과 안타까움, 눈물의 상관물이다.

운명의 나루
물결 뒤척이는 소리……
아버지 괴나리 봇짐엔
빈궁의 쪽박이 울고
젖 말은 엄마 가슴에선
아기가 악을 쓰다 목이 갈렸다

아, 이렇게 울며 건너가고
건너만 가고
오는 배는 어째 하나도 없느냐?

- 「두만강」[54] 일부 -

차바퀴 소리 요란한 걸 보니
두만강 다리를 건너는가부다
벌써 大地는 얼어
북만엔 눈발이 섰다는데
홋적삼 토스레로 이제
大陸의 칼바람을 어이 견데낼 것인가

54 육필원고, 1939.10.

오라는 글발도 없고
기다리는 사람도 없는
밤과 밤을 거듭한
追放의 막막한 나그네 길

나는 내가 내리는 이곳
북행열차는 끝닿는 줄 알았는데
아, 어제도 오늘도
또 내일도
北行列車는 더 큰 불행과 슬픔을 싣고
어덴가 자꾸 떠나고 있어라

- 「北行列車」[55] 일부 -

두만강은 '이름만 불러도 가슴이 뜨거'운 것이며 '수난의 기슭'이며 그 강을 건너는 것은 '운명'이다. 강을 건너는 사람들의 모습은 '빈궁의 쪽박이 울고', '아기가 악을 쓰다 목이 갈리'며 '소란한 狩獵地帶'로 건너가지만, '건너만 가고/오는 배는 하나도 없는' 운명이기에 다시는 돌아온다는 기약도 없어 '내 마지막 인사를 보낸다.'

시인은 고국을 떠나는 자신을 막막한 길을 떠나는 추방당한 나그네로 인식한다. 칼바람 부는 대륙에서 북행열차는 끝에 닿지 않고 어제, 오늘, 내일에 이르기까지 '더 큰 불행과 슬픔을 싣고 어덴가 자꾸 떠나고 있'다고 말한다. 즉 그는 간도로의 유랑의 길이 사실상 끝이 없는 것이고 행복을 담보하는 것이 아닌, 더 큰 불행과 슬픔의 연속이라는 당대의 참혹한 현실을 직시하고 있다. 이처럼 이 시기 시인의 현실인식은 초기처럼 피상적이거나 추상적이지 않고 구체적이다. 그것은 곧 간도라는 척박한 삶의 현장에서 자신도 추방당한 유이민이라는 민족의 동질성을 회복하였기에 가능한 것이었다.

---

55 육필원고, 1940.

수렵지대로 부르는 드넓은 간도 땅을 유랑하는 배경에는 기차역이 항상 존재하고 있다. 벽과 창으로 밀폐된 공간에서 바깥으로 나왔을 때 거기에는 끝도 없이 황량한 벌판이 있고 항상 떠나는 사람이 있으며 그것을 구체적으로 확인하는 매개체가 바로 역이다. '김조규의 시에서 '역'은 항상 떠나감만이 있을 뿐 돌아옴은 배제된 공간이라는 점에서 특이성을 갖는다.'[56] 역은 떠나는 사람이 있으면 돌아오는 사람이 있는 공간인데 김조규의 시에 등장하는 역에는 항상 떠나는 사람만 존재할 뿐이어서 이별과 슬픔, 고통의 대명사로 나타난다. 즉 민족이 처한 현실을 구체적으로 인식한 결과 역은 떠남과 헤어짐의 아픔만이 존재하는 곳으로서 비극의 대명사로 인식되는 것이다.

人生은 뭇자욱 어지러운
三等待合室
행복보다도 不幸으로 가득찬
三等待合室.

(할머니 그 늙으신 몸에
北行列車를 더 타시렵니까?)
눈물의 북쪽 만리 아하하
쫓기우는 족속이여

- 「三等待合室」[57] 일부 -

여기에서 우리는 대합실에 모인 사람들, 쫓기우는 족속으로 묘사된 유이민들의 비극적 삶을 확인할 수 있다. 이들의 비극적 삶은 '할머니 그 늙으신 몸에 北行列車를 더 타시렵니까?'라는 한 마디에 압축되어 있다. 이 모습은

---

56 김정훈, 「김조규 시 연구」, <한국시학연구> 제13집, 한국시학회, 2005, p.267.
57 『新撰詩人集』, 시학사, 1940.

'오라는 글발도 없고/기다리는 사람도 없는/밤과 밤을 거듭한/追放의 막막한 나그네 길'(「北行列車」)의 처참한 현장인 것이다.

쫓기는 신세라 이제 또한
얼마나 많은 눈물
무거운 근심을
이 大陸 황무지에 쏟을 것인가

흐트러진 머리를 쓸어올릴 생각도 없이
흙바닥만 뚫어지게 들여다보는 녀인
눈물 자욱 마르지 않은 걸 보니
오는 길에 애기를 굶어 죽인 게로구나

할머니는 천리길 걸어 아들 면회 갔다가
'비적'의 어머니라 구두발에 채여
감옥 문간에서 쫓겨났다지요?
먹다버린 벤또를 줏어 먹는
애야 너는 그렇게도 배가 곯으냐?

- 「大肚川驛에서」[58] 전 11연 중 4~6연 -

역에는 '경상도, 평안도, 관북'에서 기름진 땅을 다 빼앗기고 흘러온 사람들로 가득하다. 애기가 굶어 죽은 여인, 아들 면회 갔다가 비적의 어머니로 몰려 구둣발에 채인 여인, 벤또를 주워 먹는 어린이 등이 등장하는 역은 당대 유이민들의 비극적 현장 그 자체로 묘사된다. 여기에서 시인은 '아, 이 사람들 위해/내 할 수 있는 일이 있다면/무엇을 아끼겠느냐만/유리창은 흐리어/하늘도 흐리어......//'라고 함으로써 비극의 현장에서 무엇 하나 도와줄 수 없는 자신

58 <만선일보> 1941.4.

의 무력함을 슬퍼한다.

다음 작품은 당대의 비극적 현실과 이 시기 시인의 세계관을 가장 포괄적으로 잘 표현하고 있다.

벌판 우에는
갈잎도 없다. 高粱도 없다. 아무도 없다.

鐘樓 넘어로 하늘이 뚫어져
黃昏은 싸늘하단다.
바람이 외롭단다.

머얼리 停車場에선 汽笛이 울었는데
나는 어데로 가야 하노?

호오 車는 떠났어도 좋으니
驛馬車야 나를 停車場으로 실어다 다고

바람이 유달리 찬 이 저녁
머언 포풀라 길을 馬車 우에 홀로.

나는 외롭지 않으련다.
조곰도 외롭지 않으련다.

- 「延吉驛 가는 길」[59] 전문 -

이 작품은 그의 시에 전반적으로 나타나는 감상이 절제되어 있으면서 황량한 벌판에 던져진 시인의 심정을 잘 표현하고 있다. 이때 시인은 시인 자신만이 아니라 당대 유이민들의 공통적인 자화상일 터이다. 갈잎도 고량도 아무도

---

59 <조광> 7권 1호, 1941.1.

없는, 기차가 떠나가고 없는 벌판에 서서 '나는 어데로 가야 하노?'라고 물음으로써 정해진 곳도, 오라는 곳도, 기다리는 곳도 없이 유랑을 하는 당대 민족의 참담한 현실을 여실히 나타내고 있다. 그러기에 '나는 외롭지 않으련다. 조곰도 외롭지 않으련다.'에는 감상에 떨어지지 않는 비장한 슬픔이 묻어나오고 있다.

이런 비극적인 유랑의 현실에 이어 열악한 현실에서 비극적 삶을 이어가는 모습들도 구체화되어 나타나는데, 가령 「카페-'미스'조선에서」[60]에는 흰 저고리와 다홍치마를 입은 '하나꼬'라는 인물을 통해 당시의 유이민들의 구체적 삶의 단면을 보여주고 있다. 빚에 몰려 집달리에게 끌려와 술집 여종업원이 된 전후 사정은 '아아 채 여물지도 못 한 비둘기 할딱이는 네 젖가슴을 우악스런 검은 손에 내맡기고 너의 貞操를 동전 몇닢으로 희롱해도 너는 울지도 반항도 못하고 있고나.'에 사실적으로 나타나 있다. '네 어린 동생의 영양실조의 눈동자가 창문에 매달려 들여다보는데도 너는 등을 돌려대고 내게 술잔을 권하고 있으니' '아아 버림받은 인생은 내가 아니라 '하나꼬' 너였고나. '미스 조선' 너였고나.'라고 함으로써 진정으로 버림받고 고통받는 것은 자신이 아니라 바로 다수의 민중들의 삶이라는 것을 재인식하게 된다. 여기에서 시인은 지금까지 자기가 가지고 있던 지식인으로서의 허위의식을 인식하고 비로소 비극 속의 민중의 일원으로 자신을 편입시켜 일체감을 형성한다.

간도에 체류하던 이 시기 김조규의 작품들은 삶의 현장을 자신이 체험하면서 느낀 구체적인 현실인식 위에 기반하고 있어서 단순히 관찰의 대상으로, 슬픔의 등가물로만 인식하던 고향시편의 작품들과는 사뭇 다르다. 무엇보다도 그 자신이 유이민의 한 사람이 되어 비극적인 삶을 영위하는 민족의 아픔을 체험하고 인식하면서 동질성을 회복하였기에 작품들은 탄탄한 현실의 기반을 가지게 되었던 것이다. 그리하여 그는 슬픔과 고통 속에서 탄식하고 체

60 육필원고, 1940.10.

념만 하는 것이 아니라 '갈 곳 없는 流配의 길에/나의 위치를 나는/어데로 정해야 옳을고?//담배라도 피워보자/아무도 없는 곳/들판에서나 한번/고개 번쩍 들어보자//(「한交叉驛에서」 일부)라고 하면서 강렬한 현실 극복 의지를 내비치게 되는 것이다.

<단층> 시기의 작품들에 식민지 현실에 대한 무기력한 자신의 죄의식이 밑바탕에 자리하고 있었다면, 이처럼 황량한 벌판에서 비극적 현실과 정면으로 마주서서 극복의지를 갖춤으로써 그 죄의식은 극적으로 극복될 수 있었던 것이다. 이 시기의 작품들에서도 여전히 감상성은 드러나지만 그럼에도 불구하고 감상주의에 매몰되지 않고 견실한 현실주의의 자세를 잃지 않은 것은 민족주의 내지는 역사의식이 저변에 자리하고 있기 때문이다.

오늘도 하루 종일
보이지 않는 채찍에 쫓기어 헤매였노라
숨가쁘게 땅만 굽어보며
고개 한번 들어보지 못하였노라

한번도 소리쳐 불러보지 못한
어머니 조국의 이름이여
빼앗긴 강토
깨어진 반만년의 歷史여
-자네는 이 슬픔을 참을 수 있단 말인가
-자네는 이 壓力에 숨 쉴 수 있단 말인가

(중략)

삶이여 대답하라
굴종이냐? 죽음이냐?
창문에 별빛 한 점 비쳐들지 않고
질화로에 타버린 숯덩이만 남았다만

죽음이 생명을 이기지 못하고
생명은 생명을 낳아 영원하거니
밤, 성에 돋은 지붕 밑에서
화로의 남은 재를 뒤져보노라
죽어서도 불씨 안고 다시 사는
불의 어머니
숯덩이 숯덩이를 찾아서.

- 「火爐를 안고」[61] 일부 -

시인은 하루 종일 채찍에 쫓기고 고개 한 번 들지 못하고 살고 있는 식민지의 삶, 빼앗긴 강토, 반만년의 역사를 화로의 식은 재에 비유하고 이 슬픔과 이 압력을 참을 수 있느냐고 강하게 반문한다. 그리고 굴종하며 살 것인지 죽음을 택할 것인지를 자문한다. 그러면서도 다 식은 질화로이지만 불씨인 숯덩이가 있으므로 화로는 다시 살아날 것을 확신하는 것이다. 죽음이 생명을 이기지 못한다는 것, 생명은 생명을 낳아 영원하다는 강한 신념 속에서 남은 재 속에서 다시 불의 숯덩이를 찾는 모습에서 우리는 민족성의 회복을 염원하는 시인의 뜨겁고도 강인한 의지를 읽을 수 있다.

이처럼 그에게 내재되어 있던 민족의식, 역사의식은 현실에 대한 구체적 인식이 수반됨으로 해서 식민지 현실을 직시하고 항일의식, 독립의식으로 견고하게 나타나게 된다. 실제로 「찌저진 포스타가 바람에 날리는 風景」(1941.8.)에서는 '오늘도 또 한 사람의 '통비분자'/묶이어 성문 밖을 나오는데/'王道樂土' 찢어진 포스타가/바람에 喪章처럼 펄럭이고 있었다//'라고 하면서 만주국의 소위 오족협화[62]라는 허상을 신랄하게 비판하고 있다. '王道樂土'

61 육필원고, 1941.7.

62 오족협화 또는 민족협화는 일제가 일본족, 조선족, 만주족, 한족, 몽고족을 하나로 융화하여 민족 차별을 철폐한다는 주장이지만 궁극적으로는 일본의 지배정책에 순응시키기 위한 기만정책이었다. 조규익, 『해방전 만주지역의 우리 시인들과 시문학』, 국학자료원, 1996, p.251, 참조.

라는 허울 좋은 구호의 포스타를 찢어진 것으로 표현하는 것도 모자라 그것을 바람에 펄럭이는 喪章에 비유하여 허위에 대한 폭로의 강도를 최대치로 끌어올린 것이다.

이러한 역사의식은 「가야금에 붙이어」[63]에서도 구체적으로 확인할 수 있다. 가령 '가야금아/전해오는 이 땅의 슬픈 역사/오늘에 울리어 줄을 튕기느냐?/나라 망하니 가야산 깊은 산 속에서/마디마디 울리던 애연한 가락//울면서 타는 소리냐?/타면서 우는 마음이냐?// (중략) 잃었기에 찾아야 할/조국의 노래란다//'처럼 가야금 소리에서 민족정서를 찾아 조국을 잃은 슬픔에 그치지 않고 '잃었기에 찾아야 할 조국의 노래'라고 하여 직접적인 광복의지의 당위성을 내비치기도 한다.

이처럼 삶의 현장에서 현실을 구체적으로 인식한 결과 그는 당대 비극적 현실의 구조적 모순이 일제의 식민정책에 기인함을 알게 되었고 그것이 현실 비판이나 독립투쟁을 통한 광복의지로 나타나게 되었던 것이다. 물론 그것은 민족의식이나 역사의식이 내재되어 있음으로써 가능한 것이었는데 다음 작품은 이러한 국면을 잘 보여주고 있다.

> 눈보라 기승치는 이런 밤이면 의례 密林에선 총소리가 울리고 우등불이 타올랐으니 매맞아 죽은 아버지와 굶어 죽은 어머니와 불타 죽은 동생의 원한이 그 불길 속에황황 타고 있음을 말없는 천년 원시림인들 어찌 모르랴? 巨木들은 어깨를 비비며 불길을 일으키고 말라 시들은 落葉은 그 몸을 불에 던지고 나무가지들은 하늘 높이 불꽃을 내뿜는 그 소리를 전선주 너는 통신하며 밤새 윙윙거리는 게 아니냐?
>
> 총을 멘 그의 아들딸들이 잃어버린 고향 땅의 한줌 흙을 가슴 깊이 소중히 간직하고 조상네 옛 기억을 찾아 鮮血로 흰 눈을 물들이며 백두산 밀림 속을 걸어가고 있으니 전선주, 너는 그 속 전하려 大陸을 바느질하며 강과 언덕 건너고 넘어 끝없이 뻗어가는 것이구나.
>
> -「電線柱」[64] 부분 -

---

63 육필원고, 1940.3.

이 작품은 당대 백두산을 중심으로 한 독립군의 항일무장 투쟁을 묘사한 것이다. 백두산의 천년 원시림은 우리 민족의 참혹한 수난을 모두 다 알고 있기에 나무들과 낙엽들도 떨쳐 일어나 하늘 높이 불꽃을 내뿜는다는 것이다. 거목들과 낙엽들은 항일 투쟁에 앞장선 민중들을 의미하는 것이며 전선주는 그 활약 소식을 전하려고 밤새 윙윙거린다. 이 작품은 민족의 영산인 백두산이라는 지리적 배경과 항일무장 투쟁이라는 역사적 현장, 낙엽과 나뭇가지로 표상되는 민중의 강인한 저항의지, 그리고 거기에 걸맞는 장중한 산문시체, 역사의 전달자로서의 전선주, 대륙을 바느질하며 끝없이 뻗어간다는 비장한 역사성까지 곁들임으로써, 김조규 시가 가지고 있었던 모든 부정적인 요소를 극복한 수작이라고 할만하다.

V. 결론

지금까지 광복 이전의 김조규의 시에 대하여 현실인식의 측면에서 그 변모 양상을 살폈다. 광복 이전의 그의 문단경력은 대체로 3기로 나누어지는데 <단층>의 동인으로 활동하던 시기를 중심으로 초기, <단층>기, 및 간도시절 등이 그것이다. 그 세 시기 작품상의 큰 변화를 본고에서는 현실주의와 관념주의의 개념으로 논의하였다.

등단기의 작품들에서 이후 전개되는 김조규의 시문학을 이해할 몇 가지 근거를 파악할 수 있었다. 먼저 상실감에서 오는 비극적 세계관을 감상적으로 토로한 것은 1920년대 관념주의의 연장선상에서 있었고 적극적이고 외향적이며 울분에 찬 경향문학적 성향의 현실주의 작품은 당대 카프의 영향을 받았을 것으로 짐작되나 그것은 추상적이고 관념적이었다는 한계를 가지고 있었

64 육필원고, 1941.12.

다. 또 그의 내면에는 민족의식 내지는 역사의식이 자리하고 있어서 이후 전개되는 그의 작품들은 등단기의 이러한 경향들이 환경에 따라 적극적으로 반응한 결과였다고 할 수 있다.

김조규에게 있어서 고향은 20년대의 시들처럼 막연한 그리움의 대상으로서, 일종의 퇴행의 공간으로 자리하고 있었다. 그의 고향시편은 20년대 시들이 가지고 있던 향수에서 출발하여 비극적 현실을 인식하지만, 당대 농촌현실의 구조적인 모순이 식민정책에서 비롯되었음을 구체적으로 인식하지는 못하였기에 연민의 정을 토로하는 감상성에서 벗어나지 못하였다. 이것은 간도시절에 쓴 작품들과 크게 변별되는 것이다. 비극적 현실의 구조적 모순을 이해하지 못하고 추상적이고 관념적으로 인식한 결과 감정이 선행되어 울분에 찬 큰 목소리가 나온 것이며 논리적 근거가 허약하였기 때문에 실천으로 이어지는 데는 한계를 가질 수밖에 없었다. 거기에 필연적으로 좌절이 수반되며 그 좌절과 절망은 자폐적 공간이라는 극심한 퇴행으로 나타나게 되었다.

1934년 말부터 김조규의 시적 경향은 개인적 정감의 세계 또는 자폐적 내면세계로 빠져드는 모습을 보이는데 이는 식민지의 나약한 지식인으로서의 한계에서 오는 절망감, 인간에 대한 회의, 연인과의 이별, 고향에서 느끼는 배신감 등이 복합적으로 작용한 결과로 짐작된다. 이 시기에는 당대의 현실과 고통받는 민중, 역사 대신에 자신의 심리적 갈등과 고통이 작품의 대상이 되어 '창', '벽', '실내' 등의 이미지가 등장하는데 이는 밀폐된 공간에서 자신만의 세계를 구축한 결과였다. 식민지 현실에서 느끼는 지식인으로서의 자괴감과 무력감, 좌절에서 오는 정신적 공황, 죄의식 등은 결국 철저하게 파괴된 내면의 자폐적 관념세계로 빠져들게 하였던 것이다.

1939년 말경 간도로 이주한 후의 작품들은 유이민들의 비극적 삶의 현장을 체험하면서 다시 현실주의의 모습을 보인다. 고향시편에서 그는 비참한 농촌현실을 슬픔의 대상으로 인식했다면 간도의 시편들에서는 그 슬픔을 자기의 것으로 동일시하는 민족적 일체감을 형성하고 있다. 그것은 간도라는 척박한 삶의 현장에서 자신도 추방당한 유이민이라는 민족적 동질성을 회복하였기에 가능한 것이었다. 식민지 현실에 대한 무기력한 지식인으로서의 죄의식은 이처럼 황량한 비극적 현실과 마주 서면서 극적으로 극복될 수 있었던 것이다.

이 시기의 작품들이 감상주의에 매몰되지 않고 견실한 현실주의의 자세를 잃지 않은 것은 등단기에 나타난 민족주의 내지는 역사의식이 저변에 자리하고 있기 때문이었다. 즉 삶의 현장에서 구체적으로 현실을 인식한 결과 비극적 현실이 일제의 식민정책에 기인함을 알게 되었고 여기에 민족의식, 역사의식이 수반됨으로 해서 현실비판과 항일의식, 독립투쟁을 통한 강인한 광복의지가 견고하게 나타나는 현실주의가 가능하였던 것이다.

결국 김조규 시의 전개는 식민지 현실에 대한 관념적 인식에서 출발하여 그것을 구체적으로 인식해 나가는 과정이었던 셈이다. 그는 그 자신이 비극적 삶의 현장의 주인공이 되어 당대 현실의 구조적 모순을 이해하면서 민족의식과 역사의식의 바탕 위에 저항과 비판, 항일투쟁이라는 현실주의로 나아갔기 때문이다. 광복 이후 북에서 전개된 그의 문학행적이 이 지점과 어떤 연관을 가지게 되는지는 후일의 과제로 남아 있다.

9. 신석정(辛夕汀)의 초기시 연구

Ⅰ. 들어가는 말

신석정(1907~1974)은 한국 서정시의 독특한 양상을 보여준 시인으로서 작품의 질적 수준이나 양적인 면에 있어서 한국 현대 시문학사에서 중요한 위치를 차지하고 있다. 그는 5권의 시집을 남겼는데[1] 이 시집들은 그가 살아온 시대적 상황에 따라 변모를 보여주고 있다. 일제강점기와 8.15광복, 6.25전쟁, 5.16 이후, 70년대라는 격동의 한국현대사를 관통하면서 어느 시인이든 현실을 외면하기는 어려웠을 것이다. 신석정의 본격적인 문학 활동은 1931년 6월 <시문학> 3호에 시 「선물」을 발표하면서 시작된다. 대체로 그의 시력에 대해서는 3기로 나누는 수가 많은데[2] 초기는 그중 1931년부터 1945년 광복 이전까

---

1 그의 작품은 『촛불』(인문사, 1939)에 33편, 『슬픈 목가』(낭주문화사, 1947)에 32편, 『빙하』(정음사, 1956)에 55편, 『산의 序曲』(가림출판사, 1967)에 60편, 『대바람 소리』(한국시인협회, 1970)에 24편 등 총 204편이다.

2 국효문 등 많은 논자들이 그의 시력을 3기로 구분하고 있다. 즉 『촛불』과 『슬픈 목가』 시기를 1기, 광복에서 6.25전쟁 전후까지의 『빙하』 시기를 2기, 1960년대 이후 『산의 서곡』과 『대바람소리』 시기를 3기로 보는 것이 보통이다. 국효문, 『신석정 연구』, 국학자료원, 1998, 참조.

지의 약 15년간을 이르며 이때의 작품들은 시집 『촛불』과 『슬픈 목가』에 실려 있다.

우리는 흔히 신석정을 가리켜 '전원시인', '목가시인'으로 부르고, 혹은 '참여시인, 저항시인'이라고도 부른다. 물론 이러한 평가는 그의 시세계가 자연지향의 순수서정시와 사회지향의 참여적 성격이라는 다양성을 띠고 있다는 것을 의미하는 것이다. 지금까지 신석정에 대한 연구는 이 양면에 대해서 각각 개별적으로 접근하거나 그 양면을 통시적으로 해명하려고 하였고 또 신석정 시에 나타나는 자연에 대한 해석이 주를 이루었다. 물론 그 전원은 경우에 따라서는 서구적인 것으로[3] 또는 노장사상이나 타고르, 도연명의 영향을 받은 것으로 평가되기도 한다. 특히 그의 시에 나타나는 자연과 관련하여 영향 관계를 추적하는 작업이 많았는데[4] 이는 곧 신석정 시에 나타나는 자연이 그만큼 특이하기 때문이라고 할 수 있다.

신석정에 대한 평가는 1930년대 김기림에 의해서 이루어졌다. 김기림은 「1933년 시단의 회고」라는 글에서

> 현대 문명의 잡담을 멀리 피한 곳에 한 개의 「유토피아」를 흠모하는 서정시인 신석정을 잊을 수는 없다. 그가 꿈꾸는 시의 세계는 전연 개성적인 것이다. 그는 목신이 조으는듯한 세계를 조금도 과장하지 아니한 소박한 「리듬」을 가지고 노래한다.....그의 목가 그 자체가 견지에 따라서는 훌륭하게 현대 문명에 대한 간접적인 비판이기도 하다.[5]

라고 평하면서 신석정을 모더니즘의 범주 안에 포함시켰다. 한편 임화는 "기교파는 시의 내용 사상을 방기하고 있다. 다만 있는 것은 언어적 표현의 기교

---

3 이건청, 『한국전원시 연구』, 문학세계사, 1986.

4 석정의 영향관계에 대해서는 주로 도연명, 타고르, 만해, 또는 서구적인 근원을 들고 있다. 이건청, 위의 책. 국효문, 앞의 책.

5 김기림, 「1933년 시단의 회고」, 『시론』, 백양당, 1949, p.86.

와 현실에 대한 비관심주의 그것이다."[6]라고 하여 김기림, 정지용과 함께 신석정을 기교파로 분류하여 부정적으로 평가하였다. 이후 신석정에 대한 논의는 1940년대 정래동의 「촛불 독후감」[7]이 구체적이었으며 1960년대 서정주[8] 이후로 본격적인 연구가 이루어졌다.[9]

이미 알려진 바와 같이 신석정의 시는 초기의 목가적인 작품에서 시작하여 중기의 참여 내지는 역사의식, 후기의 관조, 내지는 조화의 세계로 나타난다. 신석정의 시에 대해서 우리는 대체로 초기의 시에 관심을 집중시키는 경우가 많은데, 이는 곧 신석정의 초기시에 그의 대표작이라고 일컬어지는 작품이 많아서 우리 문단에 미친 영향력이 그만큼 컸기 때문이라고 할 수 있고 그 시집들이 남긴 인상이 그만큼 강렬하였기 때문이라고 볼 수도 있다. 또한 논자들이 주로 그의 초기시를 문제삼는 것은 일제 식민지 치하라는 현실적 한계상황을 그가 시를 통하여 어떻게 극복하여 왔는가에 관심의 초점을 둔 결과로서, 또 작품상에서 그것이 잘 드러나 있기 때문이기도 하다.

여기에서는 신석정의 초기시, 즉 첫 시집 『촛불』과 두 번째 시집 『슬픈 목가』를 중심으로, 그의 시에 나타난 현실인식과 그 시사적 성격을 살펴보기로 한다.

---

6 임화, 「담천하의 시단 1년」, <신동아> 1935.12.

7 정래동, 「신석정 시집 『촛불』 독후감」, <동아일보> 1940.3.7.

8 서정주, 『한국의 현대시』, 일지사, 1965, pp.183~184.

9 주요논문으로는 다음과 같은 것들이 있다. 김윤식, 「신석정론」, <시문학>, 1978.7. 허소라, 『한국현대 작가연구』, 유림사, 1983. 조용란, 「신석정론」, 『현대시인론』, 형설출판사, 1985. 이건청, 『한국전원시 연구』, 문학세계사, 1986. 이승원, 『20세기 한국시인론』, 국학자료원, 1997. 국효문, 『신석정 연구』, 국학자료원, 1998.

Ⅱ. 가정(假定)과 꿈, '먼' 동경의 세계

우리가 신석정을 전원시인, 목가시인으로 부르는 것은 그가 자연을 주로 다루었다는 것에 그 근거가 있다. 물론 자연을 다루지 않은 시인이 없고 모든 상상력이 자연을 그 출발점으로 하지만 그를 특히 전원시인, 목가시인으로 부르는 이유는 그가 자연을 집중적으로 다루었다든가 자연을 대하는 태도가 다른 시인들과 구별되는 특이하다는 점이 있기 때문일 것이다.

신석정의 시는 대체로 신비스럽고 몽환적인 분위기를 조성하는데[10] 이는 곧 한국문학사에 있어서 그의 시를 이질적으로 보이게 하며, 따라서 그를 자연시인이 아니라 굳이 전원시인, 또는 목가시인으로 부르게 한 요인이 되었을 것이다. 비록 그의 시에 등장하는 자연물들이 고향 주변에서 쉽게 찾아볼 수 있는 사물들이었으며 설령 서구적인 것과는 거리가 있다고 하더라도[11] 그의 시에서 특이하게 드러나는 신비로운 분위기는 아마 한국문학사에서 독보적인 영역이 아닐까 한다.

그가 자연을 대상으로 많은 작품을 쓴 것은 그가 청구원이라는 집을 짓고[12] 향리에 묻혀 산 것도 그 이유가 되겠지만 한편으로는 그가 몸담았던 문단 상황, 시대적 환경과 결코 무관하지 않을 것이다. 왜냐하면 까뮈의 말처럼 예술가는 자기가 원하든 원하지 않든 이미 역사라는 배에 승선하고 있기 때문이다.

신석정의 시 어느 편을 두고 보더라도 자연을 대상으로 하지 않은 것은 없는데 그러면 그의 시에 나타나는 자연은 구체적으로 어떠한 것인가? 우리는 먼저 그의 대표작으로 불려지는 몇 편에서 그가 그리는 자연의 모습 및 그 정신적 배경을 알아볼 수 있다.

---

10 이승원, 『20세기 한국시인론』, 국학자료원, 1997.

11 이승원은 신석정이 사물을 대하는 태도나 정서가 서구적인 것과는 구별되는 향토적인 것이라고 주장하고 있다. 이승원, 위의 책, p.151.

12 신석정, 『난초잎에 어둠이 내리면』, 지식산업사, 1974.

어머니
당신은 그 먼 나라를 알으십니까?

깊은 삼림지대를 끼고 돌면
고요한 호수에 흰 물새 날고
좁은 들길에 野薔薇 열매 붉어

멀리 노루새끼 마음놓고 뛰어 다니는
아무도 살지 않는 그 먼 나라를 알으십니까?

그 나라에 가실 때에는 부디 잊지 마셔요
나와 같이 그 나라에 가서 비둘기를 키웁시다

어머니
당신은 그 먼 나라를 알으십니까?

산비탈 넌지시 타고 내려오면
양지밭에 흰 염소 한가히 풀뜯고
길솟는 옥수수밭에 해는 저물어 저물어
먼 바다 물소리 구슬피 들려오는
아무도 살지 않는 그 먼 나라를 알으십니까?

어머니 부디 잊지 마셔요
그 때 우리는 어린 양을 몰고 돌아옵시다

어머니
당신은 그 먼 나라를 알으십니까?

오월 하늘에 비둘기 멀리 날고
오늘처럼 촐촐히 비가 내리면
꿩소리도 유난히 한가롭게 들리리다

서리까마귀 높이 날아 산국화 더욱 곱고
노란 은행잎이 한들한들 푸른 하늘에 날리는
가을이면 어머니! 그 나라에서

양지밭 과수원에 꿀벌이 잉잉거릴 때
나와 함께 고 새빨간 능금을 또옥똑 따지 않으렵니까?

-「그 먼 나라를 알으십니까」 전문 -

여기에서 우리가 마주치는 세계는 현실과는 유리되어있는 것이다. 그것은 '아무도 살지 않는 그 먼 나라'에 단적으로 나타나 있다. 따라서 거기에 인간은 존재하지 않고 설정된 현실도 너무나 조용하며 이국적이다. 깊은 삼림지대의 호숫가, 들장미, 비둘기, 흰 염소, 옥수수밭, 어린 양, 비둘기, 꿩, 서리까마귀, 노란 은행잎, 새빨간 능금 등 이 작품에 등장하는 소재들은 향토적인 것들과 서구적인 것들이 섞여 있지만, 오히려 서구적인 인상이 더 강하다고 할 수 있다. 호수, 들장미, 비둘기, 어린 양 등은 동양적이거나 향토적이라고 하기에는 서구적인 소재에 더 가깝기 때문이다. 이런 의미에서 신석정이 꿈꾸는 세계를 서구 전원시의 이데아인 '황금시대'의 '아르카디아'와 같은 공간으로 본 것[13]은 나름대로 일리가 있다고 할 것이다.

'아무도 살지 않는 그 먼 나라'에 나타나듯이 여기에 설정된 세계는 고요한 정적인 세계이며 평화롭고 때묻지 않은 세계이다. '깊은' 삼림지대, '고요한' 호수, '한가히' 풀 뜯는 염소, '넌지시' 내려오는 산비탈, '한가로운' 꿩소리 등은 그 먼 나라의 성격을 규명해 주고 있다. 또 시기는 봄과 가을이어서 춥지도 덥지도 않은, 생명력이 넘치는, 수확의 풍요로움이 있는 것으로 설정되어 있어서 인간이 설정할 수 있는 최선의 세계를 구축하고 있다. 여기에 어머니와 함께 살고자 하는 것인데 따라서 이 세계에서는 세계와의 불협화음이나

13 정태용, 「신석정론」, 『한국현대시인연구』, 어문각, 1976. 이건청, 『한국전원시 연구』, 문학세계사, 1986, p.68.

부조화는 전혀 존재하지 않는다.

노루새끼가 마음 놓고 뛰어다니고 염소가 한가하게 풀을 뜯는다는 것은 결국 그 세계가 아무도 살지 않는, 인간이 존재하지 않는 먼 곳에 있기 때문에 가능한 것이며 인간이 없기에 자연상태는 불화가 없이 온전하게 유지되고 있다. '먼 나라', '멀리' 있는 노루새끼, '먼' 바다에서와 같이 '멀다'는 것에서 계속적으로 강조되어 있어서, 그 나라가 인간의 세계와 다른, 먼 곳에 떨어져 있다는 것을 알 수 있다. 이처럼 신석정의 시가 신비스럽다거나 몽환적이라는 평은 바로 인간의 세계와 멀리 떨어져 있고 인간이 존재하지 않는, 모든 것이 평화롭게만 설정되어 있어서 부조화는 전혀 존재하지 않는 이상향을 추구했기 때문이다.

신석정이 추구한 세계가 현실과는 거리가 먼 이상향임은 그의 시에서 나타난 '먼' 존재들과 함께 그것이 가정(假定)의 세계이고 꿈의 세계라는 데서도 잘 드러나고 있다.

> 푸른 웃음 엷게흐르는 나지익한 하늘을
> 학타고 멀리 멀리 갔었노라
> 숲길을 휘돌아 언덕에 왔을 때
> 그것은 지낸날 꿈이었다고
> 하늘에 떠도는 구름을 보며
> 너는 그렇게 이야기 하드구나!
>
> 깨워지지 않을 꿈이라면
> 그 꿈에서 길이 살고 싶어라
>
> 굽어든 언덕길을 돌아서 돌아서
> 오든길 바라다보는 아득한 네 눈에는
> 그 꿈을 역역히 보는 듯이
> 너는 머언하늘을 바래보드구나!

꿈이 아니면 찾을수 없는
아 그꿈에서 살고 싶어라

숲길을 휘돌아 실개천 건널 때
너는 이렇게 이야기 하드고-
그 때 산비들기는 뚝에서 조으느라고
우리의 이야기를 엿들을 사이도 없었건만
낮에 뜬 초승달이 나려다 보던 것을...

-「아 그 꿈에서 살고 싶어라」 전문 -

어머니
먼 하늘 붉은 놀에 비낀 숲길에는
돌아가는 사람들의
꿈같은 그림자 어지럽고
흰모래 언덕에 속삭이든 물결도 소몰이 피리에 귀 기우려 고요한데
저녁바람은 그 무슨 이야기를 하는지
언덕의 풀잎이 고개를 끄덕입니다
내가 어머니 무릎에 잠이 들때
저 바람이 숲을 찾아가서
작은 산새의 한없이 깊은
그 꿈을 깨우면 어떻게할까요?

-「그 꿈을 깨우면 어떻게 할까요?」 일부 -

나는 이런밤에 새끼꿩소리가 그립고
힌물새 떠 다니는 먼 호수를 꿈꾸고싶다

-「촐촐한 밤」 일부 -

즉 신석정이 구축한 세계는 바로 현실에 존재하지 않는 꿈의 세계였던 것이며 그만큼 비현실적이고 몽환적이었다고 할 수 있다. 그 꿈에서 살고 싶고 꿈에서 깨어나는 것이 두려우며 그 꿈에서 깨어나고 싶지 않은 것이 화자의 소망인 것이다. 이러한 양상은 그의 시에 빈번하게 등장하는 '만일'이라는 가

정법에서도 잘 드러난다.

> 어머니
> 만일 나에게 날개가 돋혔다면
>
> 산새새끼 포르르 포르르 멀리 날아가듯
> 찬란히 피는 밤하늘의 별밭을 찾아가서
> 나는 원저이 되오리가 별밭을 지키는……
>
> 그리하여 적적한 밤하늘에 유성이 뵈이거든
> 동산에 피는 별을 고이 따 던지는 나의 작난인줄 아시오
>
> 그런데 어머니
> 어찌하여 나에게 날개가 없을까요?
>
> -「날개가 돋혔다면」 일부 -

> 해별이 유달리 맑은 하늘의 푸른길을 밟고
> 아스라한 山넘어 그나라에 나를 담숙안꼬 가시겠읍니까?
> 어머니가 만일 구름이 된다면……
>
> 바람잔 밤하늘의 고요한 은하수를 저어서 저어서
> 별나라를 속속드리 구경시켜 주실수가 있읍니까?
> 어머니가 만일 초생달이 된다면……
>
> 내가 만일 산새가 되어 보금자리에 잠이 든다면
> 어머니는 별이 되어 달도없는 고요한 밤에
> 그 푸른 눈동자로 나의 꿈을 엿보시겠읍니까?
>
> -「나의 꿈을 엿보시겠읍니까」 전문 -

이 외에도 '(만일) 임께서 부르시면…'이나 '(만일) 그 꿈을 깨우면 어떻게 할까요?' 등에서 나타나는 바와 같이 그의 시에는 '만일'이라는 가정법이 빈

번하게 등장하고 있는데 이는 그것이 현실에는 존재하지 않기 때문인 것이다. 이러한 가정의 세계는 곧 '이성적 자아가 현실을 부정적으로 판단하고 그 현실에서 꿈의 세계로 도피하고 싶을 때'[14] 나타난 결과이다.

물론 신석정은 자신이 스스로 『촛불』의 세계를 꿈같은 노래로 언급한 바 있다.

> 거기서 나는 나의 첫 시집 『촛불』을 엮었고 『촛불』에 담긴 그 꿈같은 노래도 청구원 주변의 산과 구릉과 멀리 서해의 간지러운 해풍이 볼을 문지르고 지나갈 때 얻은 꿈조각들인 것을 회상하며 불현듯 나의 상념은 초라한 고향 부안으로 줄달음치는 것이다.[15]

이 글은 석정 자신이 이미 『촛불』의 시세계를 '꿈같은 노래', '꿈조각'으로 인식하고 있었음을 보여주고 있다. 이와같이 신석정이 구축한 이상향의 세계는 가정법 하에서 생각해볼 수 있는 꿈의 세계인 것이며, 그 꿈의 세계는 위에서 살펴본 바와 같이 이 현실과는 거리가 '먼' 곳에 존재하기에 서구적 유토피아로 나타난, 몽환의 세계인 것이다.

이러한 꿈의 동경은 물론 신석정 시인에게만 나타나는 현상은 아니다. 굳이 낭만주의를 언급하지 않는다 하더라도 우리는 1920년대에 나타난 '밀실', '동굴', '죽음'과 같은 꿈의 세계를 경험하였고 또 그것이 퇴행이라는 의미에 있어서 서로 연관되어 있으며 이 점에서는 민요시에서 나타나는 '고향'도 같은 범주에 속한다고 할 수 있다.[16] 또한 이러한 반응이 직접적이든 간접적이든 현실과의 일정한 인과관계에 의한 것이라고 본다면 석정이 시작활동을 한 30년대도 시인이 처한 현실이 그 원인으로 작용하고 있을 것임은 자명한 이치이다.

---

14 유승우, 『한국 현대 시인 연구』, 국학자료원, 1998, p.147.

15 신석정, 「고향에 해가 지다」, 『난초 잎에 어둠이 내리면』, 지식산업사, 1974, p.364.

16 여기에 대해서는 김은철, 『한국 근대시 연구』, 국학자료원, 2000, 참조.

Ⅲ. 정신적 위안자로서의 어머니

신석정의 시 중에서 전원적, 목가적이라는 특성 외에 또 하나의 특성은 어머니를 시적 화자로 등장시키고 계속적으로 말걸기를 시도하며 '먼' 동경의 나라에 자신과 더불어 유일한 동거자로 삼고 있다는 점이다.

> 어머니
> 당신은 그 먼 나라를 알으십니까?
>
> -「그 먼 나라를 알으십니까」-
>
> 어머니가 만일 구름이 된다면......
>
> -「나의 꿈을 엿보시겠습니까」-
>
> 어머니
> 산새는 저 숲에서 살지요?
>
> -「그 꿈을 깨우면 어떻게 할까요?」-
>
> 어머니
> 만일 나에게 날개가 돋혔다면
>
> -「날개가 돋혔다면」-
>
> 저 재를 넘어가는 저녁에의 엷은 광선들이 섭섭해 합니다
> 어머니 아직 촛불을 켜지 말으셔요
>
> -「아직 촛불을 켤 때가 아닙니다」-

이와같이 그의 첫 시집『촛불』제1부인「은행잎」에는 14수의 작품 중 5편의 작품에서 '어머니'가 18회나 쓰이고 있어서 주목된다.『촛불』은「은행잎」,「촛불」,「난초」의 3부로 나누어져 있는데 이는 대체로 작품의 창작, 발표 연대순에 의존한 것으로서「은행잎」에 들어있는 '어머니' 시들은 1931~32년

사이에 쓰여진 것들로 보인다. 이 '어머니'는 석정의 시작에 있어서 매우 큰 비중을 차지하고 있다.

그렇다면 이 시기에 있어서 석정에게 어머니는 무엇이었던가? 전기적으로 석정은 25세인 1931년에 어머니를 사별하게 된다. 장남에게만 관심을 기울인 아버지에 비해 어머니는 우아한 기품을 지닌 분으로서 차남인 석정에게 애정이 지극했고 문학과 학문에 애착을 가진 석정에게 매우 동정적이었다고 한다.[17] 또한 1931년은 석정이 1년여의 서울 생활을 청산하고 주위 문우들의 만류를 뿌리치고 귀향한 해이기도 하다. 따라서 석정의 '어머니' 시편들은 어머니와의 사별과 고향이 주내용이 되었을 것으로 미루어 짐작할 수 있다.

물론 어머니를 소재로 한 시는 어느 시대 어느 시인에게나 나타날 것인데 그것은 곧 어머니가 특수한 소재나 주제로 존재하는 것이 아니라 인간의 영원한 모성으로 자리하기 때문이다. 그만큼 어머니는 인간의 정신 속에 내재되어 있는 본원적인 그리움의 대상이며 궁극적으로 회귀하고 싶은 정신적 고향이다. 따라서 어머니는 주로 생명의 탄생을 가능하게 한 근원적 고향을 의미하며 절대적인 사랑의 화신을 의미하기도 한다. 특히 우리 시에서는 강인한 생명력의 원천으로 표상된다. 어머니가 나라는 개체의 생명의 근원이라고 할 때 그것은 출생이나 성장, 풍요와 같은 대지 이미지로 나타나기도 하는데[18] 이렇게 본다면 문학상에 나타나는 어머니의 이미지는 그 양상이 무한대로 확산될 수도 있다.

한국의 근·현대시에 나타난 어머니는 한국문학이 처한 시대적, 역사적 특수성에 의해 그 위상이 자리매김 될 수 있다. 그것은 국권의 상실이라든가 시대

---

17 최승범, 「목가적 세계와 모성에의 회귀」, 정한모 외, 『한국대표시 평설』, 문학세계사, 1998, 재인용.

18 어머니는 보편적으로 물, 그 중에서도 바다와 관련되며 탄생과 성장, 풍요를 의미한다. 한편 땅의 어머니는 탄생과 포근함, 보호, 비옥함(생산력),성장, 풍요와 관련된다. Wilfred L.Guerin, *A Handbook of Critical Approaches to Literature*, 정재완 역, 청록출판사, 1978, pp.122~123.

적 울분과 좌절이라든가 또는 현실 도피나 자연에로의 회귀와 깊은 관련을 가지고 있다. 1920년대 시에서 보편적으로 나타나는 죽음이나 밀실, 또는 향수 등은 일종의 퇴행이라는 의미에서 모태로의 회귀를 뜻하는 동일 선상에 위치하고 있어서 어머니 이미지와 깊은 관련성을 가지기 때문이다.[19]

앞에서 본 바와 같이 「그 먼 나라를 알으십니까」에서 우리가 느끼는 것은 평화로운, 안온한, 이국적인, 풍요로운 자연이다. 거기에서는 일체의 불화가 존재하지 않으며 모든 것이 순조롭고 원하는 바를 이룰 수 있는 공간으로 나타나 있다. 그러한 풍요와 안온함에 화자와 어머니가 존재하고 있다. 즉 어머니는 바로 그러한 풍요와 평화에 어울리는 아주 합당한 이미지로 제시되는 것이다. 화자와 어머니와의 관계는 아주 우호적이며 자연이 평화와 풍요로운 것과 같이 그 자연에 가장 합당한 인물로 제시된다.

이처럼 석정은 시에 '어머니'를 등장시킴으로써 '이상향에 대한 동경'의 태도를 극대화시킨다. 어머니를 찾는 순간 시인은 가장 순수한 상태에서 대상을 동경할 수 있는 힘을 얻는다. 이러한 '꿈에 대한 동경'이 인생의 절실한 현실로 등장할 경우 그 동경의 대상은 우리 의식 속에서 '이상향'으로 나타나고 그 이상향은 구체적인 형상을 얻게 된다. 즉 현실의 중압감이 커 지면 커질수록 이상향의 갈망은 더 커지는 것이다.

어머니는 그 이상향의 세계로 나를 안고 갈 수 있는 절대적 존재로 등장하며 소망의 대상으로서, 어두운 현실을 이기기 위한 도구로서의 의미를 가진다. 이때 우리는 이장희나 홍사용에게서 본 어머니와의 모습과는 다른 모습을 발견하게 된다. 왜냐하면 우리는 신석정의 시에서 이장희에게서 나타나는 모성고착과 반사회성, 또는 홍사용에게서 나타나는 불완전한 사회화의 과정과 같은 불협화음의 세계가 아니라 지극히 안온하고 푸근한 모성으로서의 어머니를 만나게 되는 것이다. 그것은 곧 작가의 성장환경에서 파생되는 어머니에

---

19 김은철, 『한국 근대시 연구』, 국학자료원, 2000, 참조.

대한 감정, 작가가 처한 사회 문화적 환경에서 말미암는다고 할 수 있다.[20]

물론 이 어머니는 문덕수의 주장과 같이 '사랑으로써 뒷바라지를 해주고 걱정해 주는 존재'[21]로서의 1차적인 어머니이면서 논리의 비약은 있겠으나 '大地의 어머니, 詩神의 어머니, 우주의 어머니'[22]라는 2차적 어머니로 확대될 수도 있다.

어머니
당신은 그 먼 나라를 알으십니까?

깊은 삼림지대를 끼고 돌면
고요한 호수에 흰 물새 날고
좁은 들길에 野薔薇 열매 붉어

멀리 노루새끼 마음놓고 뛰어 다니는
아무도 살지 않는 그 먼 나라를 알으십니까?

그 나라에 가실 때에는 부디 잊지 마셔요
나와 같이 그 나라에 가서 비둘기를 키웁시다

- 「그 먼나라를 알으십니까?」 일부 -

그런데 우리는 이 시에서 몇 가지 점에 주목하게 된다. 먼저 하나는 위에서 지적한 바와 같이 이 시가 지극히 평온하고 풍요함을 나타내고 있는데 그것은 곧 어머니가 가지고 있는 이미지, 풍요와 포근함과 위로, 포용의 이미지에서 오는 것과 함께 방법상으로는 이 작품이 가지고 있는 어법에서 나오고 있다는

---

20 여기에 대해서는 김은철, 「한국 현대시에 나타난 어머니」, <배달말> 제23집, 배달말학회, 1998, 참조.

21 문덕수, 『현대시의 해석과 감상』, 이우출판사, 1982, p.365.

22 정태용, 「신석정론」, 『한국현대시인연구』, 어문각, 1976, p.167.

것이다. 즉 '어머니 당신은.....알으십니까? 않으렵니까?'고 은근히 묻는 그 청유형 어법에서 은근함과 푸근함이 곁들여 나오는 것이다. 따라서 이때의 모자간의 관계는 사랑과 염려, 존경과 이해, 인자함으로 관계지워진다. 또한 이 작품에 나타나는 자연은 '움직이고 있으면서도 고요하고 정태적'[23]인 것이 그 효과를 더해주고 있다. 그런 의미에서 이 시는 내용과 형식에 있어서 잘 조화되고 있다고 할 수 있다.

전술한 바와 같이 이 작품이 상정하고 있는 공간은 현실과 아주 유리되어 있는 것인데 특히 '삼림지대, 고요한 호수, 야장미, 비둘기, 어린 양'은 석정이 살았던 전북 부안, 나아가 우리의 현실과는 동떨어진 세계를 보여주는 것들이다. 이런 의미에서 석정의 자연은 '서구적 자연'[24]이라는 평을 듣게 된다. 따라서 그 자연은 '그 먼 나라', '아무도 살지 않는 그 먼 나라'로 표현되고 존재하지 않기에 '알으십니까?'로 묻게 되는 것이다. 말하자면 그것은 존재하지 않는 가상의 공간이며 가고 싶다고 해도 쉽사리 갈 수 있는 곳이 아니다. 즉 그 공간은 이쪽으로 온다는 의미가 아니라 저쪽으로 간다는 의미에서 현재, 여기를 탈피하고 싶은 의식을 반영하고 있다.

즉 그에게는 '만일 나에게 날개가 돋혔다면' '내가 만일 산새가 되어' '내가 만일 구름이 된다면' 등의 가정법이 빈번하게 등장하고 「나의 꿈을 엿보시겠습니까」, 「아, 그 꿈에서 살고 싶어라」, 「그 꿈을 깨우면 어떻게 하나요」와 같은 꿈의 세계가 나타나는 것이다. 이렇게 본다면 석정이 염원하는 공간 '먼 나라'는 바로 꿈의 세계이자 가상의 공간인 셈이다. 따라서 1920년대의 시에서 등장한 밀실과 꿈은 이처럼 석정에게서도 연장되어 나타난다고 할 수 있다. 차이가 있다면 그것이 20년대의 허무와 퇴폐에서 벗어나 좀 더 밝고 건전한 모습으로 바뀌어져 있다는 점일 것이다. 그럼에도 불구하고 시대적 현실을

---

23 이승원, 『근대시의 내면구조』, 새문사, 1988, p.83.

24 이건청, 『한국전원시 연구』, 문학세계사, 1986, p.68.

감안할 때 우리는 석정의 자연회귀가 20년대 시에서 지적되는 것처럼 일종의 현실 도피임을 지적하지 않을 수 없다. 이것은 그가 술회한 다음의 대목에서 잘 드러난다.

> 서른이 가까울 때까지 이 사나이는 '生活'을 모르는 가장 어리석은 행복자(?)이었습니다. 숨막히는 現實을 呼吸하게 될 때, 呼吸함으로써 비롯하는 悲劇을 멀리 피하기 위하여 애써 現實의 世界에서는 아주 아스므라한 딴 나라로 내 자신을 이끌고 가기에 바빴던 것입니다. 그리하여 비로소 거기서 나의 작은 安息所를 찾아간 것이 나의 '어머니' 自然의 품속이었습니다.[25]

즉 그의 시에 등장하는 자연은 비극적 현실에서 도피하는 장소, 곧 안식소로서 어머니라는 것이다. 그런데 특이한 것은 석정의 시에서 '어머니'는 초기 시집 『촛불』에서만 나타나고 이후에는 나타나지 않는다는 점이다. 이것은 석정의 시에 나타나는 어머니가 영원한 애모의 대상이 아니라 일시적인 피난소로 쓰여졌다는 것을 의미한다. 이는 타골과 만해의 '님'이 영원한 애모의 대상이었음과 대비되는 것으로서 석정이 타골이나 만해의 영향을 받았다 하더라도 시의 정신면에까지 전적으로 일치하지 않는다는 것을 뜻한다[26]고 할 수 있다. 왜냐하면 타골과 만해가 그들의 시와 함께 종교가 있었다고 한다면 석정은 불교도 종교로 배우지 않고 학문으로 배웠기에 그의 시에는 종교가 없었던 것이다.[27]

따라서 석정에게 있어서 어머니는 안식소로서, 위안자로서 존재하였고 그 정감적인 표현으로 하여 '먼 나라'인 동경의 세계를 더욱 안락하고 편안한, 화합의 세계로 표현하였던 것이다.

---

25 허소라, 『한국현대작가연구』, 유림사, 1983, pp.133~134, 재인용.

26 허소라, 위의 책, p.54.

27 유승우, 『한국 현대 시인 연구』, 국학자료원, 1998, p.156.

Ⅳ. 어두운 현실과 촛불

석정이 동경한 이상향이 위와 같이 안락하고 편안한, 불협화음이 없는 '먼 나라'로 나타난다고 할 때 우리는 그러한 이상세계가 어떠한 배경을 가지고 있고 어떠한 의미를 지니는가 의문을 가질 수밖에 없다. 위에서 본 바와 같이 그 세계는 서구적 냄새가 강할 만큼 너무나 '먼' 곳에 있고 가상의 나라이기 때문이다.

이 '먼 나라'는 구체적으로 어떤 사회적 의미를 가지고 있는가? 위에서 이 작품들이 그의 낙향과 어머니와의 사별에 관련되어 있다고 하였지만, 석정은 여기에 대해 "나의 첫 시집 『촛불』에 담은 시편들은 모두 이런 어두운 상황(1920년대) 속에서 얻어진 것들이다"[28]라고 말하고 있다. 어쨌든 당대의 시인들은 식민지라는 질곡의 상황에서 절대 자유로울 수 없었으며 따라서 그가 염원하는 '먼 나라'도 결국 현실상황과 결부됨으로써 그 의미를 더할 수밖에 없을 것이다. 즉 1920년대와 30년대를 거치며 식민지 현실이 더욱 가혹해지면 가혹해질수록, 현실이 비극적이면 비극적일수록, 그와 반비례해서 그가 염원하는 세계는 오히려 더 먼 곳에 존재하게 되며 그 결과로 나타난 것이 바로 '삼림지대, 고요한 호수, 야장미, 비둘기, 어린 양'과 같은 동떨어진, 이국적 실체인 것이다.

'그 이상향은 절망적 현실의 대치물이기 때문에 인간현실과는 멀리 떨어진 상태로 존재할 수밖에 없다. 절망이 희망이 되기 위하여는 감정의 거리를 훨씬 넘어서는 원심적 거리설정이 필요한 것이다.'[29] 여기에서 우리는 당대 식민지 현실이 더욱 비극적이었다는 사실에서, 그의 이상향이 더욱 떨어진, 더욱 먼, 이국적인 모습으로 나타난 이유를 이해하게 된다.

---

28 신석정, 「상처입은 작은 역정의 회고」, <문학사상> 5호, 1973.2.

29 이승원, 『근대시의 내면구조』, 새문사, 1988, p.87.

신석정이 1920년대의 다른 시인들과 마찬가지로 먼 동경의 세계, 관념적 이상향을 꿈꾸었다고 할 때 그것은 거의 동궤에 속하거나 동질적인 것일 것이다. 그러나 위에서 언급한 바와 같이 석정의 시가 20년대의 다른 시인들과 구별되는 점은 바로 허무나 퇴폐로 빠지지 않고 낙관적이거나 희망적으로 그 세계가 제시되어 있기 때문이다. 그러면 석정이 인식한 당대현실은 어떤 것이었던가? 우리는 먼저 신석정의 회고에서 그의 현실에 대한 태도를 읽어낼 수 있다.

> 일정의 억압과 착취가 범람하는 그 당시, 나는 일제와 정면하여 싸울 수 있는 용감한 청년이 못 되었다. 예술의 목적을 싸우는 데만 둘 수는 없었다. 생활을 승화시킨 꿈의 세계에서 미의 절정을 찾아내려 하였을 때, 사람들은 흔히 나를 목가시인이라 불러주었다. 다만 일제에 저항하지 못한 것이 부끄러울 뿐, 그러게 불리워지는 것을 탐탁하게 여긴 바도 없거니와, 그렇게 불쾌하게 여긴 적도 없다.[30]

여기에서 우리는 일제에 저항하지 못하여 부끄럽다는 그의 태도와 함께 그것을 미적으로 승화시키고자 한 예술에 대한 그의 태도를 읽을 수 있다.

석정의 시에서 현실이 가장 잘 드러나 있는 시가 「슬픈 구도」이다.

> 나와
> 하늘과
> 하늘 아래 푸른 산 뿐이로다.
>
> 꽃 한 송이 피어낼 지구도 없고
> 새 한 마리 울어줄 지구도 없고
> 노루새끼 한 마리 뛰어다닐 지구도 없다.

---

30 신석정, 「나의 문학적 자서전」, 『난초잎에 어둠이 내리면』, 지식산업사, 1974, pp.297~298.

나와
밤과
무수한 별 뿐이로다.

밀리고 흐르는 게 밤 뿐이오
흘러도 흘러도 검은 밤 뿐이로다.
내 마음 둘 곳은 어느 밤 하늘 별이드뇨.

-「슬픈 구도」 전문 -

이 작품은 그가 좀 더 현실에 밀착한 1939년의 작품이지만 식민지 현실을 대하는 그의 인식이 여실히 드러나 있다. 여기는 생명현상이 존재하기가 어려운 곳으로 상정되어 있고 흘러도 흘러도 검은 밤뿐인 것으로 묘사되어 있다. 그만큼 식민지 현실은 암담하고 민족은 막다른 골목에 있다는 것이다. 석정에게 있어서 밤은 곧 우리 민족이 처한 비극적인, 암담한 현실을 의미한다. 그 암담한 현실에서 시인은 마음 둘 곳이 없어서 안타까워하고 있다.

이 시기에 있어서 문단상황은 <문장>에 보낸 원고가 두 차례나 붉은 잉크로 돌아오더니 폐간하고, <인문평론>은 <국민문학>이라는 일본잡지로 둔갑하였으며, 일본어로 시를 써보내야 하는 상황, 그럼에도 불구하고 석정은 시작을 계속 모아서 『슬픈 목가』를 낸 시기이다.[31] 『슬픈 목가』의 시가 1935년부터 1943년 사이에 쓰여진 시라면 그때는 일제의 탄압이 최고조에 달하던 시기이다. 즉 1937년 일본어 강요, 1939년 창씨개명, 1942년 징병제도 등으로 일본의 패망이 가까워오면서 민족의 시련이 극에 달하던 시기에 『슬픈 목가』는 쓰여진 것이다.

> 목가적인 전원의 낭만적 신비로운 세계에서 그대로 안주하기는 일제의 발악은 너무나 서슬이 퍼렇게 속속들이 파고들었다. 그 무렵 일제는......(중략)....

31 신석정, 「상처입은 작은 역정의 회고」, <문학사상> 5호, 1973.2.

창씨개명을 강요하고 ......학병이다 지원병이다 하여.....우리 국어말살 정책으로 신문과 잡지를 깡그리 폐간시키고 ...조국의 하늘은 어두워만 갔다. 나의 목가에도 어둡고 슬픈 빛이 젖어들었으니 제2시집 『슬픈 목가』에 담은 시편은 모두 암담한 절망 속에서 발버둥친 나의 몸부림이 태반이다.[32]

이러한 시대적·문단적 상황 아래에서 신석정은 두 번째 시집인 『슬픈 목가』를 냈다. 위에서 인용한 바와 같이 그 내용은 '암담한 절망 속에서 발버둥친 몸부림'으로 나타난다. 이 암담한 상황이 석정의 시에서는 밤으로 형상화되어 나타나고 촛불은 밝음을 형상화하는 것으로 나타난다.

어머니
황혼마저 어느 성좌로 떠나고
밤--
밤이 왔습니다
그 검고 무서운 밤이 또 왔습니다

태양이 가고
빛나는 모든 것이 가고
어둠은 아름다운 전설과 신화까지도 먹칠하였습니다
어머니
옛이야기나 하나 들려 주서요
이 밤이 너무나 길지 않습니까?

- 「이 밤이 너무나 길지 않습니까?」 일부 -

별도
하늘도
밤도 치웁다

32 신석정, 앞의 글.

얼어붙은 심장밑으로 흐르던
한줄기 가는 어느 담류가 멈추고

지지도록 고요한 하늘에 별도 얼어붙어
하늘이 무너지고
지구가 정지하고
푸른별이 모조리 떨어질지라도

그래서 서러울리없다는 너는
오 너는 아직 고운심장을 지녔거니

밤이 이대로 억만년이야 갈라구......

-「고운 심장」 전문 -

태양으로 대신되는 빛나는 모든 것들이 떠나감으로써 오는 황혼과 어둠이 보다 선명하게 부각되고 있고 제목에서처럼 밤은 너무나 길고 검고 무서운, 추운 것으로 인식된다. 그러나 신석정의 시에 있어서 우리가 주의 깊게 살펴야 할 점은 밤이 어둡고 무서운 것으로만 인식되는 것이 아니라 그 이면에는 그것을 극복하려는 의지가 항상 자리하고 있다는 사실이다. 너무나 긴 밤을 극복하기 위한 옛 이야기나 밤이 이대로 억만년은 갈 수 없다는 인식에서 우리는 그 밤의 극복의지를 읽을 수 있기 때문이다. 석정의 또 다른 대표작으로 평가되는「아직 촛불을 켤 때가 아닙니다」는 어머니와 그의 현실인식을 잘 보여주는 예이다.

재를 넘어가는 저녁 해의 엷은 광선들이 섭섭해 합니다.
어머니 아직 촛불을 켜지 말으세요.
그리고 나의 작은 명상의 새새끼들이
지금도 저 푸른 하늘에서 날고 있지 않습니까?
이윽고 하늘이 능금처럼 붉어질 때

그 새새끼들은 어둠과 함께 돌아온다 합니다.

언덕에서는 우리의 어린 양들이 낡은 녹색침대에 누워
남은 햇볕을 즐기느라고 돌아오지 않고
조용한 호수 우에는 인제야 저녁 안개가 자욱히 나려오기 시작하였읍니다.
그러나 어머니 아직 촛불을 켤 때가 아닙니다.
늙은 산의 고요히 명상하는 얼굴이 멀어가지 않고
머언 숲에서는 밤이 끌고 오는 그 검은 치마자락이
발길에 스치는 발자국소리도 들려오지 않습니다.

멀리 있는 기인 뚝을 거쳐서 들려오는 물결소리도 차츰차츰 멀어갑니다.
그것은 늦은 가을부터 우리 전원을 방문하는 가마귀들이
바람을 데리고 멀리 가버린 까닭이겠읍니다.
시방 어머니의 등에서는 어머니의 콧노래 섞인
자장가를 듣고 싶어하는 애기의 잠덧이 있읍니다.
어머니 아직 촛불을 켜지 말으세요.
인제야 저 숲너머 하늘에 작은 별이 하나 나오지 않었읍니까?

-「아직 촛불을 켤 때가 아닙니다」 전문 -

이 작품은 어린 아들이 어머니에게 간절히 촛불을 켜지 말 것을 호소하는 형식으로 되어 있다. 이때 어머니는 호소의 대상으로서 정신적 위안자로 나타나 있고 촛불은 밝음이나 광명을 상징하기보다는 어둠의 대치물로 등장하고 있다. 곧 촛불을 켜는 것은 어두운 밤을 인정하는 행위가 되기 때문에 시인은 촛불을 켜지 말 것을, 밤이 왔다는 것을 인정하지 말라고 호소하고 있는 것이다. 때는 저녁의 황혼 무렵, 저녁 안개가 내려오는 시각, 밤이 치맛자락을 끌고 내려오는 시각, 작은 별이 돋는 시각으로 설정되어 있다. 이 시각이 설정되고 난 뒤 모든 사물은 소멸되려는 찰나에 있다. 곧 어둠이 오고 촛불을 켤 시간이 된 것이다.

따라서 이 시에서 시인이 요구하는 것은 그 소멸의 주체인 사물들이 더 오래 존재하기를, 어두운 밤이 늦게 오기를 갈망하는 것이다. 그는 어머니에게 어린애가 되어서 더욱 간절히 모성에 호소하고 있는데, 그만큼 그의 호소는 절실한 것이라고 할 수 있다. 자연스럽고 평화로운 현실이 계속 유지되기를 바라는 것이 이 시의 주된 모티프가 되는 셈인데, 왜냐하면 석정에게 있어서 밤은 「슬픈 구도」에서 나타난 바와 같이 절망적인 식민지 현실을 의미하기 때문이다. 그런데 석정의 시에 나타나는 촛불은 사실상 적극적인 현실극복 의지라기보다는 소극적인 현실극복 의지로 나타난다.

> 밤과 함께 나의 침실을 지키는
> 작은 촛불이 있다.
>
> 그러나 그 촛불은
> 밤을 멀리보낼 수 없는 약한자이거니
>
> 어찌 그를 믿고
> 대낮의 화려하던 나의 살림을 계속할 수 있을까?
>
> -「나는 어둠을 껴안는다」 일부 -

촛불은 어둠을 거부하고 극복하기 위한 수단이기는 하지만 약한 존재이므로 대낮의 살림을 계속할 수 없고 '새벽처럼 밝지 못 하기 때문에/너의 영토의 확장을 할 수는 없다.' 그가 '일정의 억압과 착취가 범람하는 그 당시, 나는 일제와 정면하여 싸울 수 있는 용감한 청년이 못 되었다.'고 고백한 것과 마찬가지로 촛불은 밤에 맞서지만 그 한계를 인정하지 않을 수 없다. 그럼에도 불구하고 '작은 욕망에 타는 작은 촛불이여!/이윽고 새벽은 네 뒤를 이어 오겠지...' 라고 하면서 희망을 버리지 않고 있다.

따라서 그의 시에 등장하는 침실이나 어둠, 밤 등은 대체로 어둡고 추운 현실로 표상되는 식민지 현실을 의미하고 촛불, 낮 등은 대체로 조국광복을 의미한다고 보아 큰 무리가 없다. 그의 시가 자연과 상황이 대응관계를 이루

며 존재함에도 불구하고 이런 도식에 놓일 때 상상력의 빈곤이라는 부정적 평가를 받을 수밖에 없다.[33]

그런데 우리는 같은 일제 식민지 치하라고 하더라도 신석정의 경우 20년대 시인들처럼 퇴폐나 허무로 빠지지 않았다는 것에 주목할 필요가 있다. 신석정이 설정한 동경의 세계는 현실과 유리된, 먼 나라라 하더라도 잘 조화된, 불협화음이 없는, 안온한, 풍요로운 것으로 나타나 있는 것이다. 그것은 대다수의 20년대 시인들이 미래에의 비전을 가지지 못한 채로 감상에 빠졌고 그 결과가 허무나 퇴폐적인, 퇴행적인 공간에 머물렀던 것과는 달리 석정의 경우 비록 소극적이긴 하지만 비극적 현실을 밝혀줄 촛불을 가지고 있었고 그것이 곧 석정을 비극적 현실 앞에서도 허무나 퇴폐로 빠지지 않게 한 요인이었던 셈이다.

V. 나오는 말

우리가 신석정을 전원시인, 목가시인이라고 부른데는 그가 자연을 주로 다루었다는데 가장 큰 이유가 있지만, 그는 자연을 대하는 태도에 있어서 다른 시인들과 구별되는 특이한 점을 가지고 있었다. 그의 시가 신비스럽다거나 몽환적이라고 하는 것은 그의 시에서 나타나는 소재가 향토적인 것 이외에도 서구적인 것이 더 인상적이기 때문인데 이는 석정이 설정한 세계가 인간이 존재하지 않는, 현실과는 '먼' 것이기 때문이다. 그 세계는 모든 것이 평화롭게 존재하는 곳이며 부조화는 전혀 존재하지 않는 이상향의 세계였다. 그 세계가 현실에 존재하지 않는 꿈의 세계이기 때문에 그의 시는 '만일'이라는 가정법에서 출발하고 있고 사물은 멀리 존재한다. 그러나 신석정의 경우 그

33 이승원, 『근대시의 내면구조』, 새문사, 1988, p.91.

동경의 세계는 20년대 시인들이 추구했던 또 다른 동경의 세계, 즉 '밀실'이나 '죽음', '동굴' 같은 허무적이고 퇴폐적인 것은 아니었다.

그는 '먼' 동경의 세계에 유일하게 어머니를 등장시키는데 '어머니'를 등장시킴으로써 이상향에 대한 동경의 태도를 극대화 시킨다. 어머니는 그 이상향의 세계로 나를 인도할 수 있는 절대적 존재로 등장하며 소망의 대상으로서, 어두운 현실을 이기기 위한 정신적 위안자로서의 의미를 가진다. 은근히 묻는 청유형 어법에서 은근함과 푸근함이 곁들여 나오기 때문이다. 따라서 이때의 모자간의 관계는 사랑과 염려, 존경과 이해, 인자함으로 관계지워진다.

여기에서 우리는 이장희에게서 나타나는 모성고착과 반사회성, 또는 홍사용에게서 나타나는 불완전한 사회화의 과정과 같은 불협화음의 세계가 아니라 지극히 안온하고 푸근한 모성으로서의 어머니를 만나게 된다. 그것은 곧 작가의 성장환경에서 파생되는 어머니에 대한 감정, 작가가 처한 사회 문화적 환경에서 말미암는다고 할 수 있다.

그러나 석정이 동경한 가정법 하의 그 꿈의 세계, 비현실적인 몽환의 세계는 식민지하 질곡의 상황이라는, 현실이 기반이 되어 있기에 가능한 것이었다. 식민지 현실이 비극적이면 비극적일수록 그 이상향은 더 멀리, 더 이국적으로 형상화되어 나타난 것이었다. 그가 중기 이후에 현실에 밀착한 작품을 썼다는 것은 그만큼 그의 현실인식이 투철했음을 증명하는 것이지만 그에 반비례해서 초기의 동경은 현실과 더 유리되었음을 나타낸다. 그의 시가 20년대 시인들의 작품처럼 허무나 퇴폐로 빠지지 않았던 것은 식민지로 유추되는 어두운 밤의 이면에 그 극복의지가 항상 자리하고 있었기 때문이었다. 그런 면에서 촛불은 바로 미래에의 희망, 조국광복에의 염원을 담고 있다고 할 수 있다.

신석정의 시가 감상이나 허무, 퇴폐적 공간으로 빠지지 않았던 것은 소극적이긴 하지만 바로 이 비극적 현실을 밝혀줄 촛불을 가지고 있었기 때문이었다. 그러나 그 촛불은 새벽처럼 밝지 못하여 영토를 확장할 수는 없기에 한계를 지닐 수밖에 없고 소극적일 수밖에 없었다는 한계를 가진다.

10. 박인환(朴寅煥) 시의 현실과 시적 대응

Ⅰ. 서론

박인환(1926~1956)은 1926년 8월 15일 강원도 인제에서 태어났다. 그가 태어난 1920년대, 그리고 그가 성장한 1930년대는 일제강점기 하에서 식민지배가 구축, 심화되던 시기였고 문학사적으로는 한국 근·현대 문학이 형성되어 꽃을 피우던 시기였다. 1945년 광복이 되던 해는 박인환이 20세가 되던 때이고 이때부터 그는 문학에 뜻을 두고 본격적으로 문단과의 접촉을 시작하게 된다. 그 후 1950년부터 3년간의 6.25전쟁을 겪었고 1956년 3월 20일에 심장마비로 사망하였다.

그는 1946년 12월에 <국제신보>에 시 「거리」를 발표하면서 등단, 약 10년간에 걸쳐서 73편의 시와 10편의 평론을 남겼다. 박인환은 무엇보다 「목마와 숙녀」, 「세월이 가면」의 작가로 잘 알려져 있다. 따라서 지금까지 박인환은 주로 이 두 작품이 그의 대표적인 시세계로 알려져 있거나 연구 경향에 있어서는 후반기 동인을 중심으로 한 대표적인 후기 모더니스트의 측면에서 이루어진 것이 많았다. 그리고 그 평가는 김춘수[1]의 지적을 대표로 하여 부정적인 평가가 주류를 이루는 한편, 해방 이후의 문학적 공백기를 메우면서 교량 역할을 담당하여 한국문학의 맥을 이어주었고, 해방 이후 최초로 나름의 이념을 제시했다는 점에서 긍정적인 평가를 받기도 한다.[2]

근래 들어서 연구의 방법이 다각화되면서 박인환의 작품에 대해 새로운 시각으로 접근하는 결과들이 나오고 있어서 그의 시세계를 객관적으로 조명할 수 있는 기틀을 마련하고 있다.[3] 특히 최근의 연구 성과들은 그의 시세계에서 현실지향의 면모를 밝히려는 경향이 강하고 그 성과를 긍정적으로 평가하기도 한다.[4]

이러한 평가들은 <후반기> 동인에 대한 대체적인 평가이면서 박인환 개인에 대한 평가로 확대해도 그리 큰 문제는 아닐 것이다. 왜냐하면 박인환은 '해방후 「신시론」, 「새로운 도시와 시민들의 합창」, 「후반기」 동인을 주도했으며 1950년대 전후 문단의 총아로 군림'[5]했기 때문이다.

---

1 김춘수는 후반기 동인들의 시사적 위치를 다음과 같이 평가하고 있다.
"『청록집』에 대립한 '후반기' 동인회의 사적 의의와 30년대의 모더니즘이 그 이전의 시에 대립한 사적 의의는 전자가 후자만 못 하고, 악센트가 매우 약하다고 해야 하겠다. '후반기' 동인회의 최대의 약점은 사적으로 볼 때 잠깐 잊혀지고 있었던 문제를 다시 제기하여 이목을 어느 정도 끌게 했다는, 이른바 선언적 역할에 그쳤지 실(질이라고 해도 되겠다)에 있어서 30년대를 능가하지 못했을 뿐 아니라 이미 말한대로 시적 발상태에 있어서는 그들 자신의 선언(의도)과는 달리 전통적 발상태에 머물고 있었다는 데 있지 않을까 한다."
김춘수, 『의미와 무의미』, 문학과 지성사, 1976, p.140.

2 오세영, 「<후반기> 동인의 시사적 위치」, 『20세기 한국시 연구』, 새문사, 1989.

3 박인환에 대한 대표적인 연구는 『박인환전집』, 문학세계사, 1986. 이동하 편저, 『박인환』, 문학세계사, 1993. 김영철, 『한국 전후 문학의 기수 박인환』, 건국대학교출판부, 2000. 오세영, 「<후반기>동인의 시사적 위치」, 『20세기 한국시 연구』, 새문사, 1989. 송기한, 「역사의 연속성과 그 문학사적 의미」, 『1950년대 문학 연구』, 예하, 1991. 박민수, 『한국 현대시의 리얼리즘과 모더니즘』, 국학자료원, 1996. 이지엽, 『한국전후시 연구』, 태학사, 1997. 류순태, 『한국 전후시의 미적 모더니티 연구』, 월인, 2002. 박윤우, 「1950년대 한국 모더니즘시 연구」, 서울대학교 대학원 박사학위논문, 1998. 김은영, 「1950년대 모더니즘 시 연구」, 창원대학교 대학원 박사학위논문, 2000. 등이 있다.

4 김영철, 위의 책. 한명희, 「박인환 시 <아메리카 시초>에 대하여」, <어문학> 제85집, 한국어문학회, 2004.

문학은 사회적이며 자율적[6]이라는 아도르노의 말을 빌리지 않더라도 작품은 한 작가의 정신세계를 반영하는 것으로서 거기에는 필연적으로 작가가 경험하는 시대적·사회적 상황이 전제될 수밖에 없을 것이다. 더구나 박인환이 살았던 1920년대 후반부터 1950년대 후반까지가 한국 역사상 미증유의 질곡의 시대였던 것을 감안한다면 그 시대적 현실을 작가가 어떻게 인식하며 또 그것이 어떻게 작품으로 형상화되었는가는 그 자체가 큰 흥밋거리가 아닐 수 없다. 특히 박인환은 후반기 동인들[7] 중에서도 가장 현실주의적인 작품을 쓴 것으로 알려져 있고 그의 시작 경향이 '모더니즘 계열의 시와 리얼리즘 계열의 시로 나누어질 수 있다'[8]고 본다면 그의 현실인식을 살펴보는 것은 곧 그의 시적 본질에 도달하는 한 방법일 수도 있을 것이며 나아가서 후반기 동인들에 대한 평가에도 일익을 담당하는 것이다.

II. 이념의 회피, 정서적 상관물로서의 현실

박인환의 시작 시기는 대체로 전쟁 전과 전쟁 후로 나누어지는데 전쟁 후는 다시 2~3 시기로 구분되기도 한다.[9] 먼저 그의 초기시를 살펴보자.

---

5 김영철, 『한국 전후 문학의 기수 박인환』, 건국대학교출판부, 2000, p.105.

6 T.W.Adorno, translated by C.Lenhardt, *Aesthetic Theory*, Routledge & Kegan Paul, 1984, p.320.

7 후반기 동인의 결성 시기와 구성원들에 대해서는 이견이 있다. 김은영은 고정 멤버를 김경린, 박인환, 김규동, 이봉래, 조향, 김차영으로 보고 있다. 김은영, 앞의 글 참조.

8 김영철, 위의 책, p.107.

9 박민수는 박인환의 시적 변모과정을 <1>초기(전쟁이전)의 시 <2>전후의 시 <3> 미국 여행기의 시 <4>말기의 시로 4기로 구분하고 있고 김은영은 <1>초기시, <2> 중기시, <3>말기시로 나누고 있다. 김은영의 구분은 전쟁을 중심으로 하여 초기와 중기로 나누어진다. 필자는 김은영의 구분을 따르면서 <1>초기시(전쟁이전), <2> 중기시(전쟁이후), <3>후기시(미국여행기의 시 이후)로 구분하기로 한다. 박민수,

나의 시간에 스코올과 같은 슬픔이 있다
붉은 지붕 밑으로 鄕愁가 광선을 따라가고
한없이 아름다운 계절이
運河의 물결에 씻겨 갔다

아무 말도 하지 말고
지나간 날의 童話를 운율에 맞춰
거리에 花液을 뿌리자
따뜻한 풀잎은 젊은 너의 탄력같이
밤을 地球 밖으로 끌고 간다

지금 그곳에는 코코아의 시장이 있고
과실처럼 기억만을 아는 너의 음향이 들린다
少年들은 뒷골목을 지나 교회에 몸을 감춘다
아세틸렌 냄새는 내가 가는 곳마다
陰影같이 따른다.

거리는 매일 맥박을 닮아 갔다
베링 해안 같은 나의 마을이
떨어지는 꽃을 그리워한다
황혼처럼 장식한 女人들은 언덕을 지나
바다로 가는 거리를 순백한 式場으로 만든다

戰庭의 樹木 같은 나의 가슴은
베고니아를 끼어안고 氣流 속을 나온다
망원경으로 보던 千萬의 미소를 회색 외투에
싸아
얼은 크리스마스의 밤길로 걸어 보내자

- 「거리」[10] 전문 -

앞의 책, 김은영, 앞의 글 참조.

이 작품은 1946년 12월 <국제신보>에 발표한 박인환의 데뷔작이다. 먼저 이 작품에서 우리가 발견할 수 있는 것은 스코올, 코코아, 아세틸렌, 베링, 베고니아, 크리스마스 등과 같은 이국취향적 문명어들이며 황혼, 회색 외투, 낙화, 향수, 지난날의 동화 등이 슬픔과 동반되는 감상성에 치우쳐 있다는 것이다. 각각의 이미지들, 순간순간 등장하는 외래어들은 다소 산만하게 병치되어 있어서 통일성을 저해하며 돌출되는 느낌을 준다. 비유법의 사용도 어색하지만, 역으로 외래어가 사용되므로 해서 참신함을 더 하고 '한없이 아름다운 계절이 운하의 물결에 씻겨 갔다'거나 '스코올과 같은 슬픔', '맥박을 닮은 거리' 등의 감각적 표현은 이 작품을 돋보이게 하는 부분이다.

즉 데뷔작인 이 작품의 경향으로 볼 때 박인환은 모더니즘을 지향하고 있고 그 이면에는 '비애와 우수의 그림자가 따라다니'[11]고 있음을 알 수 있다. 즉 모더니즘을 지향하면서도 지성적이기보다는 감성적인 면이 더 두드러지게 나타나고 있는데 이 점은 박인환의 시작 전 시기를 통해서 공통적으로 발견되는 것이어서 그의 시의 특질이라고 할 수도 있을 것이다.

박인환에게서 구체적인 현실의 모습이 드러나는 것은 김경린, 김수영 등과 함께 <신시론>을 결성하고 『새로운 도시...』를 발간하면서부터이다.

당시 <신시론>의 입장은 해방 정국에서 좌우익의 혼란한 정세에 초연한 자세를 취한다는 것이었지만 박인환에게서는 이 시기의 작품들에서 역사 현실에 대한 비판적 성향이 두드러짐을 알 수 있다.[12]

> 나는 不毛의 文明, 資本과 思想의 不均整한 싸움 속에서 市民精神에 離反된 言語作用만의 어리석음을 깨달았었다. (중략) 資本의 軍隊가 進駐

---

10 이하 인용시와 인용문은 문학세계사의 『박인환전집』에 따르기로 한다.

11 김영철, 『한국 전후 문학의 기수 박인환』, 건국대학교출판부, 2000, p.173.

12 김은영, 「1950년대 모더니즘 시 연구」, 창원대학교 대학원 박사학위논문, 2000, p.90.

한 市街地는 지금은 憎惡와 안개낀 現實이 있을 뿐...더욱 멀리 지낸날 노래하였든 植民地의 哀歌이며 土俗의 노래는 이러한 地區에 가란져간다.

그러나 永遠의 日曜日이 내 가슴 속에 찾어든다. 그러할 때에는 사랑하든 사람과 詩의 散策의 발을 옮겼든 郊外의 原始林으로 간다. 風土와 個性과 思考의 자유를 즐겼든 詩의 原始林으로 간다. 아 거기서 나를 괴롭히는 無數한 薔薇들의 뜨거운 溫度[13]

이 글에서 우리는 적어도 다음과 같은 사실을 알 수 있다.

<1> 현대는 불모의 문명, 자본과 사상의 불균정한 싸움터이며 자본의 군대가 진주하여 증오와 안개 낀 현실만이 존재한다.

<2> 시민정신에 이반된 문학(언어작용)은 어리석은 것이다. 따라서 지난날의 애가나 토속적인 노래는 적절하지 않다.

<3> 현실이 이러하기에 나는 풍토와 개성과 사고의 자유가 있는 시의 원시림으로 간다.

즉 그는 현대사회의 병폐를 알고 있었고 따라서 시민정신에 부합되는 문학이 필요함을 역설한 것으로 보인다. 그렇다면 여기서 그가 말하는 시민정신이란 무엇인가? 그것은 바로 앞 구절에서 나타난 것들의 반대명제로 보는 것이 타당할 것인데 즉 불모의 문명에 대한 것, 자본과 사상의 불균정한 싸움에 대한 것이 그 내용일 것이다. 자본에 의해서 왜곡되는 현실, 그리고 좌우익의 사상적 대립에 의한 것, 즉 구체적으로는 해방기의 좌우익의 이데올로기의 대립, 그리고 신제국주의의 팽창을 극복하는 것이 아마 그가 말하는 시민정신일 것이다.

<2>는 과거의 문학이 이미 현실의 시민정신에 부합되지 않기 때문에 새로

13 박인환, 「서문」, 『새로운 도시와 시민들의 합창』, 도시문화사, 1949, p.53.

운 시 형식이 필요하다는 것인데 이는 곧 <후반기> 동인들이 반대명제로 내세운 <청록집>류에 대한 부정이라 짐작할 수도 있고 급변하는 현실의 구체적인 대응을 내포하는 것일 수도 있다. 실제로 그는 초기에 해당하는 해방기의 문학에서 그가 말하는 시민정신을 구현하려고 한 것으로 보인다.

그러나 이러한 현실 진단에도 불구하고 이 글에서 그가 내리는 결론은 전연 엉뚱하기만 하다. 그가 택하는 곳은 교외에 있는 시의 원시림이다. 그 이유는 거기에 풍토와 개성과 사고의 자유가 있기 때문이다. 그런데 주의를 요하는 것은 원시림이 새로이 개척하거나 건설되어야 할 곳이 아니라 과거에 존재했던 곳이라는 점이다. 이 글의 후반부는 '영원의 일요일', '시의 원시림', '장미들의 뜨거운 온도' 등의 모호한 문장이 등장함은 물론 시민정신에의 부합이라는 명제가 사라지고 퇴행적이며 현실도피적인 것으로서 '예술지상주의적인 태도'[14]로 귀결되는 것이다.[15]

이동하가 줄기차게 주장하는 바와 같이 박인환이 지나치게 '겉멋'에만 치우치지는 않았다고 하더라도 이 글에서 우리는 그가 부정적 현실에 대해 그 구체적 실천 방안에 있어서는 퇴행적이거나 도피적이거나 적어도 소극적인 수준에 머물렀다는 것을 알 수 있다.

그러면 이러한 것이 시작품에서는 어떻게 구현되었는가?

박인환의 작품 중에서 현실주의적 계열, 혹은 리얼리즘 계열이라고 지칭되는 작품들은 대부분 전쟁 이전 해방기에 발표된 것들로서 「인천항」, 「남풍」, 「인도네시아 인민에게 주는 시」 등이 여기에 포함된다.[16] 이 작품들에서 그는 분명하고도 설명적이며 서사적인 이야기 구도로 현실적 관심사를 표명한다.

---

14 이소영, 「박인환 시 연구」, <한국문예비평연구> 제14집, 한국현대문예비평학회, 2004, p.251.

15 이동하는 이러한 예술지상주의적인 언어가 '시민정신에 이반된 언어작용'의 소산이라고 보고 거기에 나타나 있는 모순은 박인환 자신이 지니고 있던 정신적 혼란의 정직한 반영이라고 하였다. 이동하 편저, 『박인환』, 문학세계사, 1993, p.37.

16 이 외에도 「식민항의 밤」, 「정신의 행방을 찾아」, 「자본가에게」 등이 여기에 해당한다.

동양의 오케스트라
가메란의 伴奏樂이 들려온다
오 약소민족
우리와 같은 식민지의 인도네시아

삼백 년 동안 너의 자원은
歐美 자본주의 국가에 빼앗기고
反面 비참한 희생을 받지 않으면
구라파의 반이나 되는 넓은 땅에서
살 수 없게 되었다
그러는 사이 가메란은 미칠 듯이 울었다

(중략)

사나이는 일할 곳이 없었다 그러므로 약한 여자들은 白人 아래 눈물 흘렸다
수만의 혼혈아는 살 길을 잃어 애비를 찾았으나
스라바야를 떠나는 商船은
벌써 기적을 울렸다

(중략)

마땅히 요구할 수 있는 人民의 해방
세워야 할 늬들의 나라
인도네시아 공화국은 성립하였다 그런데 연립임시정부란 또다시 박해다
지배권을 회복하려는 모략을 부숴라
이제는 식민지의 고아가 되면 못쓴다
全人民은 일치 단결하여 스콜처럼 부서져라
국가 방위와 인민 전선을 위해 피를 뿌려라
삼백 년 동안 받아온 눈물겨운 박해의 반응으로 너의 조상이 남겨놓은
저 야자나무의 노래를 부르며
오란다軍의 기관총 진지에 뛰어들어라

제국주의의 야만적 제재는
너희뿐만 아니라 우리의 모욕
힘있는대로 영웅되어 싸워라
자유와 자기 보전을 위해서만이 아니고
야욕과 暴壓과 비민주적인 民政策을 지구에서 부숴내기 위해
반항하는 인도네시아 人民이여
최후의 한 사람까지 싸워라

참혹한 몇 달이 지나면
피흘린 자바섬(島)에는
붉은 칸나꽃이 피려니
죽음의 보람은 南海의 태양처럼
조선에 사는 우리에게도 빛이려니
海流가 부딪치는 모든 육지에선
거룩한 인도네시아 인민의 내일을 축복하리라

-「인도네시아 人民에게 주는 詩」 전 11연 중 1,2,5,7~10연 -

이 작품은 300년 동안 식민지로서 착취를 당해온 인도네시아의 참상을 고발하고 폭력적인 식민 정책에 맞서서 투쟁할 것을 독려하는 것이다. 이 시의 1연에서 7연까지 박인환은 강대국의 침략으로 인한 인도네시아의 처참한 생활상을 사실적으로 묘사하고 있다. 자원의 강탈, 최하의 의식주 생활, 전 인민의 노예화, 백인들의 여성 폭력 등 이러한 사실적 묘사에 이어서 8연과 9연에서는 화자의 어조가 강해지면서 지배권을 재장악하려는 모략에 맞서 싸울 것을 강도 높게 주문하고 있다. 그는 '스콜처럼 부서져라' '피를 뿌려라' '기관총 진지에 뛰어들어라' '영웅되어 싸워라' '최후의 한 사람까지 싸워라'고 목소리를 높이고 있다.

그런데 여기에서 주목되는 것은 인도네시아의 현실을 우리의 해방 정국과 동일시하고 있다는 점이다. '오 약소민족/우리와 같은 식민지의 인도네시아' '제국주의의 야만적 제재는/너희뿐만 아니라 우리의 모욕' '죽음의 보람은 남

해의 태양처럼/조선에 사는 우리에게도 빛이려니'에서 인도네시아의 현실상황을 우리의 현실로 인식하고 있다. 이는 반제국주의 노선에 선 국가공동체 연대의식을 드러내고 있으며 시인은 인도네시아의 현실에서 조선의 해방 정국의 향방을 유추해 내고 있는 것이다.[17]

10연과 11연에 오면 투쟁 이후에 올 희망과 낙관적인 미래를 확신하고 있다. 박인환의 시에서 미래에 대한 긍정적인 전망은 「열차」에서도 나타나는데[18] 이 점은 '전쟁 이후에 쓰여진 모든 시들이 절대 절망에 빠져 있다는 점에 비교하여 주목되는 면이 아닐 수 없다.'[19]

한 편 시 「남풍」은 월남 인민들의 독립투쟁을 찬양하고 있는데 그 투쟁의 열기가 남풍으로 우리들에게 스며든다는 내용이다.

이 두 편의 시에서 우리가 지적할 수 있는 것은 시인의 시선이 밖으로 향해 있으면서 토운이 높다는 것, 적극적이고 긍정적이며 미래 지향적인 전망을 가지고 있다는 점 등이다. 이 작품들은 근원적으로 마르크스주의적 의식 내용에 의해 자본주의를 거부하거나 프롤레타리아로서의 민중을 찬미하는 것이 아니라 자본주의에 기초한 제국주의적 침략행위를 비판하고, 자신의 민족을 지키는 항쟁을 찬양하고 있는 것으로, 다만 현실의 모순을 비판하고 있을 뿐이다.[20]

「남풍」과 「인도네시아...」가 이국의 사정을 노래하면서 우리를 대입시켜 동일시하고 있다면 우리의 사정을 직접 노래한 것으로는 「인천항」이 있다.

---

17 김영철, 『한국 전후 문학의 기수 박인환』, 건국대학교출판부, 2000, p.111.

18 「열차」의 마지막 3연은 다음과 같다.
다음 헐벗은 수목의 집단 바람의 호흡을 안고/눈이 타오르는 처음의 녹지대/
거기엔 우리들의 황홀한 영원의 거리가 있고/밤이면 열차가 지나온/커다란
고난과 노동의 불이 빛난다/혜성보다도/아름다운 새날보담도 밝게

19 박민수, 『한국 현대시의 리얼리즘과 모더니즘』, 국학자료원, 1996, p.205.

20 박민수, 위의 책, p.204, 참조.

海外에서 동포들이 고국을 찾아들 때
그들이 처음 상륙한 곳이
인천항구이다.

그러나 날이 갈수록
銀酒와 阿片과 호콩이 密船에 실려오고
태평양을 건너 무역풍을 탄 칠면조가
인천항으로 나침을 돌렸다.

서울에서 모여든 謀利輩는
중국서 온 헐벗은 동포의 보따리같이
화폐의 큰 뭉치를 등지고
황혼의 埠頭를 방황했다

밤이 가까울수록
星條旗가 퍼덕이는 宿舍와
駐屯所의 네온사인은 붉고
짠그의 불빛은 푸르며
마치 유니온 작크가 날리든
식민지 香港의 야경을 닮아간다

조선의 海港 인천의 埠頭가
중일전쟁 때 일본이 지배했던
상해의 밤을 소리없이 닮아간다

- 「인천항」 전 9연 중 5~9연 -

인천항은 해외에서 동포들이 고국을 찾을 때 처음 상륙하는 곳이면서 신문물이 들어온 곳이기도 하다. 그러나 지금은 은주와 아편과 호콩이 밀선에 실려 오고 태평양을 건너 칠면조가 들어오며 모리배들이 돈뭉치를 등에 지고 부두를 방황하고 있다. 미군이 주둔하는 인천항구는 일본이 주둔하던 상해와 같아서 또 다른 식민지배를 경계하고 있다.

박인환이 월남과 인도네시아, 중국까지를 염두에 두고 작품화한 것은 박인환을 포함한 <새로운 도시...>파 시인들이 표면상으로는 중립, 내면상으로는 우익 쪽이었다고 하더라도 프롤레타리아 국제주의 노선을 드러내고 나아가 낙관적 전망을 견지했다는 점에서 조선문학가 동맹의 노선에 일정 부분 부합된다고 볼 수도 있다.[21]

그러나 박인환의 기질로 보나 주변 동인들의 성향으로 보아 이들이 좌익 쪽의 노선에 경사 되었을 리는 없을 것으로 본다면 조병화의 다음과 같은 증언이 오히려 그 이유를 밝히는 데 도움을 줄 것으로 보인다.

> 이들은 좌익계의 문인들도 아니며, 우익계의 문인들도 아니었다. 도시적이며, 감각적이며, 코스모폴리턴적인 지성의 보헤미언들이었다. 무언가 새로운 세계를 항상 그리워하며 보다 세계적인, 보다 국제적인, 보다 인류적인 것에 대한 뜨거운 실존적 향수에 젖어 한국적 현실을 외면하고 있었던 그룹이었다. 이들은 아무런 문학 단체에도 적극적으로 가담하지 않고 있었다.[22]

즉 시작 초기에 있어서 박인환의 현실인식은 부정적이고 현실 비판적이었는데 그 내용은 서구 자본주의의 병폐, 외세의 침투에 의한 신식민지화의 경계 등으로 요약된다. 그런데 그러한 인식은 위의 작품들에서 보았듯이 그가 서문에서 밝힌 것 중에서 '문명'과 '자본'의 문제만 다루었을 뿐, '사상의 불균정'은 나타나지 않았다.

해방기 정국이 정치에서든 문단에서든 좌우 이데올로기의 심각한 대립이 있었고, 그리고 각기 다른 정권이 수립되어 남북이 분단되었다는 것을 감안한다면 이는 애써 이념문제가 표출되는 현실을 무시했거나 현실에 대한 구체적

---

21 송기한, 「역사의 연속성과 그 문학사적 의미」, 『1950년대 문학연구』, 예하, 1991, 참조.

22 조병화, 「나를 부르는 소리」, 『박인환전집』, 문학세계사, 1986, p.225.

인 인식이 부족했음을 의미한다.

그리고 문명과 자본을 문제 삼았다고 하더라도 그것을 조국이나 민족의 구체적인 현실에서 찾기보다 제3국에서 찾아 우리와 동일시함으로써 간접적인 관계망 위에만 있다는 한계를 가진다. 한 편 그 시적 대상이 되고 있는 제3국의 사정이 과연 당대 우리 현실과 얼마나 부합될지도 여전히 의문이다. 국내사정을 다룬 것으로는 현대문명의 폐해와 부정적 현실을 보여준 「인천항」이 있지만 그 현실도 자본주의의 병폐라는 일반적인 인식에 머물러 있고 현실의 적극적인 극복은 제3국을 통해서 제시되며 우리는 간접적인 관계망만 설정되어 있을 뿐이다.

즉 박인환의 초기시에서 그의 시선은 국내 현실보다는 세계적인 관심으로 향해져 있고 문제의식은 이념문제로 심각한 국내문제를 외면하고 자본주의의 병폐나 신제국주의 등 세계적인 공통관심사에 치중하여 그것을 국내에 범박하게 적용시킨 것이라고 할 수 있다. 이럴 때 그의 토운은 높고 적극적이고 긍정적이며 미래지향적인 전망을 나타내고 있었다.

해방정국의 혼란현장은 그 자체로도 충분히 증언할만한 가치가 있었을 것인데 그런 시편들이 존재하지 않는 것은 아마도 세계적인, 국제적인, 인류적인 것에 더 관심을 가졌고 상대적으로 민족이 처한 눈앞의 구체적 현실, 이념의 문제에는 오히려 소홀한 결과가 아닌가 한다.

Ⅲ. 전쟁의 개인적 체험

박인환의 중기시는 대체로 1950년 6.25전쟁 이후 1955년 3월 그가 미국으로 여행을 떠나기 전까지를 말하는데 이 시기의 작품 수가 대략 36편 정도로 그의 전체 작품 중 약 반을 차지한다. 따라서 이 시기의 작품이 박인환 시의 중심을 이룬다.

6.25전쟁은 일본의 식민통치와 해방정국, 남북분단에 이은 한국 현대사에

서의 거대한 질곡으로서 어느 누구에게나 엄청난 충격을 주었을 것이다. 1926년에 태어나서 일제강점기를 보내고 해방정국의 소용돌이를 맞이하였으며 20세인 1946년에 등단한 청년 박인환에게도 이 전쟁의 상처는 엄청났을 것으로 짐작할 수 있다.

> 그러나 6.25가 박인환의 시세계에 남긴 흔적은 비단 위의 작품들처럼 직접 전쟁터를 소재로 한 것만으로 끝나지 않는다. 겉으로는 전혀 전쟁을 언급하지 않은 전중, 전후의 많은 작품들에도 사실은 전쟁의 처참함과 그것이 시인에게 끼친 충격이 생생하게 각인되어 있는 것이다. 분명히 6.25는 박인환의 정신에 깊고도 강렬한 상처를 심어 주었으며, 그 상처는 그가 죽는 날까지 지속되었던 것으로 보인다.
>
> 그러면 그 상처의 이름은 무엇인가. 이 물음에는 한 마디로 답할 수 있다. '허무주의'인 것이다.[23]

위의 지적처럼 박인환의 중기의 시에는 절망과 죽음, 허무의식이 전반적으로 짙게 배어있다. 1949년에 박인환은 경향신문사에서 근무하게 되었고 전쟁이 일어났을 때는 피난을 가지 못 하고 9.28 수복 때까지 적 치하의 지하생활을 하였다. 수복 3일 전에는 딸을 낳았고 1.4 후퇴가 임박한 1950년 12월 8일 맏아들의 생일날 대구로 피난하였다. 1951년에는 경향신문사가 있는 부산과 대구를 왕래하면서 5월 육군종군작가단에 참여하여 종군기자로 활동하기도 하였다. 이러한 그의 행적으로 보아서 우리는 이 시기 그의 작품에 전쟁의 생생한 체험이 반영되어 있을 것으로 짐작할 수 있다.

> 機銃과 砲聲의 요란함을 받아 가면서
> 너는 세상에 태어났다 주검의 세계로
> 그리하여 너는 잘 울지도 못 하고

23 이동하 편저, 『박인환』, 문학세계사, 1993, p.48.

힘없이 자란다.

엄마는 너를 껴안고 3개월간에
일곱 번이나 이사를 했다.

서울에 피의 비와
눈바람이 섞여 추위가 닥쳐오던 날
너는 입은 옷도 없이 벌거숭이로
貨車 위 별을 헤아리면서 南으로 왔다.

-「어린 딸에게」 전 8연 중 1~3연 -

이 작품에는 어린 딸을 안고 대구로 피난을 가는 모습이 생생하게 나타나 있다. 그러나 어린 딸이 태어난 세계는 '주검의 세계'이며 '피의 비'가 내리는 세계이다. 따라서 그는 '어린 딸이여 너는 언제까지나/행복할 것인가'고 묻는가 하면 '나의 어린 딸이여/너의 고향과 너의 나라가 어데 있느냐/그때까지 너에게 알려 줄 사람이/살아 있을 것인가.'라고 자문하게 된다.

위의 시처럼 이 시기 그의 작품에는 나와 내 주변의 것들, 신변시들이 주류를 이루고 있다.

아 창백한 세상과 나의 생애에
종말이 오기 전에
나는 고독한 피로에서
氷花처럼 잠들은 지나간 세월을 위해
詩를 써본다.

그러나 窓 밖
암담한 商街
고통과 嘔吐가 동결된 밤의 쇼우윈도우
그 곁에는
절망과 기아의 행렬이 밤을 새우고

내일이 온다면
이 정막의 거리에 폭풍이 분다.

-「세 사람의 가족」 전 6연 중 5~6연 -

山과 강물은 어느 날의 繪畫
피 묻은 전신주 위에
태극기 또는 작업모가 걸렸다.
학교도 군청도 내 집도
무수한 포탄의 작열과 함께
세상엔 없다.

인간이 사라진 고독한 神의 토지
거기 나는 동상처럼 서 있었다.
내 귓전엔 싸늘한 바람이 설레이고
그림자는 망령과도 같이 무섭다.

어려서 그땐 확실히 평화로왔다.
운동장을 뛰다니며
미래와 살던 나와 내 동무들은
지금은 가고
연기 한 줄기 나지 않는다.

-「고향에 가서」 전 7연 중 2~4연 -

전쟁은 물론 시인에게 공포와 불안을 가중시키지만 박인환의 시에서 전쟁은 표피적으로만 인식될 뿐 그 본질에 대한 것은 나타나지 않는다. 1950년대 문학에서 전쟁 모티브의 수용은 지극히 당연하고 자연스러운 현상이겠지만 박인환의 시에서 우리가 볼 수 있는 것은 시인이 전쟁에 대해서 역사적인 존재로서가 아니라 자연적인 존재로서 개인의 삶과 죽음의 문제만을 '슬프게' 인식하는 일반론적이고 피상적인 수준에 머물러 있음이 확인된다.

그가 종군기자로서 경험한 생생한 체험들은 구체적인 사실성을 획득하고 있으면서도 이처럼 개인적인 차원에서 전쟁을 바라봄으로써 역사적 본질에는 도달하지 못하고 있다.

> 陰散한 잡초가 무성한 들판에
> 勇士가 누워 있었다.
> 구름 속에 장미가 피고
> 비둘기는 野戰病院 지붕 위에서 울었다.
>
> 존엄한 죽음을 기다리는
> 용사는 대열을 지어
> 戰線으로 나가는 뜨거운 구두 소리를 듣는다.
> 아 창문을 닫으시오.
>
> 高地奪還戰
> 제트기 박격포 수류탄
> 어머니! 마지막 그가 부를 때
> 하늘에서 비가 내리기 시작했다.
>
> 옛날은 화려한 그림책
> 한 장 한 장마다 그리운 이야기
> 만세소리도 없이 떠나
> 흰 붕대에 감겨
> 그는 남 모르는 토지에서 죽는다.
>
> 한 줄기 눈물도 없이
> 인간이라는 이름으로서
> 그는 피와 청춘을
> 자유를 위해 바쳤다.
> 음산한 잡초가 무성한 들판엔
> 지금 찾아오는 사람도 없다.
>
> -「한 줄기 눈물도 없이」 전문 -

전장을 소재로 한 다른 시들 「신호탄」, 「서부전선에서」, 「어떠한 날까지」에서도 이러한 기조는 크게 변하지 않고 있다. 박인환의 어느 작품에서나 공통적으로 나타나는 것은 개별자적인 입장에서 전쟁을 바라보고 불안과 공포를 느끼며 삶과 죽음, 허무를 인식하는 것이다. 즉 '그러한 현실의 각 장면은 그로 하여금 구체적 인간 조건으로서의 삶의 문제, 즉 실존에 대한 강력한 의문만 품게 만들었다.'[24]

전쟁이 공적 영역에 대한 힘의 집중을 의미한다면, 공적 영역의 외압이 강화될 때, 이는 그 자체로 개별자의 생명이나 자유에 대한 심각한 위협이 된다. 그것은 사람들을 사적 개인들로 파편화시키고 다시 그 개인이 가지는 경험들을 파편화시킨다. 이는 '인간소외'의 전형적인 예다. 그렇다면 소외에 맞서서 각 개인이 자신의 삶의 의미를 묻는 방식은 어렵지 않게 상정된다. 개별자에 대한 집착은 결국 전쟁의 흐름에 대한 역사적 통찰보다 휴머니즘적 지향을 강화시키기 때문이다.[25]

'1950년대 한국문학에서의 휴머니즘 전개가 개별자적인 것을 중심으로 이루어진다'[26]고 할 때 박인환의 시들은 그 현주소를 잘 말해주는 것이다. '나'는 전쟁 발발의 정치적 배경이나 역사적 당위성에 대해서는 무관심하며 다만 눈앞에 전개되는 현실이 두렵고 슬플 뿐이다. 그는 전쟁에서 죽은 용사들에 대해서 깊은 조의와 애도를 표하지만 '더욱 세월이 흘렀다고 하자./누가 그들을 기억할 것이냐.'고 함으로써 세월의 무상함과 그들을 죽게 만든 이념적 정당성의 몰가치성에 더 슬퍼하고 있다. 즉 그는 6.25전쟁에 대해서 그 이념적 배경이나 본질, 나아가서 전쟁 자체에 대한 본질적인 의문을 제기하고 천착하

---

24 김은영, 「1950년대 모더니즘 시 연구」, 창원대학교 대학원 박사학위논문, 2000, p.111.

25 문영진, 「전쟁과 1950년대 소설」, 구인환 외, 『한국전후문학연구』, 삼지원, 1996, pp.89~95, 참조.

26 문영진, 위의 글.

는 것이 아니라 전쟁 자체에 대한 지극히 일반적이고 상식적인, 피상적인 수준에서 이해하고 있고 이를 슬퍼하는 정도에 머물고 있다고 할 수 있다.

'박인환의 시에는 뚜렷한 이념적 지향성을 가지고 싸우는 사람이 보이지 않을 뿐 아니라 정작 이들이 싸워야 할 적은 적군이 아니라 자신과 자신의 일상과 자신의 그림자 곧 '죽음' 그 자체이다.'[27] 이런 상태에서 우리는 전쟁 현실을 바라보는 역사적 통찰이나 이념적 지향을 기대하기는 어려울 것이다. 여기에서 우리는 박인환의 초기시에서 보았던 내용들, 즉 부정되어야 할 현실 중에서 그가 문명과 자본에는 관심을 가졌지만 사상의 문제에는 관심을 기울이지 않은 것, 그것이 이데올로기로 점철된 국내적 현실을 외면하게 만든 것, 그 결과로 인도네시아와 월남에 관심을 가진 것 등이 일맥상통함을 이해할 수 있게 된다. 따라서 그에게는 실존주의의 또 다른 명제 즉 참여적 의미에서 '실존은 행동한다'는 명제는 찾아보기 힘들다.

그러면 박인환이 이렇게 본질보다는 파편적이고 외면적인 현실에 치중하게 된 것은 무슨 이유일까. 이동하는 <새로운 도시>파에 대해서 좌도 우도 아닌 중립적 입장을 표명했다는 김수영의 말을 빌리면서 다음과 같이 말하고 있다.

> 좀 더 깊이 들어가서 생각해 보면, 중립자처럼 보인다는 것은 피상적인 관찰에 불과하고, 밑바닥에 있어서 그들은 명백한 우익이었다...(중략)...사회의 기본 구조는 현상태를 견지하는 가운데, 예술의 왕국이 적당한 배려를 받으며 그럭저럭 유지되고, 그런 한계 내에서 얼마든지 겉멋도 부리고 기염도 토할 수 있는 것, 그것이 이네들의 우상이었다. 박인환이 소속한 계층인 도시 중산층의 입장이 그러한 것이었고, 그네들이 이상으로 삼고 동경했던 서구의 보헤미안들이 또한 그러한 견지에 서 있었던 것이다. 위에서 때때로 언급한 박인환의 시대적 고민이라는 것도 결코 이런 테두리를 벗어나는 것이 아니었다.[28]

---

27 김은영, 앞의 글, p.119, 참조.

28 이동하 편저, 『박인환』, 문학세계사, 1993, p.46.

즉 박인환을 비롯한 <새로운 도시>파들의 신분계층이나 지향점이 현실을 직시하거나 역사적인 통찰을 가지기는 어려울 것으로 보고 있다. 나아가서 그는 「자본가에게」 같은 작품을 '단지 유행을 따른 일시적 포즈에 불과한 것'이라고 평하기도 한다.

박인환은 그의 『선시집』 후기에서 다음과 같이 말하고 있다.

> 나는 10여 년 동안 시를 써왔다. 이 세대는 세계사가 그러한 것과 같이 참으로 기묘한 불안정한 연대였다. 그것은 내가 이 세상에 태어나고 성장해 온 그 어떠한 시대보다 혼란하였으며, 정신적으로 고통을 준 것이었다.
>
> 시를 쓴다는 것은 내가 사회를 살아가는데 있어서 가장 의지할 수 있는 마지막 것이었다. 나는 지도자도 아니며, 정치가도 아닌 것을 알면서 사회와 싸웠다.
>
> (중략)
>
> 여하튼 나는 우리가 걸어온 길과 갈 길, 그리고 우리들 자신의 분열(分裂)한 정신을 우리가 사는 현실 사회에서 어떻게 나타내 보이며, 순수한 본능과 체험을 통해 본 불안과 희망의 두 세계에서 어떠한 것을 써야 하는가를 항상 생각하면서 여기에 실은 작품들을 발표했었다.[29]

여기에서 박인환은 불안정한 시대에서 시로써 사회와 싸워왔음을 말하고 있고 불안과 희망 중 어떤 것을 써야 하는지를 생각하며 작품활동을 했다고 하고 있다. 그러나 박인환과 당대의 모더니스트들이 W.H.오든과 S.스펜더를 중심으로 한 뉴컨트리파의 진보적 모더니즘, 혹은 사회적 모더니즘에 영향을 받았다[30]고 하더라도 실제 작품상으로 나타난 현상은 이와 다른 것이었다.

엘리어트의 「황무지」가 절망을 절망으로 방치하는 것이 아니라 거기로부터의 탈출을 꿈꾸고 있다면 박인환의 경우 그러한 세계전망의 꿈은 완전히 배제되

---

29 박인환, 「박인환 선시집 후기」, 『박인환전집』, 문학세계사, 1986, pp.194~195.

30 박인환, 「현대시의 불행한 단면」, 『박인환전집』, 문학세계사, 1986, pp.161~170.

고 있는 것이다. 그것은 곧 그가 지적 사고를 통해서 논리화하고 있는 문학적 의지와 실제상황을 형상화하는 사이에 극심한 괴리가 내재함을 뜻한다.[31]

즉 박인환에게는 현상의 본질을 꿰뚫어보는 의지나 사상의 빈곤이 지적될 수밖에 없을 것이다. 작품 초기에 보였던 제3국에의 관심, 다소 낙관적인 미래는 막상 눈앞의 현실에 대해서는 구체적 인식과 그에 대한 대응, 전망이 송두리째 사라진 것이 이를 증명한다고 할 수 있다. 따라서 그는 우리의 문제를 직시하여 제기하기보다는 추상적이고 관념적으로 제3국을 이야기하였던 것이다. 그럴 때 그에게는 낙관적 전망도, 싸움을 독려하는 큰 목소리도 나올 수 있었던 셈이다.

그는 시를 가지고 사회와 싸웠다고 하지만 사실상 그는 현상의 이면, 본질과 싸운 것이 아니라 앞에 드러난 현상 자체에 대해서 자신이 느끼는 슬픔이나 두려움과 싸웠던 것이고 '시의 원시림'으로 만족하는 수준이었다. 그의 시에 나타나는 신의 부정, 신의 죽음은 이런 정신적 배경이 그 깊이를 더한 것이었다고 하겠다.

Ⅳ. 「아메리카시초」에 나타난 인식

박인환은 1952년에 경향신문사를 퇴사하고 대한해운공사로 이직하였고 1955년에는 화물선 '남해호'의 사무장 자격으로 미국여행을 하게 된다. 『선시집』에 있는 「아메리카시초」 편에는 이 19일 동안의 여행기간[32]에 쓴 12편이 들어있는데 이는 그의 시 전편이 73편임을 본다면 결코 적지 않은 숫자라고

31 박민수, 『한국 현대시의 리얼리즘과 모더니즘』, 국학자료원, 1996, p.210, 참조.

32 박인환, 「19일간의 아메리카」, <조선일보> 1955.5.13. 여기에 따르면 그는 Tacoma, Everett, Anacortes, Port Angels, Portland와 그 부근의 도시, 촌락 10여 군데를 방문하였다고 되어있다.

할 수 있다.

「아메리카 시초」에서 우리는 박인환이 겪은 국내적 상황, 즉 전쟁으로 인한 절대허무라고 이름지을 수 있는 정서가 외국과 조우하면서는 어떻게 반응하는가, 모더니스트로서의 선진 도시문명에 대한 반응은 어떤가, 6.25전쟁을 혈맹으로 도운 미국에 대한 반응은 어떤가...등을 기대할 수 있다.

그러나 이러한 물음에 대해서 아쉽게도 박인환은 우리의 기대를 충족시키지 못하고 있는 것이 사실이다. 한마디로 한다면 그것은 이국정서와 문명비판의식, 또는 감상주의에서 벗어나지 못하고 있고, 전쟁의 상처에 비한다면 그 의식 내용은 단절적이기까지 하다.

에베레트 異國의 항구
그날 봄비가 내릴 때
돈나 캼벨 잘 있거라.

바람에 펄럭이는 너의 잿빛 머리
열병에 걸린 사람처럼
내 머리는 화끈거린다.

몸부림쳐도 소용없는
사랑이라는 것을 서로 알면서도
젊음의 눈동자는 막지 못하는 것.

처량한 기적
데키에 기대어 담배를 피우고
이제 나는 육지와 작별을 한다.

-「異國港口」 전 6연 중 1~4연 -

대낮보다도 눈부신
포틀란드의 밤거리에
단조로운 그렌 미이라의 랩소디가 들린다.

쇼우윈도우에서 울고 있는 마네킹.

앞으로 남지 않은 나의 잠시를위하여
기념이라고 진 피이즈를 마시면
녹슬은 가슴과 뇌수에 차디찬 비가 내린다.

나는 돌아가도 친구들에게 얘기할 것이 없고나
유리로 만든 인간의 묘지와
벽돌과 콘크리트 속에 있던
도시의 계곡에서
흐느껴 울었다는 것 외에는......

-「새벽 한時의 詩」 전 5연 중 1~3연 -

이들 작품에 나타나 있는 것은 결국 이국정조와 감상주의 이상이 아니다. '유리로 만든 인간의 묘지', '벽돌과 콘크리트 속에 있던 도시의 계곡' 등은 박인환이 도시문명을 어떻게 보고 있는가를 잘 보여주고 있다. 즉 그에게 불빛이 빛나는 도시의 거리는 '허영의 네온'이며, '여기선 인간 생명을 노래하지 않고/침울한 상념만이 나를 구한다.' '이 이국의 땅에선 나는 하나의 미생물이다.'등 도시문명에 대한 부정적 의식이 심화되어 나타난다.

미국에서 그가 본 것은 '많은 사람이 살고 많은 사람이 울어야 하는'(「어느 날」) 곳이고 '모든 비애와 환희'가 있는 곳이면서 '아메리카는 휘트먼의 나라로 알았건만/아메리카는 링컨의 나라로 알았건만/쓴 눈물을 흘리며/브라보.......코리언 하고/흑인은 술을 마시'는 곳으로서, 실망스러운 것으로 묘사된다. 그런가 하면 그는 다양하고 화려한 도시문명에 대해 비판적이면서도 동경의 눈길을 보내기도 한다.

녹슬은
은행과 영화관과 전기세탁기

럭키 스트라이크
VANCE 호텔 BINGO게임.

영사관 로비에서
눈부신 백화점에서
부활제의 카아드가
RAINIER맥주가.

나는 옛날을 생각하면서
텔레비젼의 LATE NIGHT NEWS를 본다.
캐나가 CBS방송국의
광란한 음악
입맞추는 紳士와 娼婦.
照準은 젖가슴
아메리카 워싱톤州.

- 「투명한 버라이어티」 전 20연 중 1~4연 -

이 시기에 박인환이 겪는 경험은 색다른 것으로서 다양하고 화려한 미국문화에 대한 동경과 함께 도시문명에 대한 부정적 인식이 혼란스럽게 자리하고 있다. 이 두 종류의 혼란스런 정서는 곳곳에 나타나는데 예를 들면,

'테레비죤도 처음 보고/카로리가 없는 맥주도 처음 마시는/마음만의 신사/즐거운 일인지 슬픈 일인지/여기서 말해주는 사람은 없다.'

- 「에베레트의 일요일」 -

'나는 들었다 보았다/ 모든 비애와 환희를.' - 「어느날」 -

'혼란과 질서의 반복이/물결치는 거리에' - 「투명한 버라이어티」 -

등에서 미국 문명에 대한 양면적 감정을 나타낸다. 즉 비애와 환희를 동시에

맛보기도 하고 혼란과 질서가 반복되며 이러한 것이 즐거운 일인지 슬픈 일인지 말해주는 사람도 없는 것이다. 그런가 하면 이 미국여행기의 시 중에는 소박하지만 민족적 자각이 나타나기도 한다.

> 당신은 일본인이지요?
> 차이니이즈? 하고 물을 때
> 나는 불쾌하게 웃었다.
> 거품이 많은 술을 마시면서
> 나도 물었다
> 당신은 아메리카 시민입니까?
> 나는 거짓말 같은 낡아빠진 역사와
> 우리 민족과 말이 단일하다는 것을
> 자랑스럽게 말했다.
> 황혼.
> 타아반 구석에서 흑인은 구두를 닦고
> 거리의 소년이 즐겁게 담배를 피우고 있다.
> -「어느 날의 詩가 되지 않는 詩」 전 3연 중 1연 -

동양인을 보고 당연히 일본인이 아니면 중국인으로 생각하는 미국 사람에게 그는 오히려 당신은 미국 시민이냐고 되묻고 우리 민족이 단일민족이며 말을 가지고 있다는 것을 '자랑스럽게' 설명한다. 그러나 이러한 민족적 자각, 또는 민족의식은 소극적 수준에 머물거나 시적 소재 차원에 머무는 한계를 지닌다.

> 芬蘭人 미스터 몬은
> 자동차를 타고 나를 데리러 왔다.
> 에베레트의 일요일
> 와이샤쓰도 없이 나는 한국노래를 했다.
> 그저 쓸쓸하게 가냘프게
> 노래를 부르면 된다

……파파 러브스 맘보……
춤을 추는 돈나
개와 함께 어울려 호숫가를 걷는다.

- 「에베레트의 일요일」 전 4연 중 1연 -

미스터 몬은 트럭을 끌고
그의 아내는 쿡과 입을 맞추고
나는 「지렛」 회사의 텔레비젼을 본다.
한국에서 전사한 중위의 어머니는
이제 처음 보는 한국 사람이라고 내 손을 잡고
시애틀 시가를 구경시킨다.

- 「어느날」 전 4연 중 2연 -

'와이샤쓰도 없이' 나는 한국노래를 '그저 쓸쓸하게 가냘프게' 부르는데, 이러한 장면은 그냥 시의 정서상 도움을 줄 뿐 더이상 의식적으로 확산되거나 심화되지 않는다. 개와 함께 호숫가를 걷는 정도의 장면 이상이 아니기 때문이다.

전쟁 직후에 미국을 방문한 그에게 '한국에서 전사한 중위의 어머니'는 손을 잡고 시내를 구경시키는 것으로 시적 장치는 끝난다. 즉 여기에 등장하는 전쟁이나 민족적 정서는 어느 경우에 있어서나 시의 정서적 매개체로 사용될 뿐이지 본질에 대해서는 언급이 회피되고 심각한 갈등을 야기하지는 않는 것이다. 각각의 시의 대체적인 정서가 그런 문제점을 제기하기보다는 감상적이고 이국적인 것으로 흐르고 말기 때문이다. 즉 「아메리카 시초」는 여행자의 이국적 정조, 문명사회에 대한 비판의식 등이 주도적인 것으로 나타나 있어서 단순한 여행자의 관점만 유지될 뿐, 그가 체험한 전쟁의 황폐화 현상과 그 의식 내용상 연속적이지 못하다고 할 수 있다.

이러한 시인의 태도는 태평양을 건너면서 느끼는 정서로 대변될 수 있을 것이다.

옛날 불안을 이야기했었을 때
이 바다에선 砲艦이 가라앉고
수십만의 인간이 죽었다.
어둠침침한 조용한 바다에서 모든 것은 잠이 들었다.
그렇다. 나는 지금 무엇을 의식하고 있는가?
단지 살아있다는 것만으로서.

-「태평양에서」 전 5연 중 3연 -

따라서 우리는 미국 여행기의 경험을 형상화한 박인환의「아메리카 시초」가 '한국인으로서의 정체성 문제를 정면으로 제기하고 있다'[33]고 평가하기는 어렵다. 자의식이 어느 정도 노출되어 있다고 하더라도 그것은 지극히 소재적인 차원, 정서적인 매개체로서 다른 시적 소재들과 대등한 차원에서 다루어지고 있지 깊이 있는 내적 성찰은 이루어지지 않았기 때문이다.

V. 결론

박인환의 시 세계를 파악하기 위해서 그의 시에 나타나는 리얼리즘 경향, 혹은 현실주의 시세계를 고찰하였다. 시론에서 나타난 바와 같이 그는 현실을 부정하고 있지만, 그 부정적 현실을 극복하기 위한 어떤 대안도 표명하지 않았고 퇴행적이고 관념적인 '시의 원시림'을 표방하였다. 이러한 태도는 그의 시작 전 시기를 통해서 확인된다.

그의 초기시에는 현실주의적 경향의 시들이 다수 있고 미래에 대한 낙관적 전망도 내포되어 있어서 이색적이만 그것은 민족의 구체적 현실에서 나온 것

33 한명희,「박인환시 아메리카 시초에 대하여」, <어문학> 第85집, 한국어문학회, 2004.

이 아니라 다소 추상적인 제 3국의 사정을 설정하고 있다. 그에 빗대어 우리나라를 동일시하고 있지만, 그것은 시대적 현실과는 거리가 먼 것이었다. 이는 박인환이 이념문제가 표출된 민족의 현실을 애써 외면하였거나 그들이 내세운 세계주의의 결과일 것인데, 어쨌든 현실 인식의 측면에서 본다면 구체성은 결여되어 있는 것이다. 즉 그는 문명과 자본에 대해서, 또 세계적인, 인류적인 것에 더 관심을 가졌고 상대적으로 민족이 처한 눈앞의 구체적 현실, 유독이 이념의 문제에는 소홀하였으며 이러한 경향은 그의 시작 전 시기에 걸쳐서 확인되는 것이었다.

중기에 주로 나타나는 전쟁 소재의 시들은 6.25전쟁 자체가 표면적이고 일반적으로만 이해되고 있을 뿐, 전쟁의 본질에 대한 깊이 있는 천착이나, 6.25전쟁이 안고 있는 특수성에 대해서는 관심이 없었다. 즉 그는 전쟁 자체에 대한 두려움과 슬픔을 이야기했을 뿐인데 이는 전쟁을 개인적 차원에서만 바라보고 대응한 결과이다.

후기의 미국 여행기에 쓴 시편들은 도시문명에 대한 부정과 동경이 혼란스럽게 공존하고 있고 민족의식이 나타나지만 소극적이며, 대개의 경우 소재적 차원에 머물거나 정서적 매개물 이상으로 심화, 확대되지 않았다. 즉 그는 시를 가지고 사회와 싸웠다고 언급하였지만 막상 그가 싸운 상대는 사회가 아니라 자기 자신이었으며 그것도 피상적이고 표면적으로 파악되는 사회의 모습에 '슬프게' 반응하는 '허무한' 자신이었던 셈이다.

11. 박경리(朴景利) 시의 내면풍경

Ⅰ. 서론

1955년 8월 <현대문학>에 단편「계산」이 김동리의 추천으로 등단한 이후 2008년 5월 5일 별세하기까지 박경리(1926~2008)의 삶은 한 마디로 '문학적 삶' 그 자체였다고 할 수 있다. 그가 남긴 작품들은 대표작「토지」이외에「표류도」(1959),「김약국의 딸들」(1962),「파시」(1964),「시장과 전장」(1965) 등이 있고『원주통신』(1985)과『문학을 지망하는 젊은이들에게』(1995) 같은 수필집도 있다.

그의 대표작인「토지」는 1969년에 연재를 시작하여 1994년에 탈고하기까지 26년간에 걸쳐서 집필된 것으로서 작품 대상이 된 시기는 1897년부터 1945년까지이며, 600여명의 등장인물, 원고지 4만여 장에 이르는 한국문학의 최대 역작이다. 따라서 박경리에 대한 논의는 이 작품을 중심으로 하여 다방면으로 진행되어왔고 그의 소설을 중심으로 한 이러한 평가는 앞으로도 계속될 것으로 보인다.

이처럼 우리가 기억하는 박경리는 소설가로서의 모습으로 깊게 각인되어 있어서 시인으로서의 모습은 좀처럼 찾기 어렵다. 그가 일찍부터 시에 관심을 가지고 있었고 학생시절부터 시를 써왔으며 시로 등단하려고 했던 사실[1] 등은 별로 알려져 있지도 않을 뿐 아니라 그가 다섯 권의 시집을 냈다는 사실도 별로 알려져 있지 않다. 시집 다섯 권이라면 일단 그 분량에 있어서도 결코 적지 않은 숫자인데도 불구하고 시인 박경리가 알려져 있지 않은 것은 「토지」의 그늘이 너무 크기 때문일 것이다.

현재 박경리의 이름으로 시중에 나온 시집은 모두 여섯 권이다. 그는 생전에 네 권의 시집을 냈고 사후 유고시집이 나와 모두 다섯 권의 시집을 낸 셈인데 최근에 유고시집을 제외한 그의 시를 다시 정리하여 6집이 나왔다. 그의 시는 총 168편이며 시집의 서지사항은 다음과 같다.

1집 : 『못 떠나는 배』, 지식산업사, 1988.
2집 ; 『도시의 고양이들』, 동광출판사, 1990.
3집 : 『자유』, 솔출판사, 1994.
4집 : 『우리들의 시간』, 나남, 2000.
5집 : 『버리고 갈 것만 남아서 참 홀가분하다』, 마로니에북스, 2008.
6집 : 『우리들의 시간』, 마로니에북스, 2012.

이 시집들 중 온전하게 신작들로만 묶인 것은 1집과 2집, 그리고 5집이다. 1집에는 모두 41편의 시가 실려 있고 2집에는 78편의 시가 실려 있다. 3집은 신작 없이 1집과 2집의 작품 중 75편이 실려 있고 4집은 1,2집의 작품에 신작 13편을 더하여 모두 131편이 실려 있다.

5집은 사후 유작을 모은 것으로 모두 39편이 실려 있다. 6집은 4집과 동일한 책명으로 재발간한 것인데 여기에는 유고시집 5집을 제외한 전체 작품 129편이 실려 있고 1집과 4집의 작가 서문을 실어서 유고시집을 제외한 전집에

---

1 '무엇보다 학교생활을 지탱하게 해준 것은 시를 쓰는 일이었다... 매일 일기같이 시를 썼다... 6.25를 겪으면서도 나는 시를 썼다... 졸렬한 시 속에서 소설을 쓸 수 있을 것이란 가능성도 그 어른(김동리를 말함;필자 주)이 발견해 주신 것이다.' 박경리, 『원주통신』, 지식산업사, 1985, p.102.

해당한다. 따라서 5집과 6집에 박경리 시의 전부가 수록되어 있어서 시집은 모두 6권이지만 박경리는 시집 세 권 정도에 해당하는 작품을 남긴 셈이다.

소설에 비해 박경리의 시세계에 대한 연구는 영성하다고 할 수 있는데 그 이유로는 먼저 작가인 박경리 자신이 시에 대해서 상대적으로 소홀하였기 때문이기도 하고[2] 그의 거대한 소설의 산맥에 가리워 관심을 받지 못한 것도 이유라면 이유일 수 있다.

박경리의 시에 대한 논의는 강창민에 의해서 시작되었다. 강창민은 박경리의 시에 나오는 '자유'에 대한 의지 또는 갈망이 어떻게 형상화되었으며 어떠한 정신적 기재에 의한 것인가를 추구하여 그것이 작가의 원동력이라고 설명하였다.[3]

김두한은 유고시집 『버리고 갈 것만 남아서 참 홀가분하다』의 작품 39편을 분석대상으로 하여 시가 대상을 재현했는가, 암시했는가, 변형했는가, 붕괴했는가에 따라 유형화하였다.[4] 이 글은 유고시집의 39편만을 대상으로 한 점, 시에 대한 본격적인 논의보다는 논제에서 나타난 바와 같이 본격 논의를 위한 예비단계였다는 한계를 벗어나기 어려웠다.

이승하는 박경리의 시세계에 대하여 처음으로 포괄적인 논의를 진행하였다.[5] 학계에서 박경리시 연구가 일천한 관계로 전체적인 개관에 머문 것은 한계로 지적되지만 문명과 생명, 자연의 문제를 논함으로써 그의 시세계의

---

2 경리에게 있어서 시작업은 소설처럼 그렇게 치열하지 못했다. 그는 시를 쓴 동기가 '위안', '위로'였다는 점을 시집 자서에서 밝히고 있다. 박경리, 『못 떠나는 배』, 지식산업사, 1988, 「자서」 참조.

3 강창민, 「박경리 시에 나타난 '자유'의 표상」, <현대문학연구> 제6권, 한국문학연구회, 1996.

4 김두한, 「박경리 시의 예비적 고찰」, <문학과 언어> 제30집, 문학과 언어학회, 2008.

5 이승하, 『한국 시문학의 빈터를 찾아서 2』, 서정시학, 2014. 여기에서 「박경리가 남긴 시의 의미와 의의」, 「박경리 시에 나타난 생명사상」 등을 논했다.

본질을 거론한 점이 평가된다.

송영순은 박경리의 시에 나타난 천형(天刑)의식과 노장사상을 논함으로써 보다 예각화되고 진전된 시각을 보여주었다.[6] 여기에서 그는 박경리의 생명에 대한 인식을 분석하여 그것이 근본적으로 노장사상을 근저로 하고 있음을 역설하였다.

이 글에서 필자는 특히 세계에 대한 자아의 반응양식[7]이란 측면에서 그의 시세계의 내면을 고찰함으로써 그의 시세계를 구축하고 있는 내적 속성은 무엇인지를 밝히고자 한다. 세계에 대한 자아의 반응이 곧 인간의 존재양식, 문학의 존재양식이라고 한다면 작가, 나아가서 인간의 삶은 그 반응에 의해 정의될 수 있다. 즉 문학을 개인감정의 표출로 보든 사회의 반영으로 보든 삶의 구체적 반응양식이라고 한다면 그 궁극적인 반응의 기저는 결국 각 개인의 삶의 양식에 좌우되기 때문이다.[8]

인간은 끊임없는 변화의 연속선상에 있는 세계에 대해 순간순간 반응을 강요당하면서 자아의 정체성을 확립해나간다. 세계에 의해 강요되는 순간순간의 선택은 외면상으로는 사안별로 큰 편차를 나타내는 것으로 보이지만 그것들은 기실 자아의 다른 모습일 뿐, 근저는 깊이 연관되어 있다. 따라서 우리는 한 생명체의 일생 전 과정의 각 행위들, 세계에 대한 반응의 결과들을 종합적으로 견주어 봄으로써 비로소 종합적이고 객관적인 평가를 내릴 수 있을 것이라는 결론에 도달한다. 그러므로 한 작가의 일생에서 드러나는 작가의식, 사상체계는 각각의 행위에 해당하는 각 작품 편들을 분석하고 그

---

6 송영순,「박경리 시에 나타난 천형의식과 노장사상」, <돈암어문학> 第26집, 돈암어문학회, 2013.

7 자아와 세계의 관계는 조동일이 문학의 장르를 논하면서 제기한 이래 작품을 비롯한 작가의 세계관을 규정하는 데도 널리 적용되는 방법이다. 조동일,『우리문학과의 만남』, 홍성사, 1978, 참조.

8 김은철,『한국 근대시 연구』, 국학자료원, 2000, p.24.

것들을 다시 연관시켜 종합하였을 때 비로소 그 전모가 드러난다고 할 것이다. 왜냐하면 작품에 해당하는 각각의 요소들은 긴밀한 유기적 관련을 맺고 있기 때문이다.[9]

서사시와 달리 서정시는 순간감정의 기록이므로[10] 각 작품은 매순간 서로 다른 양상으로 나타난다 하더라도 그것을 가능하게 하는 것은 유기적 관련, 즉 작가의 일생을 관통하는 사상적 흐름이다. 일생을 통하여 우리의 행위가 꼭히 일관되는 것은 아니지만 각각의 행위는 한 자아의 결과물이라는 의미에서 서로 분리될 수 없기에 순간의 기록인 각 작품들을 통하여 작가의 의식 저변을 종합적으로 인식하고 그 인식하에서 다시 각 작품들을 이해하게 됨으로써 우리는 더욱 객관적인 평가에 도달할 수 있을 것이다.

이러한 전제 하에서 본고에서는 박경리의 시를 대상으로 하여 세계에 대한 그의 반응양식을 살펴보고 그것을 토대로 하여 그의 세계관의 근저를 이해하고자 한다. 이것은 그의 문학과 삶에서 유추되는 소위 '생명사상'이 시에서는 어떤 바탕에서 어떻게 구현되고 있는가, 그것은 세계에 대한 어떤 대응에서 가능했으며 어떤 방식으로 구체화되었는가를 확인하는 작업이 될 것이다. 어떤 면에서 이 작업은 그 대상이 서정 장르이기 때문에 본질에 더 용이하게 접근할 수 있을 것으로 여겨진다. 왜냐하면 서정시는 순간의 감정이면서 자기가 자기자신에게 하는 목소리로서 가장 사적이며, 여과없이 자신의 진면목을 드러내는 장르이기 때문이다.[11]

---

9 Susanne K. Langer, *Feeling and Form*, Charles Scribner's Sons, 1953, p.262.

10 김준오, 『시론』, 삼영사, 2008, pp.42~43.

11 이 점에 있어서 서정장르는 남의 이야기를 전달하는 방식으로 자신을 간접적으로 드러내는 서사장르와 대조된다. 서사가 남의 목소리를 빌어서 자신을 표현한다면 서정은 자신의 목소리로 자신에게 하는 독백으로서 '엿들어지는 독백'이기 때문에 더욱 자신과 밀착할 수 있다는 논리가 성립한다.

II. 天刑意識과 자유의 획득

일상인으로서의 박경리의 삶은 결코 순탄하지 못했던 것으로 보인다. 「토지」의 배경이 되는 1897~1945년의 시기나 박경리가 살았던 1926~2008년이라는 시기는 그 자체가 한국 역사뿐 아니라 세계의 역사에서 유래가 없는 질곡의 시기였으므로 누구나 전대미문의 상황을 겪었을 것이지만 특히 박경리의 삶은 더욱 처절했던 것으로 보인다. 그는 1926년에 태어나 10대 중반에 태평양 전쟁을 겪으며 일제강점기를 고스란히 경험했고 광복과 함께 6.25전쟁, 이후 60년대와 70년대의 개발과 압제의 시대를 살아나온 산 역사였다. 그 삶의 과정에서 그는 전쟁이라는 '세계의 거대한 테두리 속'에서 '한낱 먼지와도 같은 한 개인의 운명'[12]을 경험한다. 역사라고 하는 거대한 세계에 의해 자아는 철저하게 무시되고 말살되는 현장을 그는 스스로 체험하면서 헤쳐 나왔던 것이다. 역사는 자아의 의지와는 아무런 상관없이 주어지는 것으로서, 특히 인류를 살육하고 인간성을 파괴하는 전쟁은 개적 자아에게는 엄청난 횡포로 인식되었을 것이다.

역사의 큰 소용돌이 속에서 자신이 겪은 개인사 또한 견디기 힘든 고난이었음은 아버지의 외도, 부모님의 이혼, 결혼 5년만의 사별, 자식과의 사별, 사위의 투옥... 등만 일별하여도 미루어 짐작할 수 있다.[13] 이러한 역사의 큰 파고

---

12 박경리, 『문학을 지망하는 젊은이들에게』, 현대문학, 1995, p.14.

13 다음과 같은 시에서 우리는 당시의 단면을 찾아볼 수 있다.

> 박정희 군사정권시대/사위는 서대문 형무소에 있었고/ 우리 식구는 기피 인물로/유배지 같은 정릉에 살았다/천지간에 의지할 곳 없이 살았다/수수께끼는/우리가 좌익과 우익의 압박을/동시에 받았다는 사실이다/그리고 인간이/얼마만큼 추악해질 수 있는가를/뼈가 으스러지게/눈앞에서 보아야 했던 세월/태평양전쟁 육이오를 겪었지만/그런 세상은 처음이었다/악은 강렬했고 천하무적이었다.
>
> -「어머니의 사는 법」 일부 -

역사에 대한 이러한 비판 의식은 「피」, 「조국」에서도 여실히 나타나고 있다.

와 개인적인 고난에 대해 자아가 어떻게 반응하였던가를 밝히는 것은 그가 일생을 문학으로 일관한 근거를 찾는 작업이 될 수 있다.

먼저 우리는 그가 어릴 때부터 원초적인 고독에서 비롯된 비극적 세계관에 물들어 있었음을 여러 군데서 확인할 수 있다.

옛날 그 바닷가에서
내 어린 마음에도
산천이 척박함을 느꼈다.

옛날 그 바닷가에서 돛단 배
수평선 넘어가는 것 보고
내가 혼자인 것을 생각했다.

-「옛날」 전문 -

아이들 다 돌아가고
빈 도시락 달각거리는
책보 허리에 매고
뛰던 방천길
세상은 진작부터
외롭고 쓸쓸하였다.

-「판데목 갯벌」 일부 -

바다 우는 소리를 들었는가
어떤 사람은
울음이 아니요
샛바람 소리라 했지만
나는 지금도 바다울음으로 기억한다

水平線에 해 떨어지고
으실으실 바람이 불면
바다는 물을 치고

울부짖었다

-「바다울음」 전문 -

어린 시절에 이미 '산천이 척박'하다는 것, 돛단배가 수평선을 넘어가는 것을 보고 '혼자인 것을' 인식했다는 것, '세상은 진작부터 외롭고 쓸쓸하였다' '나는 지금도 바다울음으로 기억한다'는 것에서 우리는 원초적 고독과 함께 자아의 비극적 세계관을 읽을 수 있다. 물론 인간이란 존재는 혼자서 태어나고 혼자서 죽는 고독한 존재이지만 어린 시절에 '진작부터' 그것을 인식하는 것은 아무에게나 일어날 수 있는 것은 아니다. 그 원인은 작가의 개성적인 요인과 더불어 작가가 언급한 바와 같이 결코 유쾌하지 않은 유년기의 가정사 등에 영향을 받았을 것으로 짐작된다.[14]

박경리에게 있어 세계는 사회화*Socialization*[15]가 원숙하게 형성되기 이전에 이미 작가에게 비극적으로 밀려온 것이고 결과적으로 작가는 일평생을 통하여 거기에서 자유로울 수 없었던 것으로 보인다. 왜냐하면 유아기의 사회화 과정에서 큰 영향을 주는 것은 가정이라는 사회이며 가정 중에서도 부모의 영향을 많이 받고 후천적, 혹은 사회적 배경이 성격 형성에 지대한 영향을 미치기 때문이다.[16] 문제는 이러한 세계의 횡포를 작가가 어떻게 받아들이고 어떻게 극복하는가이다.

일반적으로 세계관에는 두 가지의 관점이 있는데 그 하나는 의식이 '외부로' 향하는 것이고 다른 하나는 '내부로', 즉 인간 자신에게로 향하는 것이

---

14 유년의 불행한 가정사에 관한 내용은 시집『버리고 갈 것만 남아서 참 홀가분하다』에 다수 실려 있다. 특히 어머니와 할머니, 외할머니, 아버지에 관한 작품들이 회고형식으로 남아 있어 작가의 삶을 이해하는 데 도움을 준다.

15 사회화*Socialization*란 인간이 출생하여 생활하며 속해 있는 사회에 적응해서 그 문화를 받아들이면서 성장하고 성격을 형성해 나가는 과정을 말한다. 장병림,『사회심리학』, 박영사, 1984, p.108.

16 전병재,『사회심리학』, 경문사, 1990, pp.294~298, 참조.

다.[17] 융C.G.Jung은 이것을 다시 외향적 태도와 내향적 태도로 구분하여 설명한다.[18] 즉 세계에 대해 자아가 반응할 때 그 판단의 기준을 객체에 두는가, 주체에 두는가에 따라 외향형과 내향형으로 나뉜다는 것이다. 세계에 대한 구체적 반응양식이 문학이라고 본다면 결국 작가가 현실, 즉 세계를 어떻게 인식하고 반응하는가에 따라 그 결과로서의 작품은 현저하게 달리 나타나는 것이다. 이 경우 우리는 동시대를 살면서도 문학적으로 서로 다른 귀결점에 도달한 김소월과 이상화를 예로 들 수 있다. 김소월이 소극적이고 내향적인 곳을 지향했다면 이상화는 적극적이고 외향적인 곳으로 나아갔는데[19] 그것은 결국 세계에 대한 대응 방식이 두 사람이 서로 달랐기 때문이다.

그러면 박경리는 이러한 세계에 대하여 어떻게 반응하였는가? 융C.G.Jung의 견해에 따르면 박경리의 작품 속에 나타나는 자아는 내향형으로 나타난다.

새빨간 칸나가
교실 안을 기웃거리고 있었다
일본인 여선생은
해명하려는 내 뺨을 때리며
변명하지 말라 호통쳤다

항구에서는 뱃고동소리
칸나는 더욱 붉게 타고
어린 나는
진실에 힘없음을
깨닫고 울었다

17 소비에트연방 과학아카데미,『철학교과서1』, 이성백 역, 사상사, 1990, p.64, 참조.
18 이부영,『분석심리학』, 일조각, 1991, p.119.
19 김은철,『한국 근대시 연구』, 국학자료원, 2000, 참조.

어른이 되어
더러
해명을 시도하기도 하였으나
그럴 때마다
치욕을 느꼈다

차츰 나는
해명을 시도하지 않게 되었고
홀로 되었다
외로움은 치욕보다
견디기 힘들지 않았고
소쩍새 울음이나 들으며 산다

-「진실」 전문 -

죽으라고 도망쳐 다녔다
한곳에 십 년 이십 년 살아도
뿌리내리지 못한 도망의 연속

내 은신처 대문에는 이끼가 끼고
밤이면 왔다갔다
커피 끓이는 집안에도 이끼가 끼고
나는 이끼로 숨쉬었다

-「도망」 일부 -

어린 나는 진실에 힘이 없음을 깨닫고 울었다. 어릴 때는 해명의 기회가 박탈된데 대한 억울함 때문에 울었지만 어른이 된 후에도 더 이상 해명을 시도하지 않는다. 구차하게 해명을 하는 것이 치욕으로 느껴지는 반면에 아예 외부세계를 외면하고 홀로 되는 것이 더 편하기 때문이다.[20] 끝까지 해명하여

20 박경리는 다른 산문에서 여기에 관해 언급한 적이 있다.

자신을 옹호하지 않고 멈춘다는 것은 외부세계를 무시하거나 자신을 위로하여 스스로 떳떳해질 때 가능해지는 것이다. 작품 「진실」에서는 해명할 기회도 주어지지 않은 억울함과 슬픔 속에서도 세계는 전혀 변함없이 건재함을 보여준다. 항구에서는 여전히 아무 일도 없었던 것처럼 뱃고동소리가 들려오고 칸나는 더욱 붉게 빛남으로써 자아와 상관없이 세계는 견고하게 실재함을 보여주고 있다. 즉 세계는 억울함과 슬픔, 분노에 처한 자아를 배반하고 자아는 처절하게 패배하고 만다.

결국 박경리는 한 치의 변화도 없는 이 거대한 세계에 맞서는 방식으로서 스스로 소외되어 외로움을 감수하거나 도망쳐 다니는 방식을 택했다. 그런데 외로움을 감수하거나 도망쳐 다니는 것이 세계에 대한 그의 반응의 전부라고 보기는 어렵다. 왜냐하면 그는 왕성한 작품 활동으로 세계에 대응한 대표적인 작가였기 때문이다. 그러면 해명을 포기하고 세계의 횡포를 감수하면서도 소쩍새 울음이나 들으며 사는 평정심은 도대체 어디에서 나오는 것일까? 그가 왕성한 작가로서의 삶을 살 수 있었던 것은 그 평정심 위에서 가능했을 것이기 때문이다.

먼저 우리는 그의 시 도처에 나타나는 천형의식, 또는 운명의식을 지적할 수 있다.

> 그대는 사랑의 記憶도 없을 것이다
> 긴 낮 긴 밤을
> 멀미같이 時間을 앓았을 것이다
> 天刑 때문에 홀로 앉아
> 글을 썼던 사람

'가장 치열한 감정은 자신의 존엄에 상처를 받았을 때, 심정적으론 생명을 내거는 지경까지 가는 나를 나는 제어(制御)하지 못한다...결국 나는 스스로 소외되는 길밖에 없다는 것을 깨닫는다. 대개의 경우 그것은 절연(絶緣)으로 나타난다.' 박경리, 『원주통신』, 지식산업사, 1985, p.96.

肉體를 去勢 당하고
人生을 去勢 당하고
엉덩이 하나 놓을 자리 의지하며
그대는 眞實을 記錄하려 했는가

- 「司馬遷」 전문 -

이 작품은 그의 첫 시집 『떠나는 배』에 첫 작품으로 실려 있다. 이 첫 작품이 우리에게 전율로 다가오는 것은 바로 세계의 횡포가 극한의 상황에 치닫고 있는 점, 미미하기 짝이 없는 자아가 세계의 횡포를 역으로 승화시킴으로써 이겨냈다는 점, 그리고 작가가 사마천에게서 동일한 정체성을 확인하고 있다는 팽팽한 긴장감 때문이다. 여기에서 역사를 집필하는 사마천과, 작품을 쓰고 있는 박경리는 엉덩이 하나 놓을 자리에서 원고를 쓰고 있다는 점에서 동일하고, 세계의 횡포라는 측면에서 거기에 대응하는 박경리 자신의 삶이 사마천 못지않다는 전제가 깔려 있다. 실제로 박경리는 '달빛이 스며드는 차거운 밤에는/이 세상 끝의 끝으로 온 것 같이/무섭기도 했지만 /책상 하나 원고지, 펜 하나가/나를 지탱해 주었고/사마천을 생각하며 살았다.'(「옛날의 그 집」 일부) 라고 저간의 사정을 시로 표명하기도 하였다.

사마천은 궁형을 당한 것으로 알려져 있다.[21] 육체도 인생도 모두 다 거세당하고 사랑의 기억조차 멸실된 존재, 사실상 그는 더 이상 인간으로서의 존재가 아니라 오로지 진실을 기록하려는 의지로만 뭉쳐져 있을 뿐이다. 天刑은

---

21 궁형(宮刑)은 중국의 춘추전국시대에 행해진 5형 가운데 하나였다. 5형은 사형(死刑)·궁형(宮刑)·월형(刖形:발꿈치를 자르는 형벌)·의형(劓形:코를 베어내는 형벌)·경형(黥刑 : 얼굴·팔뚝 등의 살에 먹실로 죄명을 적어 넣는 형벌)이다. 이 가운데 궁형은 사형에 버금가는 최고의 형벌로 남자는 거세하고, 여자는 질을 폐쇄시켜 자손의 생산을 불가능하게 하는 형벌이다. 사형을 당하게 된 죄인에게 사형과 궁형을 택하도록 하였는데 사형을 택하면 존경과 명예가 남지만 궁형을 택하면 모든 명예가 무시되어 살아 있어도 존재가 부정되므로 사형보다 더 큰 형벌로 인식되었다고 한다.

하늘이 내린 형벌인 셈인데 궁형을 천형으로 바꾼 것은 박경리가 볼 때 사마천은 세계의 거대한 횡포를 하늘의 뜻으로 받아들였기 때문에 다시 새로운 존재로 태어나 인간 이상의 일을 할 수 있었다는 뜻이 내포되어 있다.

이 시에 나타난 天刑과 유사한 의미로 우리는 박경리 시에서 나타나는 운명이나 원죄의식을 들 수 있다. 시 「나의 출생」에는 자신의 출생에 관련된 내용들이 비교적 상세하게 나와 있다. 혼인한지 4, 5년이 되어도 자식이 없자 외할머니가 축지법을 쓴다는 도사에게 부탁해서 덤불산제를 올린 것, 그러자 신기하게도 바람 잡아 나간 아버지가 섣달그믐에 난데없이 집으로 돌아온 것, 어머니가 태몽으로 용꿈을 꾼 것, 아들인 줄 알았더니 딸이 태어난 것, 계집아이가 호랑이띠인 것, 태어난 시각이 하필 호랑이가 힘을 쓰는 초저녁이라 팔자가 셀 것이라는 것, 점쟁이가 팔자가 드세니 후취로 보내라고 한 것 등등의 내용이 그것이다. 그 저변에는 작가의 기구한 삶이 자아와는 상관없이 이미 예정된 것이라는, 운명론적인 의식이 깔려있다고 볼 수 있다.

내 조상은 逆臣이던가
끝이 없는 流配

-「流配」 일부 -

작가는 자신이 끝도 없이 유배를 당한다고 보고 조상이 역신이었던가 묻는다. 끝이 없는 유배를 당하는 그 원인을 나는 알지 못 한다. 그런 벌을 받을만한 잘못이 없는데도 불구하고 나에게 끝없는 유배라는 형벌이 주어지는 것은 먼 조상 중에 역신이 있었기 때문이 아니냐고 되묻는 것이다.

天刑이나 운명은 사실상 자신의 의지와는 상관이 없는 내용들이다. 그것은 자아의 의지와는 관계없이 세계에 의해 일방적으로 주어지는 것이기 때문이다. '인간이 아닌 하늘이' 내린 형벌이나 이미 내가 태어날 때 '주어진' 것으로서의 운명은 내 의지로 선택한 것이 아니며 내 잘못이 아니기에 오히려 정당할 수 있다. 즉 주어진 세계를 하늘의 뜻, 운명으로 받아들일 때 자아는 책임에서 자유로울 수 있는 것이다. '내 삶이 내 탓만은 아닌 것을 나는 안다'(「천성」 일부)에서 작가는 나에게 주어진 세계가 나의 탓만이 아니며 그것은 많은 부분 이미 내 의지와는 상관없이 운명적으로 주어진 것이라는 점을 강조하고 있다. 사마천이 받은 궁형을 천형으로 인식하는 것은 그런 점에서 작가의 의도가 반영된 것이다. 죄를 지었기에 궁형을 받았을 사마천에게 천형을 받았다고 함으로써 사마천은 죄책감에서 벗어나 자유를 획득한다.

자아에게 주어진 삶에 대해서 하늘이 부여한, 운명에 의해 주어진, 그러므로 거역할 수 없는, 결국엔 내 잘못이 아닌 것으로 인식할 때 자아는 비로소 해방되어 자유를 획득하고 거기에서 평정이 오며 자아와 세계 사이의 새로운 관계가 정립된다. 운명이라는 거대한 세계에 맞서 싸우지 않는 것은 그것을 모두 인정한다는 뜻이고 그것을 모두 인정한다는 것은 자아를 한없이 축소시킨다는 뜻이다. 그렇게 함으로써 자아와 세계 사이의 갈등이 소멸될 때 자유를 획득하여 평정상태가 되며 거기에서 다시 자아와 세계와의 새로운 관계가 가능해 진다. 자아의 축소 내지는 소멸로 인해 자유를 획득한다는 것은 죽음으로써 살고 짐으로써 이긴다는 역설적 진리이다. 간디의 비폭력 무저항주의는 바로 자아를 끝까지 축소시킴으로써 거대한 세계를 무력화시킨 방법이었던 것이고 그것은 무력한 자아가 선택할 수 있는 최선의 방법이었음은 두 말할 나위가 없다.

「사마천」을 시집의 첫 작품으로 삼고 '사마천을 생각하며 살았다'는 진술에서 우리는 박경리가 이처럼 자신의 삶을 천형으로, 운명으로 받아들임으로써 자아와 세계의 갈등을 능동적으로 소멸시키고 평정과 자유를 획득하여 새로운 자아의 출발점으로 삼고 있음을 유추할 수 있다.

Ⅲ. 자연의 순리와 공존의 세계

일반적으로 박경리의 문학세계의 근저는 생명사상이라고 알려져 있다. 여기에서는 박경리의 시에 이러한 것들이 어떤 모습으로 나타나고 있으며 이 때 자아와 세계와의 관계는 어떤가 살펴보자.

박경리의 시를 일별할 때 먼저 우리는 주변의 많은 동식물들이 시의 소재로 등장하고 있다는 것을 알게 된다. 구체적으로 단구동 시절 집을 중심으로 한 뻐꾸기, 민들레, 대추, 꿀벌, 도요새, 닭, 뱀, 참새, 배추, 백로, 고양이, 지렁이, 매, 개구리 등 주변에 있는 생명체들이 모두 등장한다고 해도 과언이 아니다. 그의 시적 소재들은 이와 같이 대체로 사소하거나 보잘 것 없는 것들이 대부분이다.[22] 그런가 하면 그의 시에 등장하는 인간상은 손자, 어린이, 노인, 기관사, 농부 등으로서 사회적 약자들이다. 정치가나 전문가 등 사회적 강자들은 인간과 환경을 파괴하고 약자들에게 군림하는 것으로 묘사되어 부정적으로 나타나며 이 때 시적 화자의 목소리는 거칠고 톤이 높아진다.

욕하고 업신여기며
그까짓 것!
전기면도기 하나로 폼잡던 새끼들
어느새 입 찢어지게
민족주의 외치는 이유 말하나마나

- 「도끼도 되고 의복도 되고」 일부 -

가스실 원자폭탄
아프리카의 굶주림

---

22 이러한 결과에 의해서 그의 시가 '생활시'라거나 시를 여기로 삼은 것으로 평가받기도 한다. 이승하, 「박경리가 남긴 시의 의미와 의의」, 『한국 시문학의 빈터를 찾아서 2』, 서정시학, 2014.

만리장성은 역사의 상흔
아아 내 영혼 싸안고
참으로 갈 길 모르겠구나

-「역사」 일부 -

문명이나 전쟁, 역사, 산업사회와 관련된 작품들에서 작가는 직접적인 목소리로 극도의 비판성향을 보인다. 지금까지 보아 온 바와 같이 박경리에게 있어서 그것은 곧 거대한 세계의 횡포이자 억압이기 때문에 거기에 맞서는 경우 당연히 톤이 높아질 수밖에 없고 이 때 시적 형상화보다는 거친 목소리가 우선한다. 세계의 횡포에 대응하기 위해서는 자아가 그와 대등한 힘을 가지고 그 횡포에 맞서야 하기 때문이다. 그러나 이런 경향의 시들은 수적으로도 적을 뿐 아니라 시적 형상화의 측면에서도 박경리시의 주조는 아니다. 즉 거대한 세계와 직접적으로 대응하는 것은 시에 있어서 그의 주된 양식이 아니었던 것이다.[23] 그의 시작품들은 상대적으로 친자연적인 사물들이나 사회적 약자들에게 부드럽고 친근한 태도를 보인다.

사회적 약자나 사소한, 미천한 사물들을 소재로 삼는다는 것은 곧 세계의 축소를 의미한다. 이것은 시적 자아가 거대한 세계에 맞서 대응하기보다는 세계를 축소시킴으로써 갈등을 최소화하기 위한 정략적 대응방식이다. 그의 주변의 동식물 이외에 그의 시적 소재들로 선택된 인간형이 손자, 노인, 어린이, 농부, 기관사 등으로 나타나는 것은 상대적으로 활동성이 적고 온순하고 순박하여 자아와 갈등을 일으킬 여지가 적기 때문이다. 그의 시에서 주류를 이루는 이런 작품들이 시적 성과가 높다는 것은 세계에 대한 그의 대응 양식이 세계를 축소시킴으로써 자아와의 갈등을 줄이는 데 있음을 뜻한다.

---

23 이와 같은 양상은 그가 사실상 소설작가로서, 소설이 많은 부분 이 역할을 담당한 결과일 것이다. 박경리에게 시는 자신의 주된 장르가 아니라 일종의 여기였음을 염두에 둘 필요가 있다.

그러면 이런 시적 소재들은 구체적으로 어떤 의의를 지니는가? 여기에서 그의 생명사상에 대해서 알아야 할 필요성이 제기된다. 생명을 보는 그의 시선은 신비로움이며 모든 생명은 평등한 것이고 평등하기 때문에 우열이 없이 서로 순환하는 것으로 보고 있다. 그것이 자연의 순리라고 그는 믿는다.

돌팍 사이
시멘트로 꽉 꽉 메운 곳
바늘 구멍이라도 있었던가

돌 바닥에 엎드려서
노오랗게 핀 민들레꽃
씨앗 날리기 위해
험난한 노정
아아 너는 피었구나

-「민들레」 전문 -

바늘구멍만한 시멘트 사이를 비집고 돋아나 돌바닥에 엎드린 민들레를 보면서 생명의 신비를 느낀다. 박경리에게 생명은 동식물 구분 없이 모두 평등하다.

애끓게 우는 소쩍새야
한가롭게 우는 뻐꾸기
모두 한목숨인 것을

미친 듯 꿀찾는 벌아
간지럼타는 고들배기꽃
모두 한목숨인 것을

달 지고 해 뜨고
비 오고 바람 불고
우리 모두가 함께 사는 곳
허허롭지만 따뜻하구나
슬픔도 기쁨도 왜 이리 찬란한가

- 「삶」 일부 -

닭모이 주고 물 갈아 주고
개밥 주고 물 부어 주고
고양이들 밥 말아 주고
연못에 까놓은 붕어새끼
한참 들여다본다

아차!
호박넝쿨 오이넝쿨
시들었던데
급히 호스 들고 달려간다
내 떠난 연못가에
목욕하는 작은 새 한 마리

- 「아침」 일부 -

「삶」에서는 모든 생명체가 한 목숨이며, 그 목숨들이 공존하기 때문에 슬픔도 기쁨도 찬란한 것으로 인식된다. 「아침」에서는 작가 자신이 직접 그 생명체들에게 동일한 의미를 부여하고 있음을 실천하는 모습으로 보여준다. 아침에 일어나 주변의 모든 동식물들에게 생존에 필요한 급식을 하지만 막상 '아아 내 조반은 누가 하지?'라는 질문에서 시적 화자인 인간도 그들 사이의 평등한 일원일 뿐이라는 것을 강조한다. 인간은 더 이상 만물의 영장으로서 지구를 지배하는 존재가 아니다. 박경리에게 있어서 생명 그 자체는 신비로운 것이며 모든 생물은 평등하고, 만물이 공존하기 때문에 찬란한 것으로 인식됨을 알 수 있다. 따라서 모든 생물은 평등하기 때문에 어떠한 경우에도 생명이 죽임을 당하는 문명은 배격하여야 한다[24]는 것이 그의 생각이다.

모든 존재는 균형 속에 있기 때문에 존재의 가치를 가지며 그런 의미에서 모두가 평등하다. 즉 대붕새나 쥐, 벼룩은 크기에서가 아니라 '생명인 한에서 평등하다'[25] 그에 의하면 결국 우주의 모든 존재는 균형과 긴장 속에서 생명력을 유지할 수 있고 모든 존재는 각각의 우주로서 존재한 평등의 세계라는 것이다.[26]

박경리는 자연을 '한 치의 오차도 없는 비정한 균형'으로 정의하였다.[27] 균형을 잃으면 모든 것은 무너지며 이 때 균형은 생물과 무생물, 행위나 심리상태까지 적용되는 것이다.[28] 즉 균형은 곧 우주의 존재원리인데 우주 만물이 모두 자기 자리에서 균형의 역할을 담당하고 있기에 만물은 모두 존재가치를 지닌다. 여기에서 우리는 그가 사소한 주변에 관심을 가지고 그들과 공존함으로써 삶의 기쁨을 느끼게 되는 이유를 알 수 있다.

그런데 질서와 균형이라는 개념만으로는 느슨하고 비활성적인 우주를 상정할 수밖에 없기에 '긴장'의 개념을 도입함으로써 각 생명체에 활력을 불어넣는다. 박경리의 세계관에서 돋보이는 것은 바로 이 '긴장'의 개념이다. '긴장'은 질서나 조화와는 느낌이 다른 '비정한 균형'을 의미한다. 그의 시들에 등장하는 각 생명체들, 즉 배추와 배추벌레, 매와 뱀, 뱀과 개구리, 개구리와 지렁이, 벌 나비와 꽃들은 먹이사슬에 의한 긴장 속에서 생명력을 갖게 된다. 그렇게 보면 긴장은 자아와 세계의 또 다른 대응방식으로서 사물들에 생명력

---

24 박경리, 『박경리의 원주통신-꿈꾸는 자가 창조한다』, 나남, 1994.

25 박경리, 『문학을 지망하는 젊은이들에게』, 현대문학, 1995, p.233.

26 송영순, 앞의 글, p.175.

27 박경리, 『문학을 지망하는 젊은이들에게』, 현대문학, 1995, p.226. 그런가 하면 다른 곳에서 그는 '불가사의하지만 우주의 질서에는 한 치의 빈틈도 없다.'고 말한다. 박경리, 『원주통신』, 지식산업사, 1985, p.100.

28 박경리, 『문학을 지망하는 젊은이들에게』, 현대문학, 1995, p.226.

을 불어넣는 요소가 된다. 긴장이 곧 생명을 의미한다면 생명체에게 있어서 자아와 세계의 대결은 필요조건인 셈이다. 왜냐하면 자아에 대한 세계의 도전이 없다면 존재는 무기력에 빠지고 가치를 상실하기 때문이다.

한 편 박경리 시에서 나타나는 또 다른 국면은 생명의 순환사상이다. 다음의 작품에서 우리는 윤회나 생명순환에 대한 단서를 찾을 수 있다.

> 세상에는 결론이 없다
> 우주 그 어디에서도 결론은 없다
> 결론은 삼라만상의 끝을 의미하고
> 만물은 상극의 긴장 속에서 존재한다.
>
> -「모순」 일부 -

다른 곳에서 그는 '영원한 진리는 없으며 그것은 끝없는 변화(운동)이며 새로움'[29]이라고 말한다. 결론은 끝을 의미하므로 모든 것은 끝이 없이 언제나 진행형이다. 생명이 끝났다고 해서 그것은 끝이 아니라 또 다른 생명으로 이어지는 것이며 모든 생명체는 상하가 없이 평등하므로 다른 생명체에 대한 거부감도 존재하지 않는다. 따라서 그의 작품에는 모든 생명체가 동격으로 존재하고 사후에도 다른 생명체로 태어난다는 것을 의심하지 않는다.[30]

그는 만물이 평등한 상태, 긴장 속에서 균형을 유지한 상태, 끝임 없이 순환하는 상태를 자연의 순리로 인식하는 것이다. 순리란 자연히 그러한 상태, 인위적으로 작위를 하지 않은 상태로서, 거역하지 않고 순순히 응하여야 한다는 의미가 내포되어 있다. 순리에 응한다는 것은 자아가 세계를 인정하였다는 뜻이 전제되므로 자아와 세계는 갈등을 일으키지 않는다. 갈등을 일으키지

---

29 박경리, 『문학을 지망하는 젊은이들에게』, 현대문학, 1995, p.229.

30 '그는 새가 되었을까/앵무새가 되었을까/그는 꽃이 되었을까/달맞이꽃이 되었을까'(「미친 사내」 일부) '내세에는/꽃으로 태어날까/나비로 태어날까'(「내 모습」 일부) 라는 모습에서 내세를 당연시하고 있음을 볼 수 있다.

않는다는 면에서 앞에서 살펴본 천형의식, 운명 등의 개념과 순리는 동일 선상에 놓인다.

위에서 살펴본 바와 같이 박경리에게 있어서 생명은 평등이 전제된 상태에서 긴장이 있어 활동적이며, 끝이 없으므로 항상 진행상태이다. 그것이 자연의 섭리이고 순리라면 거기에 거역하는 모든 인위적인 것들은 갈등이 전제되므로 배제되어야 마땅하다. 그가 인간과 문명, 전쟁, 산업사회를 이야기 할 때 목소리를 높여 거부감을 나타낸 이유가 여기에 있다. 이런 부정적인 태도는 강자들이 약자가 가지는 생명의 평등권을 짓밟아 갈등을 야기하는데 기인하고 있다. 즉 어떠한 인위적인 것도 이미 자연의 순리에 어긋나는 것이기에, 문명이라는 이름을 두고 우주의 균형을 깨뜨리는 인간, 모든 자아의 균형을 깨뜨리고 평등권을 짓밟는 '천하무적의 강렬한 악'은 부정되어야 할 대상인 것이다. 마침내 그가 꿈꾸는 것은 자연의 섭리 속에 안주하는 것이다.

나는 짚신 신고
산골서 다니는 아이들을
부러워했다

지금도
나는 가끔
산골 아낙이 못된 것을 한탄한다

-「하얀 운동화」 일부 -

다시 태어나면
일 잘 하는 사내를 만나
깊고 깊은 산골에서
농사짓고 살고 싶다
내 대답

돌아가는 길에

그들은 울었다고 전해 들었다
왜 울었을까

(중략)

아니야 아니야 그렇지 않을거야
누구나 본질을 향한 회귀 본능
누구나 순리에 대한 그리움
그것 때문에 울었을거야

-「일 잘하는 사내」 일부 -

여기서 말한 '본질'과 '순리'는 결국 자연상태, 인위적으로 무엇을 억지로 만들려고 하지 않는 상태를 뜻하는 것인데 그 상태에 대한 원초적인 그리움, 회귀본능이 우리를 울게 만든다는 것이다. 다시 말하면 그것은 자아와 세계가 온전히 공존하는 상태, 갈등이 야기되지 않는 상태를 뜻한다.

'산은 무너져 가고/강은 막혀 썩고 있다 (중략) 물에는 물고기 살게 하고/하늘에 새들 날으게 하고/들판에 짐승 뛰놀게 하고/초목과 나비와 뭇 벌레/모두 어우러져 열매 맺게 하고'(「기다림」 일부)에서처럼 개발과 산업사회는 곧 환경파괴를 의미하기에 부정되며 옛날의 농경사회가 그나마 자연의 순리가 적용되고 있다고 보기 때문에 농경사회로 회귀하여야 한다는 것이 그의 주장이다.[31] 인위적으로 우주의 균형을 깨뜨리는 인간과 문명, 권력을 제거하고 자연의 균형 속의 일부, 자아와 세계가 공존하는 자연의 순리로서 스스로를 전통적인 농경사회의 산골 아낙으로 제시한 것이다.

31 이승하, 「박경리 시에 나타난 생명사상」, 『한국 시문학의 빈터를 찾아서 2』, 서정시학, 2014.

Ⅳ. 동일성과 無化의 세계

서정시의 존재원리를 세계의 자아화[32]라고 할 때 거기에는 이미 세계와 자아의 갈등이 전제되어 있다. 서정시의 원래 모습은 주관인 자아가 세계를 마음대로 변형시켜 자아화 하는 것이며 세계는 이미 충분히 자아화 되어 있으므로 거기에서는 갈등이 존재하지 않는다. 세계를 자아화 하는 방법은 세계 속에서 자아를 찾아서 이를 동일시하는 방법이다. 자아와 세계의 동일성*Identity*은 시의 원래의 모습이자 시인이 몽상하고 갈망하는 고향이다. 이런 자아를 서정적 자아라 부른다.[33]

> 서정적 자아는 객관과 맞서 있는 주관도 아니고 이성과 구별되는 감정도 아니다. 서정적 자아는 주관과 객관, 이성과 감정의 구분이 일어나지 않은 상태의 것이라고 보아야 문제가 해결된다. 또한, 서정적 자아는 세계와 접촉해서 세계를 자아화하고 있는 작용을 지칭한 것이 아니고 세계와의 접촉 없이도 존재하는 자아라고 보아야, 주관과 객관, 이성과 감정의 구분이 일어나지 않은 상태가 인정될 수 있다.[34]

이론적으로 자아와 세계를 동일시하여 자아와 세계 사이의 간격을 없앰으로써 갈등을 무화시키면 주객일체, 물아일체의 경지에 이르게 된다. 자아와 세계 사이에 구별이 없으므로 자아와 세계는 연속되어 내가 세계인지 세계가 나인지 구분되지 않는데 이것은 존듀이가 말한 미적 체험[35]이며 바슐라르가

32 조동일, 「자아와 세계의 소설적 대결에 관한 시론」, 『한국소설의 이론』, 지식산업사, 1981, 참조.

33 김준오, 『시론』, 삼영사, 2008, pp.36~39, 참조.

34 조동일, 「시조의 이론, 그 가능성과 방향 설정」, 『우리문학과의 만남』, 홍성사, 1978, p.157.

35 John Dewey, *Art as Experience*, G.P.Putnam's, 1958, p.249.

말한 몽상의 경지[36]이다.

자아와 세계가 공존하기 위하여 세계에 대응하는 방안으로서 박경리의 시는 세계를 축소하여 갈등을 최소화하는 방식을 취해왔다. 그러나 자아와 세계가 존재하는 한, 갈등이 완전히 해소될 수는 없으므로 그가 최종적으로 도달한 곳은 갈등이 아예 존재하지 않는 곳, 즉 자아와 세계가 완전히 합일되는 곳이다.

전생이 무엇이었기에
내 가슴 이리 찢어지는가
새야
너는 내 형제였더냐
너가 자유롭고 허기지지 않는다면
나 또한
자유롭고 허기지지 않을 것을
새야

-「새야」 일부 -

저기 됫박쌀 봉지 들고
씩씩하게 가는 늙은이가 있고
저기 목발 짚고
씩씩하게 걷는 少年이 있고
비에 젖으며
날아가는 백로가 있다

나도 밑바닥 세월 속에선
참 씩씩했었다

-「씩씩하게」 일부 -

---

36 가스똥 바슐라르, 『몽상의 시학』, 김현 역, 홍성사, 1978.

아이들이 간다
쫑알쫑알 지껄이며 간다
짧은 머리 다풀거리며 간다
일제히 돌아본다
아이들 얼굴은 모두 노인이었다

노인들이 간다
그림자처럼 소리 없이 간다
백발,
민들레 씨앗 깃털 같은 머리칼
지팡이 짚고 돌아본다
노인들 눈빛은 갓난아기였다

- 「세상」 전문 -

새에게서 자신을 발견하고 씩씩하게 걷는 노인, 목발을 짚고 씩씩하게 걷는 소년, 비에 젖어 날아가는 백로에게서 밑바닥 세월 속에서 씩씩했던 자신을 발견한다. 그런가 하면 「세상」에서는 세계와 세계 사이에도 동일화가 일어나고 있다. 시적 화자는 아이들 얼굴에서 노인을 발견하고 노인들 눈빛에서는 갓난아기를 발견한다. 즉 아이들과 노인들, 객체와 객체 사이에서도 동일화가 일어나는 것이다. 자아와 세계, 주체와 객체가 각각 소멸되어 동일화되면 내가 세계이고 세계가 곧 나 자신이므로 거기에서는 더 이상 욕망이 존재하지 않고 욕망이 없기에 원천적으로 갈등의 요소도 존재하지 않는다. 그것은 자아와 객체, 객체와 객체가 서로 구분되지 않는 몰아(沒我)의 경지로서 이것은 곧 '性'의 세계를 의미한다.

서정적 자아는 '性'으로 설명되는데 이 '性'은 세계와 접촉하기 이전의 자아의 모습이며 이것이 세계와 접촉하여 나타나는 것이 '情'이다.[37] 따라서

37 조동일, 『우리문학과의 만남』, 홍성사, 1978, 참조.

'性'은 '情'을 매개체로 해서 우리가 추측할 수 있을 뿐 그 모습을 드러내지 않는다. 모든 것이 無化되어 자아와 세계의 구분도 일어나지 않는 상태, 따라서 어떤 갈등도 존재하지 않는 상태인 이 '性'의 단계가 유교에서 말하는 천인합일의 경지이다.

박경리의 이러한 세계관은 현세에서 뿐 아니라 이승과 저승 사이에서 더욱 빈번히 일어나고 있다.

저승에서 우는가 이승에서 우는가
알 수 없었다
분명
산속에 있기는 있을 터인데
나는 아직 그 새를 본 적이 없다
내 인생에서도 보이지 않았던
그 많은 것들과 같이
뻐꾸기를 본적이 없다

-「뻐꾸기」 일부 -

단맛에 끌려
파고들다
질식을 했을까
삶과 죽음의
如實한 한 자리

-「대추와 꿀벌」 일부 -

내 님은
멀리, 멀리 西天
날아가는 외기러기 같은 사람

말 나눈 적 없고
어디 사는 누구인지

이승도 저승도 아닌
만나 본 적이 없는 그가
진정 내 님이네

- 「幻」 일부 -

산에서 우는 뻐꾸기 소리가 이승에서 우는 소리인지 저승에서 우는 소리인지 구분되지 않는다. 따지고 보면 내 인생에서 '보던 것'과 '보이지 않았던' 그 많은 것들도 실상 구분되지 않고 있다. 「대추와 꿀벌」에서는 삶과 죽음도 동시에 공존하므로 구분되지 않는다. 그런가 하면 「幻」에서는 나의 진정한 님은 말을 나눈 적도 없고, 어디 사는 누구인지도 모르며 만나 본 적도 없는 이승도 저승도 아닌 곳에 있다고 말한다. 그런데 바슐라르의 '몽환'의 상태를 염두에 두기라도 한 듯 그것을 인식하는 자아조차도 제목처럼 이승과 저승이 구분되지 않은 몽환의 상태에 있다.

따라서 궁극적으로 작가가 꿈꾸는 세계는 주체와 객체, 자아와 세계, 이승과 저승의 구분이 없는, 시간과 공간이 미분화된, 그러므로 모든 것이 無化되어 아무런 갈등이 없는 세계임을 알 수 있다. 그 상태가 곧 우주 만물의 시원으로서 모든 것이 평등하여 차별이 없는, 새로운 생명이 잉태되는 지점일 것이다. 이러한 세계인식의 바탕에서 박경리의 새로운 삶이 시작되고 생명사상, 구체적으로는 평등과 균형, 생명의 순환, 자연의 순리와 같은 개념들이 파생되어 나온 것으로 보인다.

V. 결론

박경리는 일제강점기인 1926년에 태어나 10대에 태평양 전쟁을 겪고 20대에 6.25전쟁을 겪었으며 이후 60년대와 70년대라고 하는 세계사적으로도 유래가 없는 질곡의 시대를 관통하였다. 뿐만 아니라 개인적으로도 엄청난 고난을 겪었다.

박경리는 어린 시절부터 원초적 고독과 비극적 세계관을 드러냈는데 이는 사회화가 원숙하게 형성되기 전에 경험한 가정사가 큰 영향을 미쳤을 것이다. 이러한 세계에 대하여 박경리는 내향형으로 반응하였다. 치욕으로 인식되는 구차한 해명보다 스스로 소외되거나 절연을 선택하였기 때문이다. 엄청난 세계의 횡포에도 불구하고 그가 평정심을 얻고 왕성한 작가생활을 할 수 있었던 것은 천형, 운명, 원죄의식이 바탕에 있었기 때문이다. 천형이나 운명은 내 의지와 상관없이 주어진 것이기에 자아는 책임에서 해방될 수 있었고 거기에서 자유를 획득하여 평정심을 얻을 수 있었다. 자아를 능동적으로 축소시켜 운명이라는 거대한 세계와 대결을 피하고 그것을 인정함으로써 갈등이 소멸되고 다시 새로운 자아와 세계의 정립이 가능했던 것이다.

박경리는 주변의 사소한 사물들이나 사회적 약자들을 시적 대상으로 삼았는데 이는 곧 세계의 축소를 의미하는 것이었다. 그것은 시적 자아가 거대한 세계에 맞서기보다 자아와의 갈등을 최소화하기 위한 전략적 대응방식이었던 것이다. 그것은 한 편 모든 생명은 평등한 것이라는 그의 생명사상과 연결되어 있다. 우주의 존재원리는 균형인데 우주만물은 각기 자기 위치에서 균형의 역할을 하기 때문에 존재가치가 있고 그런 의미에서 모든 생명은 평등하다.

박경리는 균형과 질서라는 개념에 더하여 '긴장'이라는 개념을 추가함으로써 생명체에 활력을 불어넣는다. 긴장이 곧 생명이라면 자아와 세계의 대결은 생명체의 필요조건인 셈이다. 한 편, 생명은 끊임없이 순환하는 것으로 보고 평등과 긴장, 균형과 순환이 곧 자연의 순리라고 인식한다. 순리에 응한다는 것은 자아가 세계를 인정하는 것이므로 자아와 세계는 갈등을 일으키지 않는다. 그리하여 그가 꿈꾸는 것은 자연의 섭리에 안주하는 것이었다. 자아와 세계가 공존하는 자연의 순리로서 그는 전통적인 농경사회를 동경한 것이다.

자아와 세계가 공존하기 위하여 박경리의 시는 세계를 축소하여 갈등을 최소화하는 방식을 취해왔지만 그가 최종적으로 도달한 곳은 갈등이 아예 존재하지 않는 곳, 즉 자아와 세계가 완전히 합일되는 곳이다. 자아와 세계가 존재하는 한, 갈등이 완전히 해소될 수는 없기 때문이다. 그의 시에는 자아와 세계가 동일화를 이루고 더 나아가 세계와 세계도 동일화를 이룬다. 자아와 세계, 주체와 객체가 각각 소멸되어 동일화되면 거기에서는 더 이상 욕망이 존재하지 않고, 욕망이 없기에 원천적으로 갈등의 요소도 존재하지 않는다. 그것은 자아와 객체, 객체와 객체가 서로 구분되지 않는 몰아(沒我)의 경지로서 '性'의 세계를 의미한다.

궁극적으로 박경리가 꿈꾸는 세계는 자아와 세계의 구분이 없는, 모든 것이 無化되어 아무런 갈등이 없는 세계임을 알 수 있다. 그 상태가 곧 우주 만물의 시원으로서 새로운 생명이 잉태되는 지점일 것이다. 이러한 세계인식의 바탕에서 박경리의 새로운 삶이 시작되고 생명사상, 구체적으로는 평등과 균형, 생명의 순환, 자연의 순리와 같은 개념들이 파생되어 나온 것으로 보인다.